中国科技期刊传播力报告（2022）

中国科学技术协会　主编

科学出版社

北京

内 容 简 介

《中国科技期刊传播力报告（2022）》首次从传播力角度在宏观和微观两个层面及时反映我国科技期刊发展现状，研究并提出了一套全新的科技期刊传播力评估体系，为我国科技期刊在新媒体时代和刊网融合时代提升传播效果、提高内容建设水平提供理论依据与实证数据，为培育世界一流科技期刊提供决策参考。《报告》首次设计了科技期刊传播力指数，从传播者、传播内容、传播渠道、受众和传播效果五个维度综合评估了我国科技期刊的传播力，揭示了不同出版单位、出版地区的科技期刊传播实况与差异；系统论述了科技期刊的五大传播要素，为科技期刊理解与提升传播能力提供了理论依据；集中呈现了一批积极拥抱先进出版传播模式、产生良好传播效果的国内外一流科技期刊典型案例，为广大科技期刊加强传播能力建设提供了真实可感的实践经验。《报告》总结与凝练的科技传播力路径、规律及发展策略，将为有效提升我国科技期刊的国内外传播力、影响力奠定基础。

图书在版编目（CIP）数据

中国科技期刊传播力报告. 2022/中国科学技术协会主编. —北京：科学出版社，2023. 7

　ISBN 978-7-03-075757-9

　Ⅰ. ①中… Ⅱ. ①中… Ⅲ. ①科技期刊–出版工作–研究报告–中国–2022 Ⅳ. ①G237.5

中国国家版本馆 CIP 数据核字(2023)第 102041 号

责任编辑：王　治　祁　媛 / 责任校对：孙　青
责任印制：关山飞 / 封面设计：同方知网（北京）技术有限公司

科学出版社 出版
北京东黄城根北街 16 号
邮政编码：100717
http://www.sciencep.com

北京科信印刷有限公司 印刷
科学出版社发行　　各地新华书店经销

＊

2023 年 7 月第 一 版　　开本：720×1000 1/16
2023 年 7 月第一次印刷　　印张：20
字数：322 000

定价：188.00 元

(如有印装质量问题，我社负责调换)

《中国科技期刊传播力报告》编写委员会

朱鸿军　　《新闻与传播研究》执行主编

中国社会科学院新闻与传播研究所研究员、博士生

导师

《中国新闻年鉴》主编

前　言

国家创新能力根植于知识创造、汇聚与传播及其生态环境。科技期刊传承人类文明，荟萃科学发现，引领科技发展，直接体现国家科技竞争力和文化软实力。纵观世界科技期刊发展历史，科技期刊在开展学术研究交流、传播创新成果和创新文化、促进科技创新和社会进步方面，发挥了不可替代的平台和枢纽作用。从服务科技创新角度讲，科技期刊的根本价值在于其所发挥的学术导向、学术把关、学术示范、学术催化和学术传播作用；从其出版物属性角度讲，科技期刊出版的价值最重要的还在于其传承与传播活动。只有通过有效的传承，人类优秀的智慧结晶才得以记载、存留；也只有通过有效的传播，才有可能实现知识效能的最大化，发挥创新发现应有的效能。因此，科技期刊的传播作用和传播力建设自始至终都是科技期刊发展历程中一个非常重要的话题。

2021 年 11 月，党的十九届六中全会通过的《中共中央关于党的百年奋斗重大成就和历史经验的决议》指出，要"高度重视传播手段建设和创新，推动媒体融合发展，提高新闻舆论传播力、引导力、影响力、公信力"。习近平总书记在党的二十大报告中提出"增强中华文明传播力影响力"，强调"坚守中华文化立场，提炼展示中华文明的精神标识和文化精髓，加快构建中国话语和中国叙事体系，讲好中国故事、传播好中国声音，展现可信、可爱、可敬的中国形象"。科技期刊作为学术交流和科学文化传播的重要载体与枢纽，理应在构建和传播中国特色的学科体系、学术体系、话语体系中发挥作用，增强我国科技成果在世界范围内的传播力和影响力，为科技强国建设做出实质性贡献。

2019 年 8 月，中国科学技术协会、中共中央宣传部、教育部、科学技术部联合印发《关于深化改革 培育世界一流科技期刊的意见》，表明科技期刊建设受到党和国家的高度重视。中国科技期刊卓越行动计划设立科技期刊数字化传播国际平台服务等专项，全力支持夯实中国科技期刊的国际化传播基础。此后，中共中央宣传部、教育部、科学技术部印发的《关于推动学术期刊繁荣发展的意见》以及中共中央宣传部印发的《关于推动出版深度融合发展的实施意见》等指导性文件提出"要立足扩大优质内容供给、创新内容呈现传播方式、打造重点领域内容精品，强化出版融合发展内容建设"，再次强调了要提高学术期刊内容质量、加快提升传播力影响力，构建数字时代新型出版传播体系。

科技期刊传播力是指科技期刊综合运用各种传播方法、技术和手段，实现知识信息在专业领域的快速精准传播、广泛覆盖并产生影响，以达到良好传播效果，实现自身价值追求的能力和效力。科技期刊从内容组织、编辑加工到出版发行，整个出版过程都与传播力的构建和有效发挥息息相关，从传播角度看，可以看作是一条完整的传播链，覆盖了传播者、传播内容、传播渠道、传播受众和传播效果等各个方面。科技期刊的传播链可以定义为科学信息交流过程中各方面利益相关者，共同实现科技信息传播流程与先进科技知识有效传递、融合、转化和共享的过程，也是科技期刊良性发展生态的重要构件之一。

纵观国内外一流大刊，无不重视期刊内容的有效传播与社会影响。例如，《柳叶刀》（The Lancet）杂志非常重视传播效果，在"作者须知"里特别强调其"主要发表任何能促进或阐明医学科学或实践，并能培养或激发读者兴趣的原创性贡献"，因此，"无论（作者）写了什么，都应该能让普通读者看懂"。《细胞》（Cell）杂志在2020年的一篇社论《激发灵感的科学》（Science that Inspires）中强调："科学正在改变，科学家与信息互动的方式也在改变。这就是为什么我们不断开发新的政策、功能和技术，以跟上科学发展的步伐，并帮助读者发现和消化创新信息。我们提供无与伦比的覆盖范围、可发现性和可见性，以确保高影响力的研究被阅读、使用和交流。我们理解科学对其受众的重要性，这就是为什么我们尽最大努力超越文章本身，每年在会议上通过社交媒体、新闻稿、商业产品、网络研讨会、播客、博客帖子和细胞研讨会系列来传播数以千计的论文并强调其研究的重要性。"

当代科研环境数字化、网络化、智能化的变革，对科技期刊的传播力建设既提出了全新的挑战，也提供了前所未有的机遇。国内外优秀科技期刊非常注重数字出版和传播的最新形式，能融合最新科研技术与出版技术，涵盖数字科研、开放创新、开放获取、在线交流、多媒体传播、社交网络传播等先进技术；采用先进的大数据技术手段协助评判创新价值和创新点、防范学术不端行为，用充分的过程资料、补充资料方式防范伪科学；用音频、视频出版等技术保障高效的传播质量；用优先出版、即时出版等手段保障作者的首发权。可以说，注重出版传播质量建设，是成为世界一流期刊的标志性工作。

在科技期刊传播平台建设方面，部分科技期刊已搭建起内容传播的新媒体矩阵，充分利用包括社交网络在内的各类发布与传播平台。《自然》（*Nature*）杂志实现了官网、视频网站（YouTube、哔哩哔哩等）、社交短视频（微信视频号等）和社交平台（Twitter、Facebook、微博等）等媒体的多元整合，大大提高了学术知识的传播效率；同时，在同一平台注册多个账号，使得短视频内容可以在不同账号主体上多次复现，提高其传播广度。国内的《遥感学报》在新媒体传播方面也较为领先，先后开通了"遥感·图像图形"微信服务号、"遥感学报"微信订阅号，搭建了微信交流社群和微网刊，在腾讯会议、哔哩哔哩、知网在线教学、蔻享学术、视频号等直播平台开设账号，采用多平台同步联动传播的新媒体服务模式，有针对性地推进分众传播，形成差异化的传播运营效果。

在科技期刊内容传播形式方面，视频期刊、增强出版、全过程出版等新兴出版模式伴随互联网技术的发展应运而生。美国普林斯顿大学 Moshe Pritsker 博士率先于 2006 年 10 月创办了全球首份展示可视化实验的视频期刊——《实验视频期刊》（*Journal of Visualized Experiments*），内容涉及新技术和现有技术的创新应用，涵盖诸多领域，每年发布 1200 多个经过同行评议的视频（论文），极大促进了各类研究的实验方法能被快速、有效地传播。国内的《协和医学杂志》等期刊在中国知网平台采用网络首发和增强出版等新型出版模式，通过录制作者自述文章主旨内容的短视频快速直观展现文章的创新过程，使评审人更易于了解论文内容，同时使读者更易于理解和重复结果，使科技成果更易于传播、应用、发展和共享。

在科技期刊论文的新闻化与科普化方面，针对科技期刊专业的知识体系带来的巨大传播壁垒，专业内容的新闻化与科普化是拓展期刊受众、扩大传播范围的关键。

《科学》（*Science*）每期均有半数以上的论文被制作成新闻稿，借由大众通俗易懂的表述形式及社交媒体渠道进行传播。国内的《大气科学进展》（*Advances in Atmospheric Sciences*）等杂志通过对刊文内容进行摘取和二次编辑，提炼出核心问题、重要图表、关键创新点，生成微内容进行微信推送，深受读者欢迎，显著扩大了期刊传播范围，产生了良好的传播效果。

在建设世界一流科技期刊、迈向科技期刊强国的新征程中，我们不仅要鼓励优秀科技论文回流，在高质量稿源上同国际一流大刊进行竞争，还要在传播理念、传播能力建设上与时俱进，充分结合当代的传播学理论与实践经验，让科技创新内容得以最高效率、最大范围、最易于理解的方式被阅读、使用和交流，这也是我们研究科技期刊传播力的初衷。

在传统出版传播模式下，科技期刊大多认为其读者属于专业领域的特定群体，因而普遍遵循传统的编辑出版模式，对传播力建设的提升认识不足、动力不足，存在重内容、轻传播的现象。而在"互联网+"环境下，科技期刊出版模式也走向了数字化、网络化、智能化、融媒体化，作者、编辑、读者的行为方式等都发生了巨大变化，刊网融合发展是期刊发展的必然趋势。虽然以学术为主的内容评审、编辑、出版等流程大体未变，但是对用户需求的把控和融媒体化传播手段的创新，正成为科技期刊提升竞争力的重要方向。

面对科技期刊出版的新模式、新技术、新趋势，我国科技期刊界的期刊传播理念与实践正处于快速发展阶段，越来越多的期刊开始重视传播力建设，包括积极应对新型出版传播模式的挑战，主动探索媒介融合，重塑出版流程，逐步建立各具特色的优质内容传播策略，联合新闻媒体探讨共建科研论文转化为科技新闻的长效机制等。但是，我们也应注意到，我国科技期刊在大众传播、国际传播等许多方面尚待提升。据统计，参加2020年年检的4931种科技期刊中，在媒介融合方面，未开通任何新媒体平台账号（包括微信公众号、新浪微博、抖音、快手、哔哩哔哩、知乎、今日头条）的期刊仍有2427种，未运营官网的期刊2637种。在新型出版传播模式与技术应用方面，根据中国知网平台统计，截至2022年11月，已有1658种中文科技期刊采用了网络首发模式，其中仅46种期刊尝试增强出版模式。在新媒体技术与运营人才建设方面，对科技期刊工作人员配置情况进行统计分析，结果显示，我国平均每两种科技期刊才有一名新媒体工作人员。很多期刊未设立专门的新媒体运营岗位，先进的传播理念和经验相对缺乏，传播能力提升缓慢。在科技论文转化为科技新闻方面，也缺乏统一渠道，我国公众对科技期刊所刊发的科技知识和研究成果的认知度不够，新闻媒体对科技期刊的关注度低，报道滞后。中国知网《中国重要报纸全文数据库》2021 年报道中仅提及我国科技期刊相关论文 2388 次，覆盖 875 种期刊。因此，总体来说，我国科技期刊的传播从理念到实践均有一定提升空间，现阶段开展具有中国特色、面向国际的科技期刊传播力建设研究，具有非常重要的现实意义。

　　为贯彻《关于深化改革　培育世界一流科技期刊的意见》《关于推动学术期刊繁荣发展的意见》，落实《中国科学技术协会事业发展"十四五"规划（2021—2025年）》中明确的"坚持把学术交流作为'立家之本'，在推动世界一流科技期刊和世界一流学会建设、促进科技创新能力提升、服务科技经济融合发展等方面迈出新步伐"的精神，根据中国科学技术协会总体部署，2022 年中国科协学会服务中心持续深化前沿战略研究，立足推动期刊高质量发展，首次设立"编制《中国科技期刊传播力报告（2022）》"（以下简称《报告》）课题。

　　《报告》首次从传播力角度系统阐述我国科技期刊发展现状，研究并提出了一套全新的科技期刊传播力评估体系，首次设计了科技期刊传播力指数，为我国科技期刊在新媒体时代和刊网融合时代提升传播效果、提高内容建设水平提供理论依据与实证数据，为培育世界一流科技期刊提供参考。科技期刊传播力指数从传播者、传播内容、传播渠道、受众和传播效果 5 个维度综合评估了我国科技期刊的传播力，揭示了不同出版单位、出版地区的科技期刊传播实况与差异。《报告》以国内外知名数据库和第一手官方数据、直接采集的新媒体数据及一手案例资料等为分析基础，严格遵循数据统计结果与科技期刊传播事实。数据来源包括 2022 年全国期刊核验数据、中国知网《中国知识资源总库》数据、万方平台的期刊下载数据、中华医学期刊全文数据库的期刊下载数据、科睿唯安 Web of Science（WoS）平台中的期刊数据等，以及在微信公众号、新浪微博、知乎、抖音、快手、哔哩哔哩、今日头条等网络新媒体平台和科学网等科技新闻网站所获取的网络数据。

《报告》首次系统论述了科技期刊的五大传播要素，为科技期刊理解与提升传播能力提供了理论依据；首次集中呈现了一批积极拥抱先进出版传播模式、产生良好传播效果的国内外一流科技期刊典型案例，为广大科技期刊加强传播能力建设提供了真实可感的实践经验。《报告》总结与凝练的科技传播力路径、规律及发展策略，将为我国科技期刊有效提升传播力、影响力奠定基础。

为确保《报告》编制质量，课题组从 3 个层面设计了编制组织架构：一是以柳斌杰为主任的专家委员会，宏观把握研究方向、定位等学术要点；二是以张桂华为主任的编写委员会，负责审定书稿并指导编写；三是以肖宏为组长的编写组，在专家委员会、编写委员会众多专家学者的支持下开展具体研制编写工作。

《报告》编写组秉承公正客观的原则，实事求是地收集数据、查找文献、剖析问题、总结规律，力求数据准确、重点突出、论据可靠、表达规范，系统呈现中国科技期刊传播现状与规律。研究编制过程中，由于涉及的数据量庞大，且统计来源、数据选取、统计时段各有不同，部分期刊的指标数据存在一定缺失，使得统计结果难免存在一定误差及疏漏之处，且方法学也是首次设立，不尽完善，期待广大读者不吝赐教、批评指正。

中国科学技术协会

2023 年 5 月

目　　录

第一章 科技期刊传播历史回顾与现状分析①

"传播"是科技期刊的原始功能设定中最重要的组成,通过期刊的途径向其他学界同仁传递可信赖的学术观点,在促进科技文化交流、推动科技创新发展和社会文明的进步方面发挥了重要的作用。

第一节 科技期刊传播历史概述

1665 年 3 月 6 日,世界上第一种真正用于学术交流的科技期刊《哲学汇刊》(*Philosophical Transactions*)由英国皇家学会在伦敦创办,从此开始了运用科技期刊进行学术交流、传播科学成果的历程,《哲学汇刊》也成为世界上连续办刊时间最长的科技期刊。

科技期刊与科学技术发展相互促进,并行贯穿于历次科技革命和产业变革之中[1]。在科技期刊传播的发展进程中,传播技术的演进不断推动科技期刊载体形态的优化,从而对科技期刊的传播速度、范围、效果等方面都产生了重要的影响。迄今为止,科技期刊经过三百五十余年的发展历程,传播速度由慢变快,传播范围由小变大,传播效果得到了显著提升。科技期刊在不同载体形态下的传播特点,大概可分为 3 个历史阶段:第一个是纸本传播阶段,受限于纸本印刷技术与成本,这一阶段的科技期刊传播速度较慢,传播范围也相对较小,主要存在于科学家之间、科学团体之间,而科技期刊本身也兼具传播交流和科技信息存储的作用,且以存储功能为主;第二个是电子化传播阶段,随着信息技术的发展,磁带、光盘

---

① 第一章执笔:肖宏、翁彦琴、刘敬仪、杨恒、汤丽云。

等电子型缩微文献形式应运而生，它们与传统期刊一样，通过邮局、书店发送到读者手中，传播范围虽仍然受限，但是采用电子化的手段，能够实现大量信息的快速传播，一定程度上提升了科技期刊的传播效果；第三个是数字化传播阶段，数字与网络技术的出现，使得科技期刊从实物载体中解放出来，这一转变不仅大幅提高了科技期刊的传播速度与传播范围，而且对围绕科技期刊形成的传统学术生态、商业模式、期刊的传播功能等方面都产生了深刻的影响（图1-1）。沿着3个阶段划分的时间线，结合相关历史事件，我们对科技期刊传播的历史进行了梳理（图1-2）。

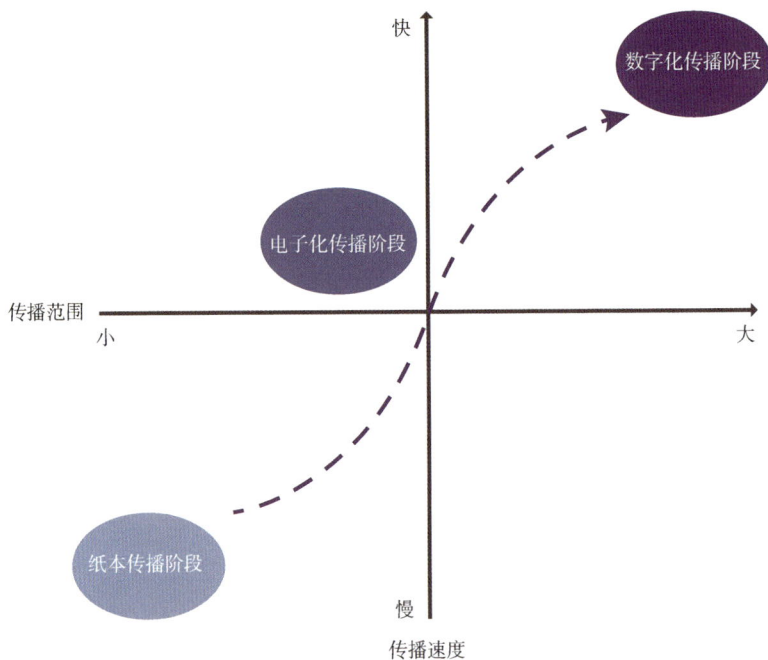

图 1-1　科技期刊传播效果提升示意图

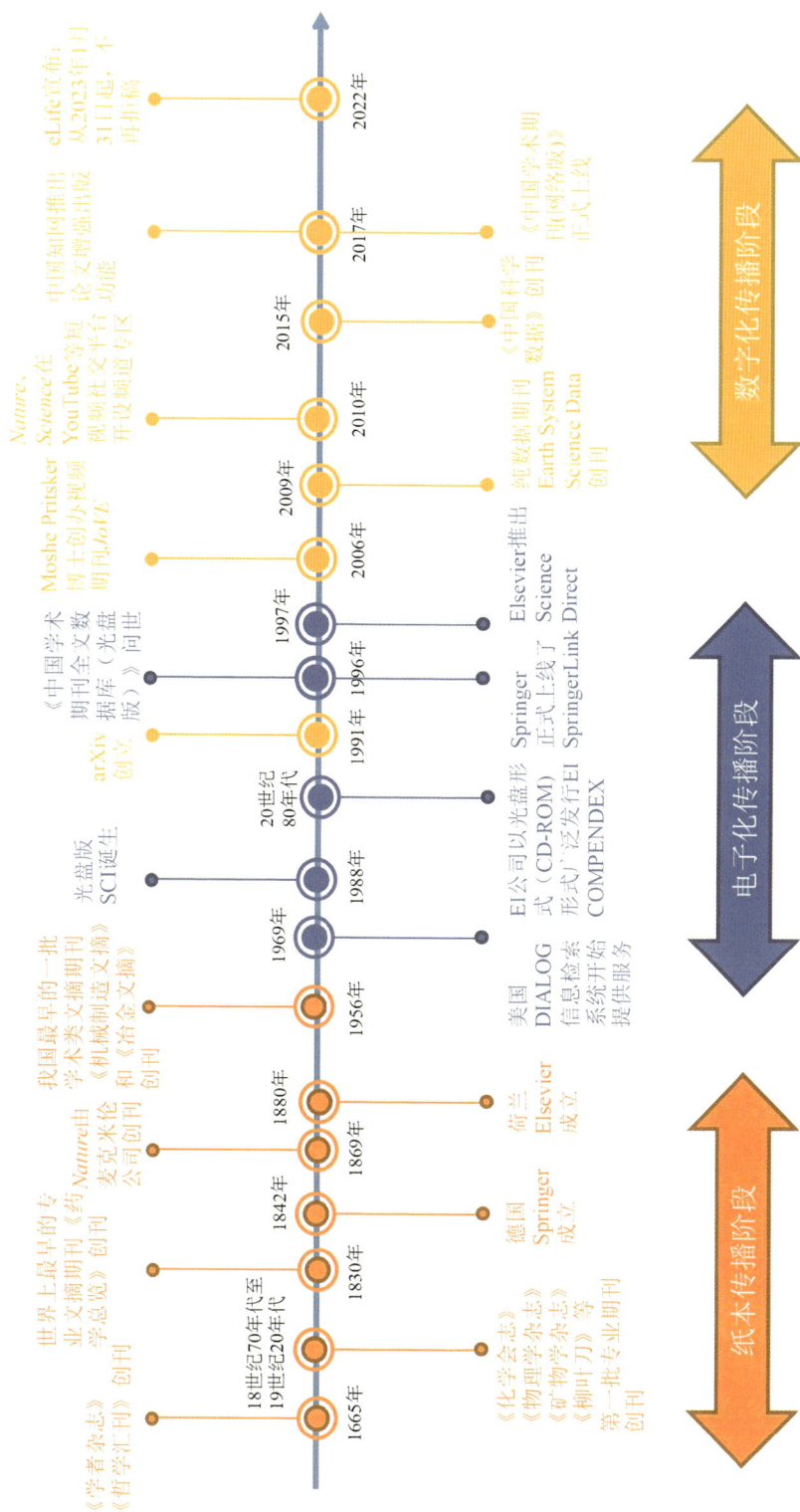

图 1-2 科技期刊传播发展的 3 个历史阶段

纸本传播阶段

《学者杂志》
《哲学汇刊》创刊

世界上最早的专
业文摘期刊《药
学总览》创刊

我国最早的一批
学术类文摘期刊
《机械制造文摘》
和《冶金文摘》
创刊

Nature 出
麦克米伦
公司创刊

18世纪70年代至
19世纪20年代
第一批专业期刊
创刊

《化学会志》
《物理学杂志》
《矿物学杂志》
《柳叶刀》等
创刊

1665年　1830年　1842年　1869年　1880年　1956年

德国
Springer
成立

荷兰
Elsevier
成立

美国
DIALOG
信息检索
系统开始
提供服务

电子化传播阶段

光盘版
SCI诞生

《中国学术
期刊全文数
据库（光盘
版）》问世

arXiv
创立

1969年　1988年　20世纪
　　　　　　　80年代　1991年　1996年　1997年

EI公司以光盘形
式（CD-ROM)
形式广泛发行EI
COMPENDEX

Springer
正式上线了
SpringerLink Direct

Elsevier推出
Science
Direct

数字化传播阶段

Nature,
Science 在
YouTube上开
博士创小视频
说明刊*JoVE*

Moshe Pritsker
博士创办视频
期刊*JoVE*

中国知网推出
论文增强出版
功能

《中国学术
期刊(网络版)》
正式上线

2006年　2009年　2010年　2015年　2017年　2022年

纯数据期刊
*Earth System
Science Data*
创刊

《中国科学
数据》创刊

eLife宣布：
从2023年1月
起，不
再审稿

一、纸本传播阶段：科技期刊的初创时期

Schaffner 认为："15 世纪末，古登堡机械印刷术的发明和 16 世纪欧洲逐渐出现并发展成熟的邮局通信系统是科技期刊出现的技术前提，但真正促使科技期刊出现的动力不是印刷技术和通信系统，而是科学本身。"[2]由于能够适应科学发展中快速交流与传播的需求，科技期刊这一传播形式很快就引起了各国科技界的重视，但是在诞生初期的科技期刊数量并不多，普莱斯在 1961 年的研究中指出，直到 1750 年，世界上科技期刊的数量只有 10 种左右[3]。周汝忠认为："资本主义生产关系和手工工场的发展，使活字印刷与机器生产方式结合起来，产生了新的印刷机，为科技期刊的问世创造了物质条件；资产阶级文化运动的兴起和开放性文化格局的出现，为科技期刊的创办奠定了文化基础；科学复兴和科学团体的涌现，需要加速信息的交流，成为科技期刊产生的直接原因。"[4]自 1665 年《哲学汇刊》创办到 20 世纪 80 年代，纸本印刷一直是科技期刊唯一的传播技术和载体。

（一）专业期刊创刊

在科技期刊问世之前，限于当时的物质条件和传播技术，科学家研究成果的交流主要依赖于出版书籍、出席学术协会组织的会议和写信。但是这些传统方式都存在传播效率低、传播范围小、内容易失真等问题。工业革命以后，随着专业学会的出现和发展，科学从业人员的逐渐增加，尤其是 19 世纪德国大学的院系改革，新兴的专业学科逐渐替代了旧式文理学院模式，为专业学会准备了大量人才来源，使得学会、期刊的数量和种类都得到了大幅增长[5]。由于交流的需要，科技期刊的传播内容开始走向专业化，各学科领域的许多顶级科技期刊在这一时期创办[6]（表 1-1）。

表 1-1　世界知名专业期刊创刊情况

期刊名称	创办年份	创办国家	重要性
《化学会志》（*Journal of the Chemical Society*）	1778 年	英国	世界上第一种化学期刊
《物理学杂志》（后更名为《物理学年鉴》）（*Annalen der Physik*）	1790 年	德国	世界上第一种物理学期刊
《矿物学杂志》（*Mineralogical Magazine*）	1807 年	德国	世界上第一种矿物学期刊
《柳叶刀》（*The Lancet*）	1823 年	英国	世界上第一种医学期刊
《动物学杂志》（*Journal of Zoology*）	1823 年	英国	世界上第一种动物学期刊
《法国地质学会通报》（*Bulletin de la Société Géologique de France*）	1830 年	法国	世界上第一种地质学期刊

（二）文摘类期刊兴起

随着科技期刊种类的不断增多，科学家想要了解最新的科技成果和研究前沿，就需要阅读大量的期刊文献，这需要耗费科研人员大量的时间。因此，科研人员不仅仅满足于科技期刊传播内容的专业化，而且对传播的速度也提出了更高的要求。在提高科研人员查阅文献效率、优化科技期刊传播效果的背景下，各种文摘、目录类的期刊迅速兴起，对于科技成果的快速传播起到了进一步的促进作用。德国于1830 年创办了《药学总览》（Pharmaceutisches Centralblatt），后来改为《化学总览》（Chemisches Zentralblat），它是世界上最早的专业文摘期刊。随后，世界各国相继出版了各种文摘期刊，如英国 1898 年创办的《科学文摘》（Science Abstracts）、美国 1907 年创办的《化学文摘》（Chemical Abstracts）、法国 1939 年创办的《文摘通报》（Bulletin Signaletique）等。文摘类期刊是科技期刊在纸本传播条件下，对提高传播力所进行的有益探索。

我国最早的文摘类刊物是 1897 年 5 月 6 日在上海创刊的《集成报》，它每期30 页，是一本汇集了政治、经济和文化的综合性中外报刊文摘期刊。1956 年，中国科技情报研究所出版了《机械制造文摘》和《冶金文摘》，是我国最早的一批学术类文摘期刊[7]。

（三）科技出版公司初现

伴随着科学技术的飞速发展，科技出版的需求不断增长，市场也迅速扩大，吸引了商业公司的进入，逐渐出现了以盈利为目的的商业科技出版公司。商业化的运营模式为科技期刊的传播注入了新鲜血液，也进一步推动了科技期刊事业的繁荣发展。1869年，《自然》（Nature）由麦克米伦公司创刊；1842 年，德国施普林格（Springer）成立，1913 年，Springer 成为德国第二大出版社；1880 年，荷兰爱思唯尔（Elsevier）成立。但是，由于纸本期刊的印刷与分发成本相对较高，在初期，学会、大学等科学团体仍是出版科技期刊的主体，商业出版的科技期刊份额较小。然而，科技出版公司的出现，意味着科技期刊传播环节开始独立于科学知识生产环节之外，科技期刊的商业化出版模式成为期刊内容传播的内生动力，丰富和完善了科技期刊的传播链条。

二、电子化传播阶段：实体向虚拟的过渡时期

1969 年互联网诞生，现代信息技术使科技期刊传播的传统样式发生了空前变革，科技期刊的传播渠道不再局限于纸质的期刊本体，出现以数字形式存储，通过计算机设备本地或远程读取使用的连续出版物。按照电子期刊的传播范围与方式，可将其分为光盘版电子期刊和网络版电子期刊[8]。

（一）光盘版电子期刊

20 世纪 50 年代起，计算机检索技术开始应用于期刊领域。批处理检索、联机检索等方式通过大规模的信息系统集成策略，提高了信息检索效率，扩大了期刊传播范围。例如，美国 DIALOG 信息检索系统，1966 年基本建成，1969 年开始提供文献检索服务，是目前世界上最大的国际联机情报检索系统。20 世纪 80 年代以来，光盘作为一种轻便易用的信息载体，在文献信息的保存与检索领域显示出了突出的优势。电子期刊将信息存储在光盘（CD-ROM）、磁盘等载体上，通过渠道发行并借助单机检索为本地用户提供服务。1988 年，光盘版 SCI 诞生；20 世纪 80 年代，EI 公司以光盘形式广泛发行 EI COMPENDEX。1996 年，中国知网（CNKI）《中国学术期刊全文数据库（光盘版）》将 1994 年以来我国 2000 多种学术期刊全文收录，研制成我国第一部大型全文电子期刊数据库[9]。相比于纸本传播，以光盘为代表的单机处理型电子期刊具有处理速度快、容量大等优势，但其发行方式与纸本并无显著差异，且需要借助相配套的电子设备来读取，初期在一定程度上增加了传播成本，后来随着信息技术水平提高，成本降低，光盘版电子期刊也逐渐普及。

（二）网络版电子期刊

在科技期刊出版与网络环境高度融合的背景下，科技期刊的出版传播方式出现了重大变化，期刊实现全流程网络操作。另外，网络出版降低了期刊的发行成本，商业出版社开始打造期刊网络出版发行平台，科技期刊增加虚拟载体通道。Springer 在 1990 年成为第一家将纸本期刊做成电子版发行的出版商，并于 1996 年正式上线了 SpringerLink；Elsevier 在 1998 年将科学和医学文献信息

平台（ScienceDirect）投入商业运营并获得成功，科技期刊订阅从印刷版逐渐向数据库模式转变。

三、数字化传播阶段：数智融合的繁荣时期

随着互联网、大数据和人工智能等技术不断融合到出版领域，科技期刊作为出版产品，被赋予了全新的业态，迎来了最重要的发展机遇。在数智融合、万物互联的环境下，科技期刊的出版模式及作者、编辑、读者的行为方式都发生了巨大变化，刊网融合是科技期刊发展的必然趋势[10]。在二者融合交织的过程中，数字技术的引入对传统出版的形式、流程及内容等方面进行了优化，催生出网络首发（online first publishing）、增强出版、全过程出版等新方式，更加有助于科技成果的传播与交流；网络环境中的信息交流形式多种多样，科技期刊积极利用各种新媒体及社交平台，进行以科普与推广为目的的新形态出版，促进科技成果的大众传播；随着开放科学运动的深入，仅限于期刊文章的开放获取（open access，OA）已不能满足开放理念的需求，开放科学正在逐步解构传统科技期刊的出版模式，开放数据、预印本出版等都对科技期刊的传播方式产生了深刻影响。

（一）数字技术优化期刊出版流程

1. 网络首发

网络首发意在解决论文的发表时滞问题。在数字化时代被录用的论文在纸质刊物出版前，可先通过知识服务平台以网络出版形式刊发出来，即在印刷出版之前优先出版已录用论文的电子版本[11]。网络首发是期刊数字出版升级转型深入发展过程中出现的新型传播形式，通过对同行评审后的正式成果的优先处理，促进了科研成果的快速传播，提升了科技期刊的知识服务功能。随着数字技术向期刊出版领域的不断融入，知识服务平台数量激增，重要文章网络首发然后纸刊出版的现象越来越普遍，平衡文章质量与发文速度也就成了科技期刊网络首发传播中亟须解决的问题。2017年11月《中国学术期刊（网络版）》正式上线，面向国内外公开出版中国各学科学术期刊文献。

2. 增强出版

增强出版丰富了论文的呈现方式，是指为了提高读者对内容的理解能力和信息获取效率，在论文内容结构化基础上，综合运用实体链接、可视化、脚本语言等技术扩充论文内容，改进内容表现形式的出版模式[12]。增强出版补充出版了纸本期刊和电子期刊所无法承载的高清图片、音视频媒体文件、公式推导过程等附加材料，能够更好地适应数字化传播中的网络环境，为读者带来大量丰富细节的同时，还可以通过超链接等形式为用户打造沉浸式的阅读体验，以弥补传统阅读方式与信息接受方式的不足。增强出版的一大优势在于较高的用户友好度，为科技期刊内容的有效传播提供了有力支撑。2017 年中国知网推出论文增强出版功能，期刊编辑可通过该平台上传与论文相关的支撑材料，由中国知网进行后台处理，实现了学术论文的增强出版。

3. 全过程出版

全过程出版模式真正融入科研全生命周期，狭义可理解为科研各阶段资料的公开出版；更广义的概念是在整个科研生命周期中，会产生大量的、各种类型的科研要素，随着各类科研平台的产生，它们通过各种渠道进行存储[13]。全过程出版打破了固有的出版模式，丰富了科研成果的传播渠道，能够有效提高科研成果传播的时效性、透明度，以及科研细节的真实性，但是全过程出版方式在实际应用中，对具体完善的科研环境要求较高。例如，科研数据的存储与传播涉及专业领域的存储库、相关开放协议等支持；软件、代码等资源需要专业的格式编辑；以及一些敏感数据涉及参与者的知情同意等。因此全过程出版在科技期刊传播中虽然具有促进资源共享、激发协同创新及遏制学术不端等优势，但是完全意义上的全过程出版在实施过程中仍有较大难度。

（二）社交媒体丰富信息交流形式

1. 视听化发展

随着学术信息传播走向移动化、社交化，科技论文的表达形式呈现多样化、生动化的特点，视频逐渐被引入学术传播过程，成为科技期刊传播科学知识的新方向。视频文章是一种全新的整合驱动的以文本、音频和视觉相结合的多模态呈现形式[14]。2006 年 10 月，《实验视频期刊》（*Journal of Visualized Experiments*，*JoVE*）创刊，它是世界上第一本同行评议的科技视频期刊，其办刊宗旨是促进各类研究的实验方法能被有效传播和讨论[15]。《柳叶刀》尝试用视听技术生动细致地展示一些复杂手术的操作流程和顶尖人物访谈，产生了非常好的传播效果[16]。短视频时代的到来，更加丰富了科技期刊的传播渠道，轻量级的传播内容能更好地实现内容分发、精准推送。2010 年，著名科技期刊《自然》（*Nature*）、《科学》（*Science*）、《细胞》（*Cell*）均在 YouTube、MetaCafe 等短视频社交平台开设频道专区，国内科技期刊也尝试视频传播，进驻抖音、哔哩哔哩，开通视频号。

期刊引入视听化内容有其时代背景与特殊价值，科技期刊的视频一般时长不会过长，是期刊内容适应当今快节奏时代、知识碎片化传播的体现；同时，视频内容具有浅白化、大众化的特点，有利于科研成果的大众传播，丰富和拓展科技期刊的科普功能。

2. 社交平台

随着数字出版和知识服务的融合，科技期刊的数字化转型进入了新的发展阶段。社交媒体的出现使得科技期刊的传播更加直观便捷，Twitter 与 Facebook 作为国外流传度较广的社交媒体，深受科技期刊的欢迎。《纳微快报》（*Nano-Micro Letters*）自 2006 年创建 Facebook 主页以来，关注人数以每年约 3 万人次的速度增长，为提高期刊的传播力发挥着重要作用。国内主要的社交平台是微信公众号、微博等，据本课题组统计，我国注册并运营微信公众号的科技期刊为 2428 种。其中，《中国国家地理》《家庭医生》等期刊的公众号订阅数超过百万。

科技期刊在社交平台的传播早已引起计量评价界的重视，是替代计量学（altmetrics）的重要指标，往往更能体现科研成果的传播强度，号称"是科研人员理解和追踪研究潜在影响力的明智选择"[17]。科技期刊在社交平台的传播具有"非正式"的特点，因此更能体现研究人员的主观能动性，也能够较为准确地反映科技期刊、科技成果的大众影响力。科技期刊在社交平台的传播是对其传统传播渠道的强有力的补充，但同时应该注意，由于社交媒体的时效性强、追求热点话题等特点，一些年份较为久远的、比较冷门的科研成果可能在社交媒体的传播效果不佳，不能作为评价该成果价值的唯一依据。

（三）开放科学解构传统出版模式

1. 数据期刊

进入科研第四范式，大数据促成了数据密集型科学发现的产生。早期阶段，数据是作为增强内容来支撑论文的，随着科学界对数据共享的需求日趋强烈，以及新型期刊范式的建立和技术的推动，作为促进数据开放与共享的有效措施之一，以数据出版为核心的数据论文与数据期刊逐渐发展演变为独立的论文和期刊形态。数据期刊的出现与发展，是期刊传播适应新型学术交流需求的重要体现。

从 1990 年开始，国际多个专业学术组织发起完全、公开访问各自领域科学数据的倡议，医学领域期刊率先发起响应，如《英国医学杂志》（*The British Medical Journal，The BMJ*）自 2009 年起鼓励作者共享数据；2017 年，国际医学期刊编辑委员会（International Committee of Medical Journal Editors，ICMJE）提出临床试验数据共享声明，多种医学期刊积极响应，发布科研数据开放共享政策；2019 年，国际科学、技术与医学出版商协会（International Association of Scientific，Technical and Medical Publisher，STM）发布开放科学白皮书，提出推进以数据为中心的知识发现。我国也发布《科学数据管理办法》、《信息技术 科学数据引用》（GB/T 35294—2017）、《中国科学院科学数据管理与开放共享办法（试行）》等一系列政策标准促进数据共享和数据服务的发展。

科学数据出版提供了一种新的视角，尤其是纯数据期刊的创办为数据成果的传播提供了有力的支持。自 2009 年纯数据期刊《地球系统科学数据》（*Earth System Science Data*）创刊，每年都有新的数据期刊创立。2012 年起，数据期刊呈现快速发展态势，2012～2014 年共创办了 13 种，如 Nature 推出的《科学数据》（*Scientific*

Data）、Elsevier 创办的《大数据研究》（*Big Data Research*）等；国内的代表性纯数据期刊有 2016 年创刊的《中国科学数据（中英文网络版）》、2017 年创刊的《全球变化数据学报（中英文）》、2019 年创刊的《农业大数据学报》等。

2. 预印本平台与开放评审

在全球化发展的趋势下，开放科学成为当前国际科学研究和科学组织范式转型的新趋势[18]，尤其在新型冠状病毒感染疫情的影响下，预印本因其传播速度快、开放共享的特点，得到了迅速发展。1991 年 8 月 14 日，现被科研人员广泛熟知的预印本服务器诞生，其在创建之初仅收集物理学领域的预印本，后逐渐拓展至数学、量化金融、生物学、经济学、统计学、计算机科学、电气工程及系统科学等领域，并最终发展成为国际上最具影响力的预印本平台 arXiv[19]，此后国际上接连涌现出如 bioRxiv、ChemRxiv、medRxiv、PrePubMed、PeerJ Preprints、F1000、Social Science Research Network（SSRN）等诸多知名预印本平台。

随着预印本平台的蓬勃发展，期刊界也在积极参与相关建设，如发布预印本政策、将预印本文章纳入稿源库等。与预印本出版模式伴随而来的是开放评审平台，这直接改变了期刊出版的双盲评审模式，给期刊的出版传播模式带来冲击。例如，2022 年 10 月 20 日，国际著名生物学综合期刊 *eLife* 宣布：从 2023 年 1 月 31 日起，所有经过同行评审的文章，*eLife* 都不会作出接受或拒绝的决定，而是直接发布在其网站上，并附有 *eLife* 评审结果和公众评论。*eLife* 此举还有一个目的是扭转科学界由来已久的倾向——认为发表文章的“地方”，即某本“期刊名”，比其发布的内容更有“价值”或吸引力，从而推动学术评价由载体向内容的回归。可以看出，如今，科技期刊的传播与科研成果的评价深度融合，二者息息相关，期刊传播模式的变更，在一定程度上对学术评价体系的变革起到积极作用，从而反哺和夯实科技期刊出版传播的本质属性——学术交流。

纵观科技期刊传播的历史变迁可以发现，期刊的传播形式虽然受技术影响在不断发生变化，但是其内生动力一直都是学术交流的需求。在不同时代的不同技术环境中，新的学术交流方式不断涌现，科技期刊传播的形式也随之不断发生变化，积极适应快速发展变化的学术交流需求。

第二节　科技期刊传播研究概述

科技期刊传播作为科技体系的"血液循环系统"，是创新成果传承、科技强国建设的重要动力[20]。随着国家战略推动、信息技术革新、新旧媒体融合发展，科学社区正在经历着由传统闭合式科学向高度开放科学的转型过程，科学知识需求、科学交流传播范式发生了重大变革，对科技期刊以往的传播方式和活动体系提出了挑战[21]。在此背景下，科技期刊传播受到各界的广泛关注和研究探讨，本节对科技期刊传播研究进程及特点进行梳理和提炼，并进一步阐释已有研究中对于科技期刊传播力和传播链的定义，以追寻相关研究的实践导向。

一、科技期刊传播研究进程

通过梳理国内外有关研究和实践，发现科技期刊传播研究进程可从以下两个维度进行梳理。从基于已有研究的量化分析来看①，科技期刊传播研究始于 1996 年，在研究推进过程中经历了 3 个不同阶段，各阶段表现出不同的研究倾向；从围绕已有研究的定性分析来看，科技期刊传播研究的主题主要聚焦于基本理论、测度评价、提升策略 3 个方面，从不同方面呈现出相应的研究范式。

（一）科技期刊传播研究的量化分析

近年来有关科技期刊传播力的研究数量呈现稳定上升趋势，该领域研究主要分为 3 个阶段，即 1996～2000 年的起步阶段、2001～2011 年的深入阶段及 2012 年至今的创新阶段（图 1-3、图 1-4）。

---

① 中文检索式 SU=期刊*[传播 or 传播力 or 学术传播 or 传播效果 or 传播渠道 or 读者分析）CNKI 数据库，英文检索式 TS=（academic journal*（communication or dissemination strength or communication channels or audience analysis）JSCI&SSCI 数据库，有效文献共计 401 篇。

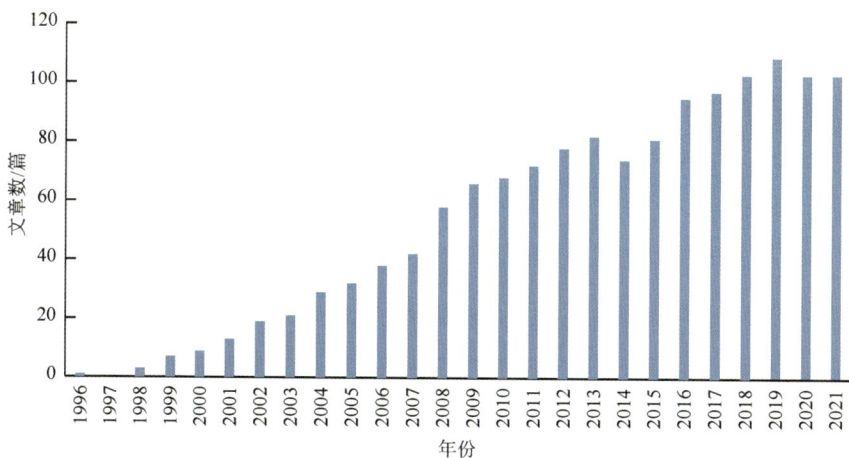

图 1-3　不同年份发文数量情况

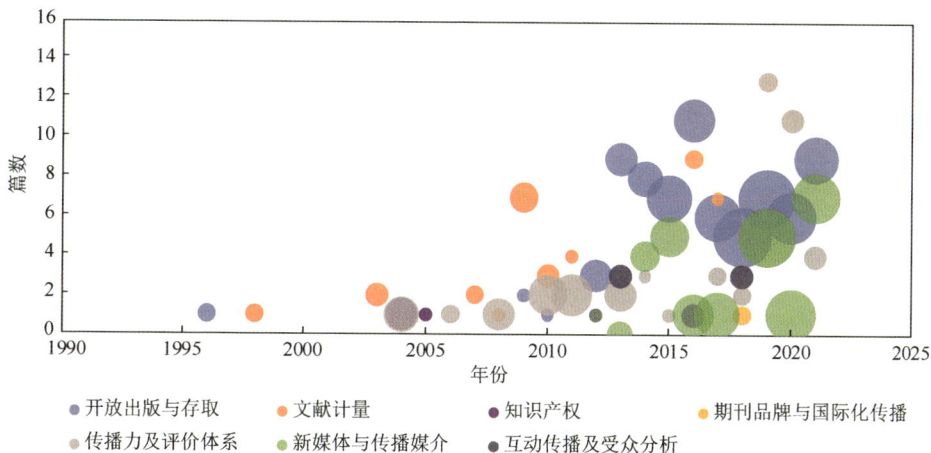

开放出版与存取　　文献计量　　知识产权　　期刊品牌与国际化传播
传播力及评价体系　　新媒体与传播媒介　　互动传播及受众分析

图 1-4　不同时段主题分布情况

1. 1996～2000 年：科技期刊信息传播研究起步阶段

该阶段处于"信息高速公路"伊始时期，国内网络普及率较低、数字化建设水平不足都限制了对科技期刊传播领域的研究范围和研究深度，故该阶段研究总体呈零散化、浅表化状态，研究主题仅集中于对科技期刊信息传播角色的定位和探索上，但数字化传播的概念已初步出现，已有学者提出期刊传播渠道、传播方式即将发生大变革，而网络传播即将占据重要地位的意识已然萌芽。

2. 2001～2011 年：传播力研究系统化、深入化阶段

从 21 世纪开始，传播学和营销学理论研究都有了新的发展。"5W"传播理论、"沉浸理论"、"4C"营销理论等其他学科概念逐渐成熟化和系统化，并被许多图书馆学、情报学学者广泛应用于期刊研究中，此时的期刊传播力主题开始朝着市场化、应用化发展，不断形成独立的、完整的研究体系。同时，随着网络技术的发展，数字化进程不断加快，新技术、新媒介、新渠道、新传播模式得到广泛的研究和应用，新型网络传播、新时代期刊知识服务、开放存取新模式的探索都在这一时期得到深化。这也使得学界对期刊的需求不断扩大，倒逼科技期刊传播的深入探索和研究。2006 年前后，出现了详细的科技期刊用户调研与分析，以用户为导向的传播力研究在这一阶段备受学者青睐，如何以用户为核心，建设更优质的科技期刊品牌，以取得更好的传播效果成为当时该领域的主要研究课题。

3. 2012 年至今：不断创新传播模式的深入探索阶段

该阶段延续了上一阶段的研究课题，并结合了数字化高速发展的现实深化创新进程。微信公众号、微博等新兴媒体成为重要传播渠道，得到了广泛的关注和研究。媒介的创新促使科技期刊传播力进一步提高，期刊本身也不再局限于国内传播，如何提高国际传播力和影响力成为当下的重要研究课题，国际化的期刊评估体系、论文评估标准的探索和研究及传播渠道创新、新媒体应用探索都得到了进一步的深化。

（二）科技期刊传播研究的定性分析

从以上量化分析结果来看，围绕"科技期刊信息传播""科普出版与大众传播"等主题的基本理论研究、围绕"传播力、传播效果与传播模式""文献计量评价与影响因子"等主题的测度评价研究、围绕"新媒体与传播渠道""科技期刊与市场策略""开放存取""期刊品牌与国际化传播"等主题的提升策略研究成为贯穿科技期刊传播研究的核心。

1. 基本理论研究

科技期刊传播作为一项社会活动，需要规范的理论来指导活动过程，以约束传播原则、达成传播目的、提升传播效果。对此，已有研究从宏观与微观层面分别探讨相关概念、基本逻辑、理论框架，为科技期刊传播夯实学理依据。

面向宏观产业运作，顺应出版产业化转型对科技期刊市场化、商业化提出的新要求，市场营销学、传播学、心理学等学科为科技期刊传播拓展新的理论支撑，如参与传播学的产学研融合理念、online to offline（OTO）传播模式的线上线下渠道融合方式，以及"4C"理论对读者需求、成本、便利、沟通的分析框架，"4I"理论围绕期刊内容、互动、模式、服务的指导模型，有助于从传播渠道、发行策略、网络营销等方面完善期刊传播的整体理念指导和理论模型。此外，科技期刊传播技术、期刊功能、商业模式三者存在相互影响的关系，可基于共生理论从整体角度思考科技期刊历史演变及未来与高校智库、行业平台协同共生的发展模式。

着眼微观活动要素，"5W"传播理论被广泛用于从活动过程角度阐释科技期刊传播，该理论关于如何进行有效传播的核心目标与科技期刊传播将期刊及其信息有效传播给受众的核心活动不谋而合，能够科学分解传播过程各环节，全面涵盖传播活动各维度，为研究信息传播提供强大指引，也为科技期刊传播力、传播效果的多维评价提供了思路和逻辑[22]，有助于从传播过程角度具体识别科技期刊的传播活动，并将"5W"各环节作为一个与整个社会过程有关的整体，系统全面地厘清全流程、各维度所表现出的质量和效果。此外，从传播内容、互动体验、主体利益等角度出发，"沉浸理论"为在线用户分析提供了新的视角[23]，由此形成的用户沉浸概念模型与"刺激–机体–反应"范式结合，可进一步分析总结沉浸状态下的用户行为，描述用户阅读偏向的变量[24]，逐步明晰期刊以用户为导向的运作和传播活动思路，进而聚焦网络环境下对读者质量感知具有正向影响效果的学术质量、出版质量、网络传播速度、网站性能等期刊传播要素进行改进和完善[25]。

2. 测度评价研究

所谓测度，即对科技期刊传播活动过程及效果进行测量和分析；所谓评价，即依据测度结果对科技期刊传播作出判断和排名。科技期刊传播测度评价相关研究主要分为两大类：一是来自学界的理论性思考，即学者根据研究需要所筛选的评价要素和构建的评价体系；二是面向业界的应用性探索，以第三方评价机构为代表，由此形成围绕传播力、传播效果测评的丰富成果（表 1-2），成为顺应数字技术及时代发展趋势的重要研究分支。

表 1-2　科技期刊传播测度评价要素分析

研究层面	要　素
理论层面	期刊发展定位、选题规划、市场运作、人才队伍、采编系统、出版周期、开放程度、国际传播资源、被链接情况、期刊论文作者职称分布、入驻数据库客户端、期刊自有 APP、融合出版建设、内容发布形式、宣传手段、h 指数、p 指数、z 指数、h_d 指数、h_c 指数、PlumX
应用层面	期刊获奖情况、论文状况、总被引数、引用项目、影响因子、特征因子、扩散因子、h5 指数、OA 文献比例，社交媒体喜欢、分享、推荐，新闻、博客、维基百科等替代计量指标，本刊文章总量、目录文章总量、总阅读量、总在看量、头条文章点赞量、点赞爆点占比、可见峰值的文章数、回复点赞量、回复评论量

根据来自学界的理论性思考，学者着眼于不同研究视角和论证需要，通过思辨性探讨或问卷调查、德尔菲法等，或辅以小范围实证，分析科技期刊传播的影响因素，提取评价要素、构建评价模型。从已有相关成果来看，国外的科技期刊传播评价稍早于国内，早在 1984 年便有学者提出综合政治、经济、社会等重要背景因素对媒体在特定社会背景下的传播进行评价[26]。聚焦学术社区，围绕 h 指数的数学模型构建和研究成为国际学者的关注重点。国内学者面向新媒体语境，提出通过期刊品牌形象、学术水平、传播手段、信息化水平、对外宣传水平、新媒体传播度、新媒体性能等要素来衡量期刊传播效果。聚焦学术社区，采用并推广 Altmetrics 指标、PlumX 评价指标正成为科技期刊国际化评价的大势所趋。

面向业界的应用性探索，研究团队以实践应用和商业转化为导向，以排行榜、行业报告等形式对期刊传播进行综合界定和评价。从国外来看，科睿唯安发布的《期刊引证报告》（Journal Citation Reports，JCR）从基础评价、影响力评价、标准化评价和来源评价对科技期刊影响力进行多维度呈现，并创新性地加入了 OA 文献比例的指标；Plum Analytics 平台结合引用、使用、社交媒体等 5 个维度，提供了学术大数据评价服务；Altmetrics 基于核心媒体及平台建立了全面的替代计量指标体系。从国内来看，中国知网中国科学文献计量评价研究中心研制的《中国学术期刊影响因子年报》中对我国 6000 余种学术期刊的国内学术影响力和网络传播力进行了持续统计，每年发布 web 即年下载率、总下载量等传播指标。该机构与中国科学技术信息研究所、清华大学图书馆等六家单位联合研制的《科技期刊世界影响力指数（WJCI）年报》也将网络下载数据和 Altmetrics 等期刊网络使用数据纳入评价体系。南京大学中国人文社会科学综合评价研究院和中国传媒大学媒体融合与传播国家重点实验室（中国传媒大学）的"CSSCI源刊微信公众号传播力指数"从活跃度、互动度、流行度、覆盖度、认可度、专业度6个方面评价期刊微信公众号传播力。

3. 提升策略研究

面向新媒体环境下国际国内对于科技传播的重大需求及科技期刊围绕微信、微博等大众化传播活动的新变化、新进展，学者从构建科技期刊传播的"矩阵平台""内容平台""管理平台"3个角度出发，探讨科技期刊传播提升策略。

"矩阵平台"，即充分发挥期刊在各传播渠道的优势，包括横向矩阵和纵向矩阵，横向矩阵指科技期刊在全媒体平台的布局，纵向矩阵即科技期刊在某个媒体平台的产品线。对横向矩阵，科技期刊应明确各媒体的功能定位、优化各媒体的分工协作机制，打造科技期刊"纸刊+网站+新媒体平台"共同传播的三角模式，实现科技期刊广泛有效的传播。在充分探索全媒体方式传播的新路径后，可进一步依托数据库或第三方平台精准推送相关信息，或通过开创"期刊中心"APP等措施来优化期刊传播。对纵向矩阵，科技期刊应强化网站资源建设，关注在 PubMed 等国际检索系统上完善文章展示信息，拓宽期刊信息传播覆盖面，促进中文科技期刊在网络平台上的传播。聚焦科技期刊的微信公众平台传播，科技期刊应尽早适应微信传播平台，深度挖掘微信传播的品牌效应。

"内容平台"，即对科技期刊的优质内容资源进行多样化、专业化建设和传播。对单刊内容来说，成功的期刊专题策划不仅能突显该期刊的特色与亮点，也能帮助期刊吸引优质稿源，从而强化期刊传播。对此，科技期刊可基于移动互联网思维建设期刊特色专题或栏目，并结合办刊实践，在策划前期、出版中期、刊出后期3个传播阶段实施相应传播策略与技巧。对多刊内容，同一系统（行业）所办期刊的办刊宗旨与刊文范围具有一致性和交叉性，可以系统（行业）为单位，将"同宗"期刊大规模集群，期刊间可通过稿源流通共享、开放办刊模式、整合信息技术等手段进行集群化运作，发展规模优势，树立期刊品牌形象，不断强化期刊传播。

"管理平台"，即通过管理或服务期刊传播主体、受众等方法来强化期刊传播。在传播主体层面，科技期刊要从经营性思维出发，把握媒体融合时代的发展机遇，解放和革新办刊理念，挖掘并深化传统期刊的优势及潜能，在此基础上明确期刊的发展定位，营造好的经营机制，打造综合型人才队伍，针对国际化传播，则还需建设国际化作者、编辑、编委队伍。在培养队伍的基础上，科技期刊可进一步基于知识生产与传播机制，赋权主体，推动生产主体的参与和互动，从而扩大期刊传播。聚焦编辑团队这一在期刊传播环节中具有不可替代作用的主体，打造业务能力强、媒体素养高的复合型编辑队伍是强化期刊传播的主要途径之一。面对新机遇、新挑战，编辑应明确定位、结合新技术、创新传播内容，不断提升传播强度和精度、宽度和深度、速度和效果。在传播受众层面，读者是期刊生存和传播的基础，期刊要利用互联网思维，基于意识引领重构传受关系，树立以读者为中心的服务意识，实行精准化推送、差异化服务，主动强化期刊传播，并借助知识转移视角，搭载大众传播媒介，推动科研创新知识向社会大众转移。

二、科技期刊传播研究特点

科技期刊传播研究在传播主体、受众、渠道、内容、效果等维度凸显自身特色，具备互动性传播主体地位、兼顾专业和大众传播的内容权重、新媒体环境下的融合传播渠道、多圈层的传播受众、多维度的传播效果等特点。

（一）传播主体的特殊地位

科技期刊传播主体是其传播活动的起点，在传播过程中具有多样性和主体能动性特征。

1. 传播主体角色和功能

科技期刊传播主体可分为科学家、出版者和出版商 3 种类型，三者处在一个学术交流生态系统，占有不同的生态位进行分工合作，分别负责信息的创作生产、编辑加工、分发传播。然而，数字和网络技术的出现，不仅改变了科学信息的传播方式和渠道，而且模糊了三者之间的关系，科学家通过低成本的网络技术可以直接成为出版者，出版商依靠论文大数据库的存储和检索技术，越来越多地承担了图书馆的功能，而图书馆在"期刊危机"（Serials Crisis）面前越来越弱势[27]。数字和网络技术使得整个科技期刊生态系统面临着重新洗牌和角色的调整，而传统的科技期刊功能和出版商业模式在传播技术的驱动下也逐渐发生着缓慢而深刻的变化。整体来看，无论哪一类型的传播主体，皆在科技信息传播过程中扮演重要起始角色，对提高传播质量具有决定性作用，且可进一步作为公众传播中的科普者，通过与大众媒体合作来增加期刊文章的传播覆盖面和读者数量。

2. 传播主体责任和担当

科技期刊传播主体应承担起为用户提供更加精准、更诚信的知识服务之义务，应当紧跟时代技术的发展进程，不断变革传播模式和推广模式，促进自身期刊的可信度和传播力提高。面向编辑队伍，科技期刊可在编辑出版行业引入竞争机制，在竞争的基础上实现高水平、高效率的合作，引导编辑通过明确特定公众、强化公关意识和素质等方式促进科技期刊更好地传播。开放存取等新型数字化出版模式及科研诚信研究的进一步发展，为科技期刊传播主体带来新的机遇和挑战，对其科学素养和思想道德提出更高要求，其责任和担当的重要性凸显，"数字化公益传播"为彰显传播主体新格局拓宽了思路。

（二）传播内容的权重比例

传播内容是科技期刊传播的关键要素之一，传播内容如果无法吸引受众和用户，其传播效果自然无从谈起[28]。科技期刊传播内容可划分为期刊学术内容本身和社交媒体平台推送内容 2 种类型。

1. 专业内容的学术传播

科技期刊专业内容主要包括最新的科研成果、优秀的科研人才及团队的介绍、为企业提供的最新技术、行业相关会议信息及相关从业人员的招聘信息[29]。随着我国科研水平和重大战略需求的逐步提升，科技期刊专业内容的学术传播作用愈发凸显。

从服务科技创新发展来看，科技期刊从稿件、稿源的研究前沿性、学科服务力、领域推动力等方面着手，依托并突出主管主办单位优势学科，聚焦并做精专业领域最新研发成果，主动走入研发一线，组约系列特色专辑专栏，通过高水平的期刊载文量与载文来源、文献被引量、平均引文数、平均作者数、基金论文比及研究前沿传达、学科建设影响等具体要素，提高优质学术内容生产及其专业传播效果，并在纸刊、期刊网站及大型数据库等传播路径集中发力，不断扩大期刊影响力。例如，《中国科学》《科学通报》作为开展学术研究交流的重要平台，通过主动约稿、组织专刊、开设专栏等方式，支持科研人员把优秀论文发在祖国大地上，吸引优秀学者重要科技成果及代表作，刊发了青蒿素结构、水稻的雄性不孕性等突破性科学进展，不仅显著提升了专业内容质量，而且助力优秀科研成果获得更广泛的传播，充分体现了期刊促进理论创新和服务科技创新发展的功能。

从满足国家战略需求来看，作为党的意识形态重要阵地和文化科技强国建设重要力量，近年来围绕《关于深化改革 培育世界一流科技期刊的意见》等行业政策及中国科技期刊卓越行动计划等战略部署，科技期刊着眼世界范围内重大科研问题，同步追踪国际前沿的研究趋势，制定行之有效的战略计划，向人们揭示最新的科研成果和发展动态，在涉及人类创新的高精尖领域持续刊登一批重大原创性科研成果，并通过促进研究成果的及时扩散和转化，以此对接并服务国家重点战略需求。例如，《中山大学学报（自然科学版）（中英文）》以介绍面向国家重大战略的前沿科技成果、科学研究进展、提升学科影响力为目的，开设"天琴计划"——空间引力波探测计划专题，通过专项征稿、专家对接、公开征稿等方式，获得翔实、脉络清晰的专题内容，不仅扎根祖国，通过重大科学问题的发现和解决，为经济建设提供强大科技支撑，为民族复兴和社会进步提供科技创新驱动；而且布局前瞻，及时传播和推广前沿信息和研究进展，为国内研究者提供实用的科学信息，凸显期刊学术引领。

2. 大众内容的社交传播

科技期刊专业内容的学术传播精准但范围较窄、影响受限，新媒体平台成为社会大众接收期刊知识信息的主要渠道，为进一步推进科技信息的大众化、社会化科普阅读和交流传播，期刊在大众传播方面的内容水平及活动能力的重要性逐渐凸显。

在内容上，大众传播可分为新闻热点类和科普知识类，科技期刊可在现代传播技术支持下，基于整篇优秀论文等"宏内容"中加工"微内容"，以符合受众媒介使用习惯的正确方式向受众广泛传播科学知识，不仅弘扬科学精神、培养潜在读者、扩大自身影响，而且让公众了解科技进展、增进社会理性[30]。例如，《科学》每期均有半数以上的论文被制作成新闻稿，借由大众通俗易懂的表述形式通过社交媒体渠道进行传播；《协和医学杂志》则充分借力新媒体，探索兼顾医学科学和健康科普的"学术+科普"融合发展模式，从定稿中优选具有融合潜质且拥有广泛关注度的内容，制作与之匹配的科普图文、漫画、视频、动画及科普主题直播等优质健康科普作品，通过"一文一普"方式实现学术内容的科普转化，提升期刊自身传播力及综合影响力。

在形式上，大众传播可分为图文类型和音视频等方式，其中科普类视频的效果较好，能以其动态立体、多元个性的形式及短小精悍、即时交互的优势满足大众用户碎片化阅读习惯和社交需求，实现科技期刊内容来源的延伸和知识服务能力的提升。例如，《自然》《科学》《细胞》均在官网、YouTube、哔哩哔哩、微博等不同平台，推出文献导读、知识科普、社会热点、科研指导、期刊宣传、编辑部故事等丰富的内容和轻量化形态，将短视频传播作为科技期刊的延伸服务，拉近期刊与普通大众的距离，实现期刊传播力的全方位、多角度提升。就具体平台而言，微信公众平台为期刊提供内容发布与用户互动场所，如《新英格兰医学杂志》（*The New England Journal of Medicine*，*NEJM*）、威科集团 UP to Date 等开设中文微信公众号，并组织专题栏目，以视频及文字说明的方式推送宣传鼻咽拭子采样等相关内容，为大众带来专业知识的科普，传播较为广泛[31]。借助已有社交媒体平台，科技期刊可进一步开展在线活动，并针对优化发布内容主体、标题、表现形式、版式设计、文章类型、数量频率、时间次序等来增强内容传播效果[32]。

（三）传播渠道的不同输出

传播渠道是传播过程的基本组成部分，是传播行为得以实现的方法和手段。科技期刊的传播渠道随着科技的进步而逐渐完善，在传播方式上表现出兼顾传统和新媒体的多元视角，在传播范围上具备全球视野，借由多元传播渠道更加高效率地将学术信息传递出去，并且发挥不同传播渠道针对不同目标受众的比较优势，扩大期刊传播覆盖面。

1. 传播方式的多元视角

科技期刊主要通过纸本期刊、期刊网站、集成数据库、新媒体平台等渠道进行传播。

20世纪90年代之前，纸质期刊发行是主要传播渠道，拥有数百年历史的纸刊具备易于接受的阅读方式和亲切实在的阅读感受，是传播具有新颖性、前沿性、动态性知识信息的高可信度传播方式[33]。

伴随互联网的快速发展和以手持设备访问电子形式数据的普及，新媒体与传播的融合力度逐渐加深，数字化渠道带来不断变化的传播范式。

首先是期刊网站及集成平台的出现，作为纸质期刊数字化加工和期刊宣传的重要窗口，网站提供期刊基本信息、投审稿系统、论文在线获取及数据排行等综合服务，并为作者、读者、编辑、审稿专家间的交流搭建了在线平台，是期刊沟通用户需求、提供服务响应的高效率、高品质传播方式。

其次是以中国知网、万方数据、Web of Science 数据库、DOAJ 等为代表的具有商业属性的集成数据库出现，基于检索标准、基础设施和专题服务，形成内容资源和用户流量的良性互哺，科技期刊被这些数据库收录，有助于进一步开发存量资源、拓宽辐射范围、推动产业转型，这也是一种面向更加开放的国际学术交流和科技竞争来增强传播力和规范性建设的传播方式。

当前，新媒体平台的崛起对科技期刊传统传播方式造成巨大冲击，但也丰富了期刊传播渠道。在国外，Twitter、Facebook、Mendeley 等社交媒体已成为科技期刊常用传播手段。例如，《介入心脏电生理学杂志》（*J Interv Card Electrophysiol*，*JICE*）推出了在 Facebook 的社交账号，将纸质版的期刊目录、专题文章以电子资源的形式发布在其中，同时在推送文章时实时通知 Facebook 软件上学术期刊账号的粉丝。在国内，随着科技期刊对新媒体平台建设的投入逐步加大，微信公众号、微博、抖音等平台正成为科技期刊拓宽活动领域、吸引广大受众，提升引导力、传播力、影响力、凝聚力的新阵地。

总体而言，科技期刊可借助多元传播方式形成与用户积极交流新信息和新思想的全方位、立体化渠道，同时通过转变适应新媒体运营规则的思路来加强期刊的运营管理和活动水平，进而提升传播及盈利效果。

2. 传播范围的全球视野

随着科技全球化和信息传播方式的变革，科技期刊国际化已是大势所趋，对此，期刊在传播范围方面应"跳出"国内传播的限制，强调国际传播的全球视野，并强调国际传播基础与信息传播，从国际传播人员、国际传播工具、国际传播资源等方面有针对性地强化国际传播。此外，随着 OA、开放科学在全球范围的推进和普及，OA 期刊成为重要的学术信息传播渠道，能够从网站下载量、中国知网下载量及其与引用次数间的相关性等方面助力期刊吸引更多关注、提升传播效果[34]。

（四）受众圈层的多重影响

传播受众是主动的信息接收者、信息再加工的传播者和传播活动的反馈源，是传播活动产生的动因之一和中心环节之一，在传播活动中占有重要的地位。科技期刊传播受众可依据信息需求划分为不同类型，既接受期刊提供的差异化信息及传播服务，也在学术共同体内部进行自组织并产生交互影响。

1. 期刊传播的差异服务

对受众多元化和复杂化的信息搜集和行为进行调研分析以便科技期刊制定合理的发展定位和准确的传播策略，长期以来都是学术研究的重要课题。面对新媒体环境下具有较高自主选择性和不固定性的受众群体，科技期刊应当首先基于微信公众号、微博等新媒体平台，对自身用户数量、性别、年龄、地区、专业等指标进行统计，通过了解期刊平台用户的数量、结构等变化趋势，有针对性地总结数字化背景下如高校教师等不同类型、物理或医学等特定领域的用户阅读偏向和媒介偏向，描绘科技期刊重要科研群体的用户画像，进而基于传播学"使用与满足理论"提升期刊用户服务水平和自身传播水平，这种目标导向的受众研究正逐步为如何促进新时代科技期刊传播力的提高而服务。

此外，聚焦不同类型受众群体，科技期刊应当开展差异化知识及传播服务，如面向大专院校、科研院所的科研人员，要强化个性化知识服务；面向企事业单位中从事技术工作的医师、工程师、农牧技师等行业技术人员，应以问题为导向提供定制化信息；面向上述两类传播对象之外的其他社会大众，则应提供新闻性、通俗性、碎片化的阅读服务。事实上，科技期刊的不同受众群体之间存在辩证关系，如科研人员和行业技术人员也是社会大众的一部分，科技期刊开展大众传播活动有助于提升对这两类人群的影响力，反过来促进专业传播力的提升[22]。

2. 受众群体的交互影响

科技期刊受众包括作者、编辑、审稿人、出版社、传播平台、订阅机构、读者等，不同群体之间存在交互影响。一方面，作为生产者的作者、编辑等成员本身也是受众，接受自身所传播信息的反馈和影响。另一方面，随着数字互动平台的建设，全媒体传播中受众的自主权变革，用户不仅是科技信息的接受者，更是信息的生产者和二次传播者，用户生成内容（UGC）模式成熟，逐渐打破了科技期刊方的整体汇编权，科技期刊传播者与受众的界限正在逐渐模糊[35]。在这种"后期刊时代"背景下传播者与受众地位的模糊有利于科技期刊本身传播思维的进步，也倒逼其内容创新和传播模式改进[36]，期刊应当重视读者的创新作用和创造作用，细分读者群落，并通过多种方式扩展读者群的范围和类型，实现覆盖国内外专家学者、产业工作者、社会读者等多种类型，在构建快速传播渠道和实现读者群数量稳步增长的基础上，进一步结合自传播模式与微传播模式，通过数字交流平台建立学术关系网，从而构建虚拟学术社区，共同形成科技期刊传播中的"学术共同体"，创新传播主体范式[37]。

（五）传播效果的多维考量

科技期刊传播效果指期刊在传播学术信息的过程中，广大科研工作者、学术研究者对期刊的认可度和接受度[38]，可从期刊产生的行为影响、认知态度等不同维度进行考量。

1. 不同领域的行为影响

科技期刊产生的行为效果直接体现在用户实际行动上，具体可从学术传播和大众传播两大不同领域分别研究其影响效果。

从针对期刊学术传播产生的行为影响来看，主要是从文献计量评价方法视角切入，以期刊统计、评价指标、评估体系等考查或表征传播效果，随着数字技术的发展，相关评价指标和评价体系经过长期探索不断进行优化。从最初的访问浏览量、下载量、篇均下载量，到即年指标、被引频率、影响因子，再到 h 指数、p 指数和 z 指数，先后被用于评价期刊网络传播效果，而后 h_d 指数、h_c 指数也被证实具有较强时效性、区分度和抗干扰能力，可以作为考量期刊网络传播效果的重要参考标尺。逐渐复杂化和规范化的指标数据和计算方法，形成科技期刊分类评价、静态与动态相结合的完整评价系统[39]。

从面向期刊大众传播产生的行为影响来看，主要是结合新媒体形式，从微信、微博等不同渠道切入，围绕互动、推送、集成等方面对科技期刊的传播效果进行补充性评估和测评[40]。例如，《国际检验医学杂志》从 IP 具象化、专业场景、大众场景、UGC 社区 4 个方面拓宽传播实践，打破了传统思维模式下对信息传播的狭义理解，探索了立体化信息传播的转型思路。

2. 不同层面的认知态度

科技期刊引起的认知效果和态度效果可根据影响深度划分为浅层传播效果（即知晓度，表现为对期刊的了解程度与认知偏好）、中层传播效果（即理解度和赞同度，表现为对期刊内容设计的满意程度）及深层传播效果（即支持度和信奉度，表现为对期刊的阅读分享与重复行为意愿）[41]，其中深层传播效果往往能够促进生产力的发展、转变人们的观念，产生较大的社会效益和经济效益，是期刊应当重点关注的传播效果维度。事实上，社交媒体平台提供的多维数据指标，能够为评价科技期刊的深层社交传播效果提供支持，如可通过微信传播指数（WCI）、文章总数、阅读数、点赞数等指标，从活跃力、影响力、穿透力 3 个方面针对提升期刊微信公众号的深层传播效果。

三、网络时代科技期刊的传播新特征

做好科技期刊的传播工作，就是充分发挥科技期刊的学术导向功能，对展示前沿科技信息和学科发展动态，传播科学创新成果有着十分重要的作用[42]。随着互联网、信息技术的推进，手机端阅读和自媒体蓬勃发展，科技期刊的传播形态也随之发生变化：由单一纸质传播向多元媒体传播转变。

（一）构建新媒体矩阵，实现资源共享

构建新媒体矩阵的主要任务是传播平台建设，传播平台是期刊传播力构建的重要载体。这也符合科技出版"一种内容、多种载体""一次制作、多元发布"等方面的要求。科技期刊的集群化发展是当今科技期刊发展的主流态势，融入集群化发展的科技期刊新媒体矩阵可以实现集群内期刊资源的共享，将优质的科技期刊作为龙头，更好地整合资源，打造更加专业、强大的传播平台，以集群化带动媒体融合发展。科技期刊不仅可以同时使用多个平台，也可以尝试在同一平台开通多个官方账号，实行多角度精准的账号定位，促使不同账号之间相互关注、推介、引流，有针对性地推进分众传播，形成差异化的运营效果[43]。以《自然》《科学》《细胞》3 种期刊为例，实现了官网专业视频网站（YouTube、B 站等）、社交短视频（微信视频号等）和社交平台（Twitter、Facebook、微博等）等媒体的多元整合，大大提高了学术知识的传播效率；同时，这 3 种期刊在同一平台注册多个账号，如《自然》在 Twitter 上的两个官方账号"Nature"和"Nature Portfolio"，使得短视频内容可以在不同账号主体上多次复现，提高其传播广度。从新媒体矩阵的实践效果来看，也取得了较好的应用成效。构建新媒体矩阵使得不同种类受众均能获取相关信息，《遥感学报》先后开通了"遥感·图像图形"微信服务号、"遥感学报"微信订阅号，搭建了微信交流社群和微网刊，在腾讯会议、哔哩哔哩、中国知网在线教学、蔻享学术、视频号等直播平台开设账号，多平台同步联动传播的新媒体服务模

式，以满足不同用户群体的多种需求[44]。

（二）打造微内容，适应用户阅读习惯

平台受众的信息参与度会对学术期刊内容传播效果有显著的影响[45]，科技期刊传播力的构建须考虑用户的兴趣爱好和阅读习惯。这要求编辑扎实提升科技期刊内容加工水平，以内容资源高可读性为根本，充分发挥编辑在内容结构、文字表述、图片配置方面的控制力。打造微内容，适应用户阅读习惯是当前科技期刊传播力构建的重要举措。科技期刊主要采用微信、微博和二维码等微媒介进行微内容传播，其推送的热点文章的点击率、下载率及引用率均显著高于普通文章。从期刊具体实践来看，《环境科学》微信公众号为适应读者"碎片化"阅读的需求，摒弃了原来的一次推送整期期刊的模式，每次精选 3～5 篇相同主题的论文，保证每篇文章都得到最大程度的传播。《大气科学》对刊文内容进行摘取和二次编辑，提炼出核心问题、重要图表、关键创新点，生成微内容进行微信推送，深受读者欢迎[46]。微内容是对期刊原始论文进行加工的二次文献，也是期刊内容的一部分。微内容不仅适应用户"碎片化"阅读的行为习惯，而且对期刊文章观点和亮点的提炼有助于解构期刊的知识结构，将知识片段整理成知识结构树，对于增强期刊的趣味性和可读性具有重要意义。

（三）捕捉科研热点，增强期刊传播内容新闻性

科技期刊捕捉科研热点，增强期刊传播内容新闻性不仅仅是传播的要求，更是期刊选题和内容建设方面的迫切需求。期刊是知识的载体，只有不断创新知识内容，才能永葆期刊活力。因此，在期刊内容策划方面不仅需要聚焦于研究热点，还应引导创新前沿。对传播力而言，传播内容起到举足轻重的作用。传播内容的时效性也是用户关注的关键，期刊的选题可以追踪与现实生活、社会发展息息相关的科技热点议题，突出新闻性、通俗性和互动性。疫情期间《英国医学杂志》期刊网站新闻中报道了 COVID-19 在免疫力低下的儿童中的临床表现与免疫力正常的儿童相当、在分娩的 10 名 COVID-19 阳性产妇中有 9 名是无症状感染者，这些新闻报道有助

于公众及时获取科学客观的医学信息，也有助于缓解公众的焦虑情绪。此外，《英国医学杂志》期刊网站新闻中也不乏感谢医务人员、号召全国人民积极抗疫，以及介绍其他国家的抗疫情况等内容，这些信息使公众能全方位、多角度了解疫情[47]。《航空学报》连续多年紧跟时代热点话题，专注于发表航空发动机、舰载机、载人航天航空制造、天宫一号对接等高质量述评文章，促进期刊在航空航天领域学术引导地位的确立[48]。

（四）促进科普转化，提高期刊知名度

科技期刊的科普转化是增加期刊可读性的重要途径，对扩大期刊受众人群、提高期刊知名度有重要意义。科技期刊的科普转化主要分为科研信息的及时传递和大众科学知识的普及，前者面向科研学者群体，后者面向社会大众，两者的统一既有利于提高原有研究用户黏性，又能够扩大期刊传播范围，在承担社会责任的同时提高期刊本身知名度。我国学术期刊的科学普及工作不仅应当面向我国公众，还应当面向全球公众[49]，以促进科研知识的高质量转化，提高期刊传播力。《遥感学报》积极适应"读屏时代"，采取定点张贴面向青少年和学者的二维码海报的科普方式，鼓励年轻读者特别是大学生们随时随地"扫一扫"进行阅读和关注[50]；科技期刊的科普转化过程实质上是期刊专业内容通俗化的过程，同时从根本上来讲是期刊内容建设关注人民生命、生存和生活问题的过程。一方面，科技期刊的传播力主要体现在受众范畴，但是由于科技期刊专业的知识体系带来了巨大的传播壁垒，因此科技期刊的科普转化是打破专业壁垒的过程，是拓展期刊受众的关键。另一方面，关注普通大众关注的内容实质上是在科技期刊的选题上更加聚焦于人民群众关心问题的具体表现。

（五）渐成传播新模态，多角度促进学术交流

面对新一轮信息技术革命和产业变革趋势，科技期刊的传播也将呈现新的变化。从传播趋势来看，今后的发展将更加注重传播内容和传播效率以扩大科技期刊影响力，强化科技期刊传播价值，进一步顺应开放科学时代特征，构建学术交

流体系。在传播内容方面，科技期刊传播将在开放科学革命背景下，提供更加清晰的专业化和大众化传播服务，契合用户思维，发挥用户在精品内容、品牌传播、知识服务方面的贡献。例如，《国际检验医学杂志》的"检验君"IP，从专业场景和大众场景强化传播者、媒介、用户在期刊传播中的互动关系和信息价值提升策略，描绘期刊传播体系转型升级方向[51]。在传播效率方面，科技期刊传播将进一步以碎片化内容、多样化形式、组合化方式，丰富科技期刊图文音像呈现方式，提升传播效率、扩大服务群体，更好地适应互联网时代对科学传播、知识服务的新要求[52]。例如，以短视频为代表的新型传播形态，将从科学传播、专家服务、学术科普、社交促进方面提升传播效率。从传播技术来看，近年来，随着 5G、人工智能（artificial intelligence，AI）、虚拟现实（virtual reality，VR）等技术的兴起，尤其微软小冰、ChatGPT 等作为 AI 技术在信息服务领域的应用实践，从内容生成、互动方式、辐射范围、交互能力方面，期刊传播方式都发生了大幅变革，也将进一步激励科技期刊传播动力和创新产出。同时，在信息技术的加持下，传播渠道也将不断融合、渠道内涵逐渐丰富，以用户为中心的学术社区、交流社群、社交平台成为科技期刊传播施展的重要阵地，期刊需重点加强社群组织建设和协调管理，加入社群对话并建立有机的互动关系，参与并引导科学热点事件在不同渠道的传播，保证良好的渠道服务水平和社群传播秩序。总体而言，目前科技期刊传播从理论到实践仍面临挑战，我国期刊迈向国际一流期刊还有很长一段路要走。我国科技期刊应在新的行业趋势和技术环境中，展开积极探索，不断积累经验，构建科技期刊传播新生态。

四、科技期刊传播力和传播链定义

通过前文科技期刊传播研究综述，发现科技期刊传播力和传播链正成为学者关注的议题，但相关概念和定义仍较为模糊，缺乏清晰导向和明确共识，以下尝试对已有理论视角和专家视点进行系统性梳理和总结性描述，在此基础上，对概念定义进行提炼和把握，以为后续研究及实践明确逻辑起点、夯实理论基础。

（一）理论追溯

1. 科技期刊传播力

传播力概念起源于传播学领域以大众传播或社会组织为主体的研究。在我国，刘建明最早提出了"传播力"的概念，他认为：传播力是媒介传播力的简称，指媒介的实力及其搜集信息、报道新闻、对社会产生影响的能力[53]。传播力的内涵主要涉及媒体规模、人员素质，传播的信息量、速度、覆盖率及社会效果等。国外学者 Graham Williamson 从传者与受者的角度出发，将传播力定义为传播者和受众成功编码和解码信息的能力（ability）[54]。在此基础上，我国学者从多个视角出发对"传播力"做进一步界定，形成了以能力说（communication capacity）、力量说（communication power）、效果说（communication effect）、综合说（comprehensive theory）为代表的 4 种基础论说。

1990 年，"传播力"概念被引入编辑学领域，被界定为：首先是指思想内容上的影响力，其次是外观形式上的吸引力，再次是在传播渠道中的畅通力，它决定了一个精神产品传播效果的好坏[55]。2009 年前后，"传播力"概念被引入科技期刊研究领域，科技期刊传播力成为促进科技期刊发展、提高科技期刊竞争力的基础能力。

在梳理已有学者观点的基础上，参考传播力概念的论说框架，可将科技期刊传播力的概念认知划分为资源说、能力说、效果说、综合说 4 类，各自形成不同的代表性观点（表 1-3）。

传播力和影响力在研究主体和内容等方面均具有交叉重合，一直以来被视为等量齐观的概念，也有研究落入将科技期刊传播力和影响力等同的窠臼，但两者实际具有不同的理论规范和实践指导价值，应对概念进行辨析和有效区分，以此明确科技期刊传播力的发展目标和行动导向（表 1-4）。事实上，传播力是先于影响力的前置条件，即科技期刊知识信息在获得广泛传播、取得传播效果最大化的基础上才能产生广泛影响、实现影响效果最大化，而影响力则是传播力所为的目的、产生的增益。由此可见，科技期刊传播力的本质特征在于其强调过程导向的传播效果和互动反馈。

表 1-3　科技期刊传播力认知的基本论说

论说	代表性观点	来源
资源说	①科技期刊传播力来源于传播资源的价值性、积累性和独特性； ②传播力来源于对信息的传递，代表着期刊人为了实现其价值追求而使用的方式和手段； ③科技期刊传播力是指使期刊在传播过程中达到良好的传播效果而所运用的各种方法、技术和手段的总和	赵茜（2011） 丁炫凯等（2018） Liu et al.（2019）
能力说	①科技期刊传播力反映了其对于作者、读者群体的服务能力，以及期刊对于学科甚至行业的影响能力； ②科技期刊传播力，是科技期刊利用自身或其他传播渠道达到传播目的的能力； ③科技期刊传播力是科技期刊满足读者需求、促进科研成果传播的能力	侯丽珊（2017） 王丽恩（2020） 吕志军等（2020）
效果说	①科技期刊传播承担的主要任务就是把知识从拥有者传播给接受者，使接受者了解、学习、分享这些知识信息，从而有效发挥知识的作用； ②科技学术期刊传播力是指实现知识信息的有效传播； ③科技期刊传播力强调期刊通过各种传播手段，使自身形象定位与期望相符	王映苗等（2009） 夏登武（2014） 余菁等（2018）
综合说	①科技期刊传播力需要在期刊的组织、呈现、品牌、服务和传播层面上形成竞争力； ②科技期刊传播力是媒介或者组织使用自身或其他传播途径实现其传播效果的能力和效力； ③科技期刊传播力是以特定的传播方式、手段、技术为基础，以达到良好的传播效应，增强学术论文的传播广度、深度及速度为目标的一种核心能力； ④科技期刊传播力是指科技期刊通过各种渠道扩散科技信息并取得较好传播效果的能力，涉及科技信息的数量、质量、覆盖范围、传播速度、阅读量、引用率等指标	李林（2018） 沈健新（2018） 吴彬等（2020） 高存玲（2020）

表 1-4　科技期刊传播力和影响力概念辨析

辨析维度	科技期刊传播力	科技期刊影响力
基础导向	社会主流导向，侧重传播渠道（媒介辐射）的多少和强弱，代表对外输送信息能力的高低，伴随着扩大受众等正向传播效果的因素	国际竞争导向，侧重传播内容（产品）对市场的引领力、渗透力和占有率及期刊在学科领域的学术前瞻力和品牌认可度，强调内容话语权
侧重方面	强调围绕传播过程，运用传播手段所产生的传播效果	注重基于结果的价值追求、质量评价、文献计量等影响

2. 科技期刊传播链

传播链的概念一般用于传染病、流行病中，表示事物传播过程中的活动轨迹、时间顺序等连锁关系。2010 年，"传播链"概念进入科技期刊领域，被界定为科技信息传播流程与先进科技知识有效融合、转化、共享，以将各类生产要素转换成具有更高绩效特征的产品和服务的系统过程，包含上端内容生产、中端信息传递和下端交流消费等 3 个具备不同职能和实现途径的阶段（图 1-5）[56]。

事实上，科技期刊的知识创新、写作发表、组稿约稿、同行评议、内容组织、编辑生产、出版发行、筛选购买、阅读使用等传播行为自成体系，形成了一个以科技期刊为主体的完整的科学传播链。但是，这种高度专业性、严谨性和小众性的单向传播链存在科技传播主体互助合作力度欠缺、科技传播体系尚未健全等问题，使各类科技期刊长久以来处于"曲高和寡"、各行其是的状态，不利于科研成果在大众领域的了解和接受。

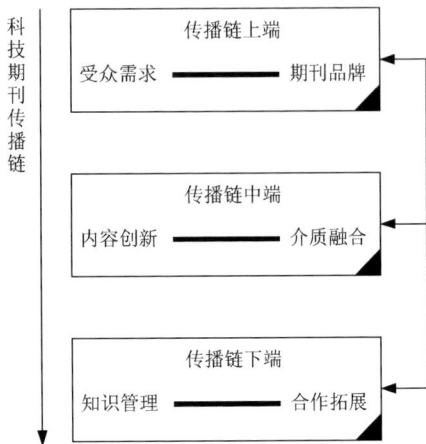

图 1-5　科技期刊传播链

"互联网+"时代背景下"万物皆媒""人机合一"的新媒体发展趋向，作者、读者、编辑的行为方式发生巨大变化，同时社交信息泛滥和用户圈层森严带来"传播可见性"利用难度陡增的传播环境挑战。对此，科技期刊应当打破传统传播机制，将信息传播者与接收者之间的传播链由单一式转向多维、多向式的生态圈层，并进一步增强信息传播的指向性、期刊网站的资讯功能、信息传播的服务与互动功能，以拓展内容信息的生产链与传播链，构建形成由科研工作者、科技期刊、大众媒体、普通公众共同组成的科技信息传播链。通过在关系层面借助学术型意见领袖的专业能力和弱式链优势，科技期刊可以成本低廉且便捷有效的方式实现论文、期刊和自建平台"破圈"、"固圈"和"拓圈"，并在此过程中超越单纯的文本生产层面而成为衔接从专业领域科学知识生产到社交生态知识转译传播链的中介者，不仅拓宽期刊发展空间，也为"传播可见性"利用方式培育新的可能，促进生产力水平的整体提高和创新扩散的全面实践[57]。

（二）专家视点

在遵循科技期刊传播力和传播链两大概念理论起源、研究导向的基础上，已有专家对两者的概念内涵进行综合阐释（表 1-5），丰富了定义的视角和观点。

表 1-5　科技期刊传播力和传播链专家视点

概念视角及代表性观点		来源
传播力	传播链	
科技期刊的传播力应该包括期刊本身的公信力、出版单位运用传播渠道的能力及期刊引领学科发展乃至影响社会大众的程度	科技期刊的传播链包括出版（纸质时期的印制发行、数字时代的网站发布）、推广（传统媒体+新媒体）、获取、阅读、分享（再利用）	颜帅
科技期刊传播力实际上是品牌认可度（期刊学术坚持所积累的信誉）、学术影响力（期刊所发表传播成果的学术引领能力和学术创新水平）和学术经营能力（期刊的出版效率、发行范围、学科及科研人员服务等）的综合体现，这三者是密切关联、互相影响的	科技期刊传播链实际上就是覆盖科学信息交流全过程的可达程度，体现在一项科学研究的创作、同行评议、出版、传播、再利用等每一个关键环节	张铁明
科技期刊传播力主要包括科技信息的传播能力和效果	传播链主要包括内容、渠道和效果 3 个方面，是一个由高质量、可信的科技信息内容，涵盖纸质、数字平台、新媒体等各种形式的传播渠道决定传播能力和具体效果的传播过程	任胜利
传播力就是一种生产力，科技期刊传播力既包括生产领域的生产力，也包括流通领域的生产力	传播链包括信息传播和内容传播，是一个从生产者到消费者的过程，表现为由包括传播者、渠道、平台、终端、受众及人才管理、技术研发等在内形成的往复循环的多个链条，也即，对传播有帮助的都应该属于传播链的内容和方面	刘建华

注：表中的专家观点来源于本课题组专家访谈。

（三）概念定义

综合上述理论视角下的概念追溯和专家视点下的综合阐释，本报告对科技期刊传播力和传播链做出如下定义和诠释：

科技期刊传播力是指科技期刊综合运用各种传播策略、方法、技术和渠道的组合，实现知识信息在专业领域的快速精准传播、广泛覆盖并产生影响，以达到良好传播效果、实现自身价值追求的能力和效力。结合前述概念论说和专家视点来看，科技期刊传播力的内涵可进一步从资源、能力和效果 3 个方面进行补充解读。在资源方面，科技期刊传播力来源于期刊信息资源和内容资源的生产、积累与传递；在能力方面，科技期刊传播力是指期刊通过各种手段和方式服务于科学交流及学科发展的能力；在效果方面，科技期刊传播力即期刊使自身活动及信息广泛扩散和共享，并引起受众思想观念、行为方式变化的过程。

科技期刊从内容组织、编辑加工到出版发行发布，整个出版过程都与传播力的构建和有效发挥息息相关，从传播角度看，可以看作是一条完整的传播链，覆盖了传播者、传播内容、传播渠道、传播受众和传播效果等各个方面。科技期刊的传播链可以定义为科学信息交流过程中各方面的利益相关者共同实现科技信息传播流程与先进科技知识有效传递、融合、转化和共享的过程，也是科技期刊良性发展生态的重要构件之一。从具体要素来看，科技期刊传播链包含作者、编辑、审稿人、传播平台、读者等多元主体要素集合，表现为劳动价值和信息交流的协同过程；从活动环节来看，科技期刊传播链包含内容创作、编辑出版、推广传播、获取阅读、分享再利用等多个关键环节衔接，表现为信息增值和知识服务的递进过程。

随着时代发展与科技进步，科技期刊传播也在不断发生着演化与变革，理论研究与实践探索也更加多元化与丰富，从最初萌芽阶段对相关理论模型的探讨与应用，到顺应互联网时代发展特征研究新媒体为科技期刊传播带来的诸多实际效果与效益，再随着数字技术的深入发展，有关科技期刊传播力评估体系的探索也开始被越来越多的学者讨论。展望未来，科技期刊传播依然离不开各利益相关者的支撑，传播主体、传播内容、传播渠道、传播效果等将继续是学者们的重点研究方向以及业界开展实践无法离开的关键要素。各科技期刊也将在如此的背景之下，继续探索繁荣发展的转型与变革之路，使科技期刊的传播功能更加大放异彩。

第三节　我国科技期刊传播基础与品牌建设

近年来，伴随我国对科技期刊发展的重视及"世界一流科技期刊"建设战略的实施，科技期刊发展进入新阶段。高水平原创论文是科技期刊传播的主要基础，也是科技期刊品牌建设的重要依托。本节以国际影响力 TOP 期刊、中国科学技术协会优秀科技论文来源期刊、中国政府出版奖获奖期刊为科技期刊品牌代表，分析其特征及出版传播的高水平原创论文情况。

一、国际影响力 TOP 期刊分析

《中国学术期刊国际引证年报》（以下简称《国际引证年报》）是由《中国学术期刊（光盘版）》电子杂志社有限公司与清华大学图书馆共同开展的我国学术期刊国际影响力评价研究项目，自 2012 年以来，报告已连续 11 年发布"中国最具国际影响力学术期刊""中国国际影响力优秀学术期刊"（以下简称"国际影响力 TOP 期刊"）榜单。《国际引证年报》研制目标是树立国内期刊品牌，促进期刊国际化发展，引导学者优先在国内投稿，共同建设一批面向国际学术界，具有代表性、开放性的窗口期刊。可以说，11 年来国际影响力品牌学术期刊的遴选见证了我国学术期刊"走出去"进程的持续推进与国际影响力的快速提升。国际影响力品牌学术期刊已得到期刊界、学术界以及相关部门的高度认可，对我国学术期刊的影响力提升和品牌建设发挥了积极的作用。

根据《国际引证年报》统计，入选过 TOP 榜单的科技期刊共有 607 种，而统计年 2012～2021 年连续 10 年入选"中国最具国际影响力学术期刊"（TOP5%）榜单的科技期刊共有 77 种，它们当之无愧为中国科技期刊国际传播与国际影响力品牌的代表。接下来将着重对这 77 种国际影响力 TOP 期刊进行分析。

（一）国际影响力 TOP 期刊学科分析

表 1-6 展示了连续 10 年入选"中国最具国际影响力学术期刊"榜单的 77 种科技期刊的学科分布情况，按照《中国学术期刊影响因子年报（2022 版）》（以下简称《影响因子年报》）的学科分类，77 种科技期刊主要涉及 33 个学科领域，"生物学""物理学""化学"学科期刊数量位居前三。"材料科学""地质学""金属学与金属工艺"3 个学科也均有 5 种以上期刊入选。有 15 个学科领域只有 1 种期刊入选。

（二）国际影响力 TOP 期刊类别分析

连续 10 年入选"中国最具国际影响力学术期刊"榜单的 77 种科技期刊中，学术期刊 59 种，占 76.62%；工程技术期刊 18 种，占 23.38%。见表 1-7。

（三）中英文国际影响力 TOP 期刊国际影响力分析

连续 10 年入选"中国最具国际影响力学术期刊"榜单的 77 种科技期刊中，英文期刊 63 种（占 81.82%），中文期刊 14 种（占 18.18%）。63 种英文科技期刊 2021 年国际他引总被引频次高达 46.97 万次，刊均他引总被引频次为 7456 次，刊均他引影响因子为 6.666。14 种中文科技期刊 2021 年国际他引总被引频次为

表 1-6　77 种国际影响力 TOP 期刊学科分布

序号	学科	刊数/种
1	生物学	16
2	物理学	7
3	化学	7
4	材料科学	6
5	地质学	5
6	金属学与金属工艺	5
7	力学	4
8	工程技术综合	4
9	冶金工程技术	4
10	中医学与中药学	3
11	自然地理学	3
12	环境科学技术	3
13	基础医学	3
14	化学工程	2
15	医药卫生综合	2
16	药学	2
17	地球物理学	2
18	无线电电子学、电信技术	2
19	石油天然气工业	1
20	天文学	1
21	土木建筑工程	1
22	外科学	1
23	自动化技术、计算机技术	1
24	自然科学与工程技术综合	1
25	工程与技术科学基础学科	1
26	电气工程	1
27	大气科学	1
28	口腔医学	1
29	矿山工程技术	1
30	农业工程	1
31	农业基础科学	1
32	农业科学综合	1
33	神经病学与精神病学	1

注：77 种科技期刊中，63 种期刊有 1 个学科分类，10 种期刊有 2 个学科分类，4 种期刊有 3 个学科分类，所以本表各学科分类期刊数相加为 95 种。

表 1-7　77 种国际影响力 TOP 期刊类别统计

序号	类别	刊数/种	占比/%
1	学术期刊	59	76.62
2	工程技术期刊	18	23.38

7.60 万次，刊均他引总被引频次为 5426 次，刊均他引影响因子为 1.403，与英文科技期刊相比还存在一定的差距（表 1-8）。英文期刊在面向国际传播中占有较大优势。

表 1-8　中英文国际影响力 TOP 期刊 2021 年国际影响力指标对比

语种	刊数/种	2021 年国际他引总被引频次	2021 年刊均他引总被引频次	2021 年刊均他引影响因子
英文	63	469 707	7456	6.666
中文	14	75 967	5426	1.403

（四）国际影响力 TOP 期刊主办单位分析

按照主办单位统计，连续 10 年入选"中国最具国际影响力学术期刊"榜单的 77 种科技期刊主要来自以下几类单位：学会、协会主办期刊数量最多（31 种），中国科学院（包括下属机构）主办期刊 28 种，高校主办期刊 8 种，见表 1-9。其他入选的 10 种期刊则由高等教育出版社、科学出版社、中国农业科学院、中国疾病预防控制中心、中国船舶科学研究中心等单位主办。

表 1-9　77 种科技期刊主办单位分布

序号	主办单位类型	刊数/种
1	学会、协会	31
2	中国科学院	28
3	高校	8
4	其他	10

（五）入选国内外索引数据库或荣誉情况

连续 10 年入选"中国最具国际影响力学术期刊"榜单的 77 种科技期刊中，被 SCI 数据库收录的期刊有 68 种，EI 数据库收录的期刊有 39 种，WJCI 评价期刊 77

种，入选"中国科技期刊卓越行动计划"期刊 65 种（领军期刊 8 种，重点期刊 13 种，梯队期刊 44 种），见表 1-10。

表 1-10 77 种科技期刊入选国内外索引数据库或荣誉情况

序号	国内外索引数据库或荣誉	刊数/种	占比/%
1	SCI	68	88.31
2	EI	39	50.65
3	WJCI	77	100.00
4	中国科技期刊卓越行动计划入选期刊	65	84.42

（六）国际影响力 TOP 期刊高水平论文分析

根据中国知网《学术精要数据库》及科睿唯安 ESI 数据库统计显示，77 种国际影响力 TOP 期刊中，2021 年的高 PCSI 论文占比大于 10%的期刊为 11 种（表 1-11），高使用论文占比大于 10%的期刊共 15 种（表 1-12）。其中，高 PCSI 论文占比最高的 3 种期刊为《石油勘探与开发》《地理学报》《分子植物（英文）》，高 PCSI 论文占比均达到 20%以上且高使用论文占比达到 20%的期刊共 2 种：《地理学报》和《石油勘探与开发》。

表 1-11 高 PCSI 论文比>10%的国际影响力 TOP 期刊（2019～2021 年）

刊名	总发文量	高 PCSI 论文	
		论文数/篇	占总发文之比/%
石油勘探与开发	361	105	29.09
地理学报	667	173	25.94
分子植物（英文版）	336	70	20.83
岩石力学与工程学报	1079	192	17.79
煤炭学报	1591	251	15.78
生态学报	2738	433	15.81
催化学报	570	81	14.21
中国电机工程学报	2427	277	11.41
材料科学技术(英文版)（*Journal of Materials Science & Technology*）	1938	219	11.30
环境科学	2066	228	11.04
中国中药杂志	2365	243	10.27

表 1-12　高使用论文比>10%的国际影响力 TOP 期刊（2019～2021 年）

刊名	总发文量	高使用论文	
		论文数/篇	占总发文之比/%
地理学报	667	226	33.88
石油勘探与开发	361	89	24.65
能源化学（英文版）	1596	334	20.93
催化学报	570	115	20.18
物理化学学报	423	82	19.39
科学通报（英文版）	586	98	16.72
纳米研究（英文版）（Nano Research）	1788	293	16.39
煤炭学报	1591	253	15.90
地理学报（英文版）（Journal of Geographical Sciences）	333	45	13.51
岩石学报	659	81	12.29
岩石力学与工程学报	1079	130	12.05
中国科学：化学（英文版）	647	69	10.66
分子植物（英文版）	336	35	10.42
生态学报	2738	282	10.30
中国电机工程学报	2427	245	10.09

从对我国科技期刊国际影响力的长期统计与报道可见，已有 77 种科技期刊连续 10 年入选"中国最具国际影响力学术期刊"榜单，以其高影响力、成长性、稳定性成为国际影响力品牌期刊代表。在学科分布上，这些品牌期刊以生物学、物理学、化学居多。在类别上，以学术期刊为主（59 种，占 76.62%）。在语种上，英文期刊占据绝对优势（63 种，占 81.82%）。在主办单位上，以学会、协会和中国科学院（包括下属机构）主办期刊居多，分别达到 31 种和 28 种。这 77 种国际影响力 TOP 期刊同时也多是 SCI、EI、WJCI 及"中国科技期刊卓越行动计划"入选期刊，从多个角度印证了其品牌地位。这些 TOP 期刊所发表的高水平论文比例也普遍较高。

二、中国科学技术协会优秀科技论文及来源期刊分析

为落实《科协系统深化改革实施方案》，发挥全国学会、协会、研究会和相关机构学术优势，鼓励科技工作者将更多高水平研究成果在国内期刊发表，推动我国

科技期刊高质量发展，维护我国科技期刊的成果首发权，掌握学术评价主导权，进而提升我国在国际科技界的话语权，更好地提升科技创新能力，中国科学技术协会自2016年起开展优秀科技论文遴选活动，该活动每年从近5年我国科技期刊发表的论文中遴选不超过100篇优秀论文予以发布。

该计划由中国科学技术协会确定总体遴选原则和流程并统一部署，将我国科技期刊文献划分为10个学科集群，分别为：数理化与交叉学科集群，地球科学集群，预防与中医药集群，临床医学集群，农林集群，制造业与材料集群，电工、电子与信息技术集群，交通与基建集群，能源、化工与环境集群，生命科学与基础医学集群。每个学科集群委托一家全国性学会牵头，组织完成每个学科集群的10篇优秀论文遴选任务。各牵头学会需按遴选原则和流程要求，严格执行专家推荐、论文推荐、网络初评、学会终评及公示等程序，最后经中国科学技术协会组织终审认定后统一向社会发布。截至2022年，优秀论文遴选活动已成功举办七届，共遴选出优秀科技论文668篇。

（一）优秀论文来源期刊分布

668篇优秀论文共来源于251种中国科技期刊，其中中文期刊183种，英文期刊68种。入选论文数量最多的期刊是《细胞研究（英文）》（*Cell Research*），共计19篇；《电工技术学报》和《中国农业科学》入选论文数均为14篇，并列第二名；《农业科学学报（英文）》（*Journal of Integrative Agriculture*）和《机械工程学报》的入选论文数量并列第三名，均为12篇，入选论文数量大于6篇的期刊有18种。

根据中国知网《影响因子年报》、《国际引证年报》、科睿唯安JCR报告（2022版）分析优秀科技论文来源期刊的国内、国际影响力，结果显示：251种科技期刊中，《影响因子年报》Q1区期刊181种，Q2区期刊41种，Q1区、Q2区期刊占比为88.45%；57种期刊入选"中国最具国际影响力学术期刊"，49种期刊入选"中国国际影响力优秀学术期刊"，国际影响力TOP期刊占比为42.23%；被JCR报告收录60种，Q1区期刊30种，Q2区期刊12种，Q1区、Q2区期刊占比为23.90%。优秀论文数量TOP20期刊名单及国内、国际影响力情况见表1-13。

表 1-13 2016～2022 年中国科技期刊优秀论文数量 TOP20 期刊国内外影响力

序号	期刊名称	论文数/篇	国内影响力		国际影响力		中国最具国际影响力学术期刊	中国国际影响力优秀学术期刊
			影响因子	最高CI分区	影响因子	IF分区		
1	细胞研究（英文）	19	3.358	Q1	46.297	Q1	*	
2	电工技术学报	14	5.193	Q1				*
3	中国农业科学	14	3.445	Q1				*
4	机械工程学报	12	2.920	Q1				*
5	农业科学学报（英文）	12	1.710	Q1	4.384	Q1	*	
6	煤炭学报	10	5.694	Q1			*	
7	中国科学：生命科学（英文版）(*Science China-Life Sciences*)	10	2.527	Q1	10.372	Q1	*	
8	分子植物（英文版）(*Molecular Plant*)	9	4.276	Q1	21.949	Q1	*	
9	通信学报	9	2.796	Q1				
10	汽车工程	9	2.456	Q1				
11	自动化学报	8	6.627	Q1				*
12	中国电机工程学报	8	6.176	Q1			*	
13	农业工程学报	8	3.760	Q1			*	
14	地质学报	8	3.549	Q1			*	
15	中国科学：化学（英文版）(*Science China-Chemistry*)	8	2.793	Q1	10.138	Q1	*	
16	水利学报	7	3.916	Q1				*
17	水力发电学报	7	2.447	Q1				
18	力学学报（英文版）(*Acta Mechanica Sinica*)	7	1.242	Q4	2.910	Q2	*	
19	光：科学与应用（英文）(*Light-Science & Applications*)	6	3.224	Q1	20.257	Q1	*	
20	地质学报（英文版）(*Acta Geologica Sinica-English Edition*)	6	0.980	Q3	3.282	Q2	*	

注：按优秀论文数量降序排列，论文数量相同按期刊国内影响因子降序排序。
期刊国内影响力数据来自《影响因子年报》2022 版，期刊国际影响力数据来自 JCR2022 版，"中国最具国际影响力学术期刊"和"中国国际影响力优秀学术期刊"数据来自《国际引证年报》2022 版。

（二）优秀论文学科分布

按照《影响因子年报》学科分类统计，668 篇优秀论文覆盖学科 62 个（表 1-14），"生物学"和"自动化技术、计算机技术"学科的入选论文数量最多，均为 53 篇，占比均为 6.99%。其次是"电气工程"（41 篇，5.41%）、"交通运输工程"（41

篇，5.41%）和"地质学"（37 篇，4.88%）。

表 1-14　2016～2022 年中国科技期刊优秀论文学科分布

序号	学科	论文数/篇	占比/%
1	生物学	53	6.99
2	自动化技术、计算机技术	53	6.99
3	电气工程	41	5.41
4	交通运输工程	41	5.41
5	地质学	37	4.88
6	中医学与中药学	29	3.83
7	内科学	26	3.43
8	肿瘤学	24	3.17
9	农艺学	23	3.03
10	水利工程	21	2.77
11	无线电电子学、电信技术	21	2.77
12	物理学	21	2.77
13	化学	20	2.64
14	环境科学技术	18	2.37
15	地球物理学	16	2.11
16	能源与动力工程	16	2.11
17	土木建筑工程	16	2.11
18	机械工程	15	1.98
19	金属学与金属工艺	15	1.98
20	预防医学与卫生学	15	1.98
21	植物保护学	15	1.98
22	矿山工程技术	14	1.85
23	妇产科学与儿科学	12	1.58
24	基础医学	12	1.58
25	畜牧、兽医科学	12	1.58
26	数学	11	1.45
27	外科学	10	1.32
28	化学工程	9	1.19
29	大气科学	8	1.06
30	海洋科学	8	1.06
31	力学	8	1.06

续表

序号	学科	论文数/篇	占比/%
32	临床医学综合	8	1.06
33	农业工程	7	0.92
34	神经病学与精神病学	7	0.92
35	食品科学技术	7	0.92
36	园艺学	7	0.92
37	材料科学	6	0.79
38	测绘科学技术	6	0.79
39	航空、航天科学技术	6	0.79
40	核科学技术	6	0.79
41	水产学	6	0.79
42	天文学	6	0.79
43	林学	5	0.66
44	护理学	4	0.53
45	农业基础科学	4	0.53
46	农业经济	4	0.53
47	武器工业与军事技术	4	0.53
48	军事医学与特种医学	3	0.40
49	石油天然气工业	3	0.40
50	药学	3	0.40
51	耳鼻咽喉科学与眼科学	2	0.26
52	法律	2	0.26
53	工业经济	2	0.26
54	经济计划与管理	2	0.26
55	纺织科学技术	1	0.13
56	工程与技术科学基础学科	1	0.13
57	考古学	1	0.13
58	科学学与科研事业	1	0.13
59	口腔医学	1	0.13
60	冶金工程技术	1	0.13
61	医药卫生事业管理	1	0.13
62	自然地理学	1	0.13
	合计	758	100.00

注：按优秀论文数量降序排列，论文数量相同按学科拼音首字母排序。学科间有重复，即一篇论文可能涉及多个学科领域。

（三）优秀论文机构分布

668 篇优秀论文的发文机构共计 1073 个，覆盖了各学科科研实力较强的高等院校、科研院所及企业。入选论文数排名前五的机构分别为：清华大学（34 篇）、北京大学（29 篇）、中国科学院大学（25 篇）、中国科学院北京纳米能源与系统研究所（23 篇）、中国科学技术大学（16 篇）。优秀论文数量 TOP20 机构见表 1-15。

表 1-15　2016～2022 年中国科技期刊优秀论文数量 TOP20 机构

序号	机构名称	论文数/篇
1	清华大学	34
2	北京大学	29
3	中国科学院大学	25
4	中国科学院北京纳米能源与系统研究所	23
5	中国科学技术大学	16
6	上海交通大学	13
7	天津大学	13
8	华南农业大学	12
9	武汉大学	12
10	中国医学科学院北京协和医院	12
11	浙江大学	11
12	中国科学院大学重庆仁济医院	11
13	中国农业大学	11
14	北京交通大学	10
15	东南大学	10
16	西安交通大学	10
17	南京大学	9
18	四川大学华西医院	9
19	北京科技大学	8
20	北京理工大学	8

注：按优秀论文数量降序排列，论文数量相同按机构名称拼音首字母排序。机构间有重复，即一篇论文可能被统计到多个机构中。

（四）基金资助论文分析

对优秀论文受省部级及以上基金资助情况统计结果显示，668 篇论文中，基金资助论文数为 572 篇，占比为 85.63%。表 1-16 对各集群的基金论文进行了统计，各集群入选论文中省部级及以上的基金论文占比均大于 70%。其中农林集群的基金论文数量最多，为 68 篇，基金论文占比为 97.14%；其次是地球科学集群（65 篇，95.59%）、交通与基建集群（62 篇，88.57%）。

表 1-16　2016～2022 年中国科技期刊优秀论文基金论文集群分布

序号	集群名称	论文数/篇	基金论文数/篇	基金论文比/%
1	农林集群	70	68	97.14
2	地球科学集群	68	65	95.59
3	交通与基建集群	70	62	88.57
4	数理化与交叉学科集群	70	61	87.14
5	制造业与材料集群	67	58	86.57
6	电工、电子与信息技术集群	57	49	85.96
7	生命科学与基础医学集群	68	57	83.82
8	能源、化工与环境集群	69	57	82.61
9	预防与中医药集群	60	45	75.00
10	临床医学集群	69	50	72.46

注：按基金论文比降序排列。

（五）国际合作论文分析

表 1-17 展示了优秀科技论文发文机构所在国家/地区的统计结果，668 篇论文中，有其他国家/地区作者参与发表的国际合作论文 62 篇，占比为 9.28%；合作国家/地区 28 个。其中与美国的合作论文数最多，为 30 篇；其次是英国（8 篇）、德国（7 篇）。

从上述历年中国科学技术协会优秀科技论文的分析结果可见，7 年来以《细胞研究（英文）》《电工技术学报》《中国农业科学》为代表的科技期刊产生了一批优秀的原创论文，其中，"生物学""自动化技术、计算机技术"和"电气工程"等学科入选的论文数量较多。这些优秀论文主要来自清华大学、北京大学、中国科学院大学等高水平研究机构，各集群省部级以上基金论文比达到 70% 以上。国际合

表 1-17　2016～2022 年中国科技期刊优秀论文合作国家/地区

序号	合作国家/地区	论文数/篇	序号	合作国家/地区	论文数/篇
1	美国	30	15	沙特阿拉伯	2
2	英国	8	16	越南	2
3	德国	7	17	巴基斯坦	1
4	澳大利亚	6	18	巴西	1
5	俄罗斯	4	19	韩国	1
6	加拿大	4	20	荷兰	1
7	日本	4	21	捷克	1
8	瑞典	4	22	瑞士	1
9	新加坡	3	23	斯洛伐克	1
10	比利时	2	24	苏格兰	1
11	丹麦	2	25	泰国	1
12	法国	2	26	西班牙	1
13	芬兰	2	27	以色列	1
14	墨西哥	2	28	印度	1

注：按优秀论文数量降序排列，论文数量相同按合作国家/地区拼音首字母排序。国家/地区间有重复，即一篇论文可能被统计到多个国家/地区中。

作论文占比达到 9.28%，合作国家/地区覆盖 28 个。这些通过专家评审选出的优秀论文显示出良好的传播效果与影响力，多数成为同学科中的高被引论文、高下载论文或高 PCSI 论文。

三、中国出版政府奖获奖期刊分析

中国出版政府奖是我国新闻出版领域的最高奖，每三年评选一次，旨在表彰和奖励国内新闻出版业优秀出版物、出版单位和个人。该奖项自 2005 年出台《全国性文艺新闻出版评奖管理办法》后始施行。第二届中国出版政府奖首次设立期刊奖，自此每届评选 20 种期刊（科技类和社科类期刊各 10 种）。

第 2～5 届中国出版政府奖共评选出 40 种科技期刊，其中《科学通报》入选第 2～4 届，《中国国家地理》入选第 2 和第 4 届，故排重后第 2～5 届中国出版政府奖获奖期刊共 37 种。下面对这 37 种期刊及其高水平论文展开具体分析。

（一）获奖期刊学科分析

第 2～5 届中国出版政府奖获奖的 37 种科技期刊中，7 种为科普类期刊，30 种为学术期刊。30 种科技学术期刊按照《影响因子年报》的学科分类，共涉及 25 个学科领域，其中"电气工程"学科期刊数量最多（4 种），"物理学""内科学""中医学与中药学""自然科学与工程技术综合""地质学"5 个学科均有 2 种期刊入选，其余 19 个学科领域有 1 种期刊入选，见表 1-18。

表 1-18 37 种获奖科技期刊学科分布

序号	学科	刊数/种
1	电气工程	4
2	物理学	2
3	内科学	2
4	中医学与中药学	2
5	自然科学与工程技术综合	2
6	地质学	2
7	农业科学综合	1
8	生物学	1
9	石油天然气工业	1
10	土木建筑工程	1
11	外科学	1
12	药学	1
13	冶金工程技术	1
14	材料科学	1
15	地球物理学	1
16	妇产科学与儿科学	1
17	工程技术综合	1
18	航空、航天科学技术	1
19	化学	1
20	化学工程	1
21	机械工程	1
22	金属学与金属工艺	1
23	口腔医学	1
24	矿山工程技术	1
25	临床医学综合	1

注：30 种科技学术期刊中，有 3 种期刊归属 2 个学科，所以本表各学科分类期刊数相加为 33 种。

（二）获奖期刊类别分析

第2～5届中国出版政府奖获奖的37种科技期刊中，学术期刊19种，占51.35%，工程技术期刊11种，占29.73%，科普期刊有7种，占18.92%，见表1-19。

表1-19　37种获奖科技期刊类别统计

序号	类别	刊数/种	占比/%
1	学术期刊	19	51.35
2	工程技术期刊	11	29.73
3	科普期刊	7	18.92

（三）获奖期刊语种分析

第2～5届中国出版政府奖获奖的37种科技期刊中，中文期刊28种，占75.68%，英文期刊9种，占比24.32%，见表1-20。

表1-20　37种获奖科技期刊语种分析

语种	刊数/种	占比/%
中文	28	75.68
英文	9	24.32

（四）获奖期刊高水平论文分析

根据中国知网《学术精要数据库》及科睿唯安 ESI 数据库统计显示，37 种中国出版政府奖获奖科技期刊中，2021 年高 PCSI 论文占比达到 10%的期刊为 5 种，高使用论文占比达到 10%的期刊共 8 种。其中，高 PCSI 论文占比最高的 3 种期刊为《电力系统自动化》《煤炭学报》《光：科学与应用（英文）》（*Light: Science & Applications*），见表 1-21。高使用论文占比最高的 3 本期刊为《纳米研究（英文版）》《煤炭学报》《光：科学与应用（英文）》，见表 1-22。

从第 2～5 届中国出版政府奖获奖科技期刊分析结果可见，学术期刊有 19 种，工程技术期刊有 11 种，科普期刊有 7 种。在学科分布上，"电气工程"学科获奖期刊数量最多（4 种）。在语种分布上，中文期刊占比较高（28 种，占 75.68%）。

获奖期刊所发表的高水平论文比例也普遍较高。

表 1-21　37 种获奖科技期刊高 PCSI 论文占比 TOP10（2019～2021 年）

期刊名称	总发文量	高 PCSI 论文	
		论文数/篇	占总发文之比/%
电力系统自动化	1730	276	15.95
煤炭学报	1591	251	15.78
光：科学与应用（英文）	484	71	14.67
信号转导与靶向治疗（*Signal Transduction and Targeted Therapy*）	401	58	14.46
中国电机工程学报	2427	277	11.41
金属学报	457	45	9.85
中医杂志	1681	149	8.86
石油学报	557	49	8.80
细胞研究	212	18	8.49
国际口腔科学杂志（英文版）(*International Journal of Oral Science*)	110	9	8.18

表 1-22　37 种获奖科技期刊高 PCSI 论文比 TOP 10（2019～2021 年）

刊名	总发文量	高使用论文	
		论文数/篇	占总发文之比/%
纳米研究（英文版）	1788	293	16.39
煤炭学报	1591	253	15.90
光：科学与应用（英文）	484	71	14.67
国家科学评论（英文）(*National Science Review*)	402	56	13.93
电力系统自动化	1730	182	10.52
中医杂志	1681	173	10.29
石油学报	557	57	10.23
中国电机工程学报	2427	245	10.09
科学通报	1104	88	7.97
信号转导与靶向治疗	401	30	7.48
中草药	2511	189	7.53

综上所述，近年来以国际影响力 TOP 期刊、中国科学技术协会优秀科技论文来源期刊、中国出版政府奖获奖期刊为代表，我国已形成了一个内容质量较高、高

水平原创论文较多、国内外影响力突出的期刊先锋队伍，为塑造我国科技期刊传播品牌奠定了良好基础。

致谢

廖宇、刘叶萍、杨绮文、吴雨欣、邵兰、林丹丹。

参考文献

[1] 中国科协学会服务中心. 国外科技期刊典型案例研究[M]. 北京: 科学出版社, 2019.

[2] Schaffner A C. The future of scientific journals: lessons from the past[J]. Information Technology and Libraries, 1994, 13(4): 239-247.

[3] Price D J de S. Science Since Babylon[M]. New Haven: Yale University, 1961: 161-175.

[4] 周汝忠. 科技期刊产生的历史背景[J]. 编辑学报, 1990(3): 128-132.

[5] David A K. The scientific journal: Devant Ie Deluge[J]. Essays of an Information Scientist, 1992(15): 94-98.

[6] 罗建雄. 西方期刊的形成和发展[J]. 图书馆工作与研究, 1992(4): 48-50.

[7] 邓丽茹. 我国文摘类期刊的编辑特色研究[D]. 郑州: 河南大学硕士学位论文, 2009.

[8] 辛亚兰. 浅议电子期刊的类型与发展趋势[J]. 科技视界, 2014(12): 179, 230.

[9] 赵蓉英, 邱均平. CNKI 发展研究[J]. 情报科学, 2005(4): 626-634.

[10] 中国科学技术协会. 中国科技期刊发展蓝皮书(2020)[M]. 北京: 科学出版社, 2020.

[11] 韩刚, 王景周. 中国学术期刊网络首发论文撤回状况的调查分析——以中国知网 2017～2019 年数据为例[J]. 中国科技期刊研究, 2021, 32(6): 799-807.

[12] 中国科学技术协会. 中国科技期刊发展蓝皮书(2019)[M]. 北京: 科学出版社, 2019.

[13] 孟美任, 张恬. 区块链技术应用于中国科技期刊全过程出版的探索研究[J]. 中国科技期刊研究, 2022, 33(6): 746-755.

[14] ECU Library. How to do a Video Essay[EB/OL]. [2022-11-02]. https://ecu.au.libguides.com/video-essay.

[15] JoVE. About JoVE[EB/OL]. [2022-11-02]. https://www.jove.com/about.

[16] 陈莉. 中国科技期刊视听化状况及其提升路径[J]. 编辑学报, 2019, 31(3): 308-312.

[17] 科学网博客. Altmetrics: 科研人员研究工作影响力的指标和数据[EB/OL]. [2022-11-02]. https://blog.sciencenet.cn/blog-1232242-1127791.html.

[18] 陈雪飞, 黄金霞, 王昉. 开放科学的开放创新内涵及生态作用机制研究[J]. 农业图书情报学报, 2022, 34(9): 5-14.

[19] arXiv. About arXiv[EB/OL]. [2022-11-02]. https://arxiv.org/about.

[20] Garvey W D. Communication: the essence of science: facilitating information exchange among librarians, scientists, engineers and students[M]. Oxford: Pergamon Press, 2014.

[21] 武学超, 罗志敏. 开放科学时代大学科研范式转型[J]. 高教探索, 2019(4): 5-11.

[22] 高存玲, 庞峰伟, 苏静怡. 移动互联网背景下科技期刊传播力提升策略: 基于 5W 模式的研究[J]. 中国科技期刊研究, 2020, 31(5): 506-512.

[23] Hoffman D L, Novak T P. Marketing in hypermedia computer-mediated environments: conceptual foundations[J]. Journal of Marketing, 1996, 60(3): 50-68.

[24] 薛杨, 许正良. 微信营销环境下用户信息行为影响因素分析与模型构建——基于沉浸理论的视角[J]. 情报理论与实践, 2016, 39(6): 104-109.

[25] 吕志军, 祖宏悦. 网络环境下科技期刊读者感知质量影响因素研究[J]. 大连理工大学学报(社会科学版), 2017, 38(3): 136-142.

[26] Ronald E R. Evaluating new media systems[J]. New Directions for Program Evaluation, 1984(23): 53-71.

[27] 周汝忠. 科技期刊发展的四个历史时期[J]. 编辑学报, 1992(2): 75-81.

[28] 谢文亮, 王石榴. 学术期刊的传播力与传播力建设策略[J]. 中国科技期刊研究, 2015, 26(4): 425-430.

[29] 闵甜, 孙涛, 赖富饶. 食品类科技期刊微信公众号矩阵的构建策略——以食品类中文核心期刊为例[J]. 中国科技期刊研究, 2021, 32(4): 480-486.

[30] 张海东, 孙继华. 科技期刊微内容传播的思考[J]. 中国科技期刊研究, 2015, 26(9): 925-930.

[31] 刘冰. 各类平台新型冠状病毒肺炎专题信息服务特点及对我国科技期刊的启示[J]. 中国科技期刊研究, 2020, 31(10): 1223-1231.

[32] Wong K, Piraquive J, Levi J R. Social media presence of otolaryngology journals: The past, present, and future[J]. Laryngoscope, 2018, 128(2): 363-368.

[33] 张华湘. 电子期刊与印刷型期刊的情报优势及其共存[J]. 医学情报工作, 2003(4): 287-289.

[34] 蒋静. 自动化和计算机技术类核心期刊的 OA 现状、特点和传播效果分析[J]. 中国科技期刊研究, 2014, 25(9): 1106-1112.

[35] 孔薇. 全媒体背景下科技期刊大众传播体系的构建[J]. 编辑学报, 2020, 32(6): 611-614.

[36] 颜帅. 科学传播和评价的"后期刊时代"[J]. 科技导报, 2020, 38(20): 21-22.

[37] 夏登武. 基于知识转移视角的科技学术期刊传播力探讨[J]. 编辑学报, 2014, 26(2): 114-117.

[38] 尹达. 基于 Open Access 出版模式的学术期刊传播效果研究[D]. 重庆: 西南大学硕士学位论

文, 2008.

[39] 陈燕, 李锐. 科技期刊网络传播的文献计量评价方法探讨[J]. 中国科技期刊研究, 2009, 20(5): 831-833.

[40] 李林. 提升科技期刊传播力的实践与探索——以《环境科学》为例[J]. 编辑学报, 2018, 30(1): 77-79.

[41] 王跃飞. 学术期刊深层传播效果初探[J]. 中国出版, 2004(9): 57-58.

[42] 《中国传媒科技》编辑部. 科技期刊传播力进化策略[J]. 中国传媒科技, 2022(9): 6.

[43] 张丽英, 董仕安, 张亚非. 国际社交媒体平台对提升科技期刊国际影响力的研究[J]. 学报编辑论丛, 2021: 400-403.

[44] 尤笛, 李薇, 边钊, 等. 新媒体环境下科技期刊用户服务创新探索——以《遥感学报》为例[J]. 中国科技期刊研究, 2022, 33(1): 24-30.

[45] 赵廓, 陈禾. 国外科技期刊网络传播效果研究[J]. 科技与出版, 2018(10): 170-173.

[46] 王亚辉, 黄卫. 科技期刊社会化、大众化传播的策略及路径选择[J]. 科技与出版, 2018(8): 80-84.

[47] 王海娟, 齐文安, 韩丹, 等. 国外医学科技期刊新闻属性的实现及其启示[J]. 编辑学报, 2020, 32(6): 703-708.

[48] 蔡斐. 利用知识服务与知识传播提升学术期刊品牌影响力[J]. 编辑学报, 2016, 28(3): 253-255.

[49] 金玲, 周玲, 林征, 等. 学术期刊全媒体科学普及传播实践[J]. 中国科技期刊研究, 2018, 29(2): 184-188.

[50] 边钊, 韩向娣, 闫珺. 科技期刊融媒体出版传播模式探索——以《遥感学报》"中国遥感20年"纪念特刊为例[J]. 中国科技期刊研究, 2018, 29(2): 97-101.

[51] 周丽, 曾蕴林, 廖薇薇, 等. 检验医学期刊信息传播转型思路与策略探析——以单刊IP推广实践为例[J]. 中国科技期刊研究, 2022, 33(5): 654-660.

[52] 胡玥, 游滨, 王维朗, 等. 不同传播模式下科技期刊内容推送效果的比较分析[J]. 科技与出版, 2022(12): 79-85.

[53] 刘建明. 当代新闻学原理[M]. 北京: 清华大学出版社, 2003: 37.

[54] Williamson G. Communication Capacity[EB/OL]. [2022-11-02]. https://www.sltinfo.com/communication-capacity/.

[55] 王华良. 论编辑创造的特殊性[J]. 编辑学刊, 1990(2): 27-34.

[56] 沈惠云, 邵菊芳. 基于创新扩散理论的科技期刊传播信息实践[J]. 中国出版, 2010(21): 65-67.

[57] 白岩, 高杰. 社交生态下中国科技期刊知识转译建构的逻辑与路径探析[J]. 中国科技期刊研究, 2020, 31(11): 1269-1275.

第二章 科技期刊传播力指数构建与计量分析①

第一节 科技期刊传播五要素

美国学者拉斯韦尔提出传播的"5W"模式，该模式把整个传播过程分为谁（who）、说了什么（say what）、通过什么渠道（in which channel）、对谁说的（to whom）、产生了什么效果（with what effects）[1]。"5W"传播理论提出后被广泛认可和应用。该理论从活动过程角度阐释科技期刊传播，关于如何进行有效传播的核心目标与科技期刊传播将期刊及其信息有效传播给受众的核心活动不谋而合，能够科学分解传播过程各环节，全面涵盖传播活动各维度，为研究信息传播提供强大指引[2]，也为科技期刊传播力、传播效果的多维评价提供了思路和逻辑[3]。

"5W"理论与科技期刊传播活动具有高度适配性，本章将以该理论为框架，构建传播指标体系，设计传播力指数。在开展指标设计与计量分析之前，有必要对科技期刊的五大传播要素予以厘清。

一、科技期刊的传播者

（一）传播者定义

传播在经济学里本质上就是一种流通，包括生产、流通、消费等环节。生产力包括生产领域和流通领域的生产力。传播力，就是实现有效传播的能力，

---

① 第二章执笔：张洪忠、伍军红、刘荣、刘丽英、何无己。

它涵盖了生产领域的生产力，以及流通领域的生产力。传播者，是指传播行为的引发者，即以发出讯息的方式主动作用于他人的人、群体或组织，包括生产者和流通者。社会客体和精神客体的生产、编辑、加工，均为生产者和参与者。从物质生产和精神生产方面理解，期刊本质上是一种物质产品和精神产品的集合，那么产出这一集合的各个环节的生产者，包括作者、编辑、审稿人、读者都属于其传播者。

基于传播主体论，作为一个可认识和可确定的实体——传播者，有个体和群体（如报社、电台、电视台）之分，也有一般传播者（如人际传播者）和职业传播者（如记者、主持人、导演、导播、编辑）。这些人都位于传播链条的第一个环节，掌握着信息呈现形式（或文字，或声音，或影像，或图片），把持着信息的流量、流向、性质和覆盖面[4]。

随着开放科学和媒体融合的快速发展，涌现出一大批新型出版模式和传播模式，在这样的环境中，科技期刊的作者和读者的重合度越来越高，且作者会通过自媒体广泛地参与传播，而读者也会成为传播者，通过传播对科技期刊的内容产生认同，从而有可能转化为科技期刊的作者、审稿人等。

（二）科技期刊中传播者的定义及角色定位

科技期刊生产过程中，最重要的生产者就是作者，是传播者的核心之一。其后，在科技期刊的生产传播过程中，不仅仅有作者参与到了生产传播环节，凡是参与到论文的原创、修改等生产传播过程中的人，都是科技期刊的生产者及传播者。

因此，除科技期刊的投稿作者作为传播者外，从科技期刊内容质量的把关人角度，可以将科技期刊的编委会（主编、副主编、执行主编、学术顾问、编委等）、科技期刊的编辑（编辑部主任、学术编辑、出版编辑、技术编辑、媒体编辑等）、参与科技期刊同行评议流程的审稿人视为科技期刊的传播者。

二、科技期刊的传播内容

传播内容是传播过程的基本要素之一，指传播者发送的信息及受传者接受的信息。科技期刊的传播内容，主要是指科技期刊的传播者所发送的科技期刊相关信息，这里的信息并不只是指单纯的文字，还包括科技期刊的内容类型、内容模式、内容呈现方法和内容架构等因素，它们共同作用并影响着科技期刊内容的生产和表达。随着信息技术的飞速发展，科技期刊传播内容的内涵和外延也更加丰富。

科技期刊的内容有不同维度的划分，从内容类型上，可分为综合性期刊、学术性期刊、技术性期刊、检索性期刊、科普性期刊；从内容呈现上，可分为文字、图片、视频、数据等；从内容篇幅上，可分为长篇、中篇、短篇；从内容生产上，可分为原创内容、改编内容、转载内容等；从内容重要性上，可分为核心内容及衍生内容；从内容设计上，可分为整体内容（包括栏目设置、封面设计、广告新闻、品牌等）和碎片内容（摘要、图表、参考文献等）；从开放程度上，分为免费内容与收费内容。这些维度交织在一起，构成了科技期刊的传播内容，并与其他传播要素一起，影响着科技期刊的传播力。

三、科技期刊的传播渠道

传播渠道是传播过程的基本要素之一，指传播者发送信息、受传者接受信息的途径和方法[5]，如口头传播、文字传播、图片传播、画面传播、声音传播等，通常就完成这些传播形式的传播媒介而言，有报刊、广播、电视等。科技期刊是科技成果和学术交流的重要平台，因其专业性和学术性，受众范围有一定的局限性。科技期刊的传播渠道在传统上主要是邮发渠道，且发行方式多为邮局订阅，属于少数对多数的单向传播，期刊和读者之间不会有直接的互动。

随着信息技术的飞速发展，传播渠道的内涵和外延也随之有了新的变化。互联网时代的传播渠道范畴超越了其作为信息通道的功能和作用，不再是功能单一的内容传播载体，而是基于网络、终端、各种新业务的媒介平台。在现阶段，除了传统的线下全文发行渠道以外，更重要的是以数字出版为主的全文传播、以各类索引数据库为代表的二次传播和新媒体传播渠道。

四、科技期刊的传播受众

受众是传播学中的一个重要概念，传播学的集大成者和创始人威尔伯·施拉姆在线形传播模式中用"接收人"（receiver）来表示，即受传者、传播对象。中国受众一词是从英语"audience"翻译过来的，它是指"各种不同类型的传播活动中的信息接受者，是一般意义上的读者、听众、观众的统称"[6]。由此可见，受众是一个集合概念，最直观地体现为接受媒介信息的各类社会人群，如报刊、书籍的读者，广播的听众，电影、电视的观众等。

对于科技期刊而言，受众主要是通过纸质、电子、网络等渠道定期或者不定期阅读科技期刊的特定、不特定的社会群体。受众既是科技期刊信息传播的目的和终端，也是传播效果的评判者和信息传播的意义之所在，直接决定传播活动的成败。

与大众传播媒介相比，目前中国大多数科技期刊并不十分重视受众需求，缺乏"受众即市场"的意识。出版者长期习惯于传统的来稿、审稿、修改、刊出程序，完全从出版者的喜好、价值判断标准选取、编排稿件，几乎很少思考传播效果，很少考虑读者需要什么，从不进行指导营销的市场调研，也缺少制度化的受众阅读需求调研。因此，在中国科技期刊领域树立"受众即市场"的观念，找准科技期刊市场定位、明确受众和市场，从而指导学术和经营尤为必要[7]。当然，科技期刊承担着传播科技成果、推动科技发展的社会责任，必须坚持正确的办刊方向，其社会效益至上的特点决定了也不能单纯地以受众为中心来主导科技期刊的编辑方针，要在信息传播者和受众之间取得平衡[8]。

五、科技期刊的传播效果

（一）传播效果的概念定义

对传播效果的研究是现代传播学的起点。从传播学意义上讲，传播效果是指传播者发出的信息经过媒介传至受众而引起受众思想观念、行为方式等的变化[9]。这里所指的变化可能是信息受到了传播受众的关注、给受众留下了深刻的印象、改变了其对传播源的态度或者是导致了某些行为上的变化。传播效果具有两重含义：一是指传播者的传播行为在受众身上引起的心理、态度和行为的变化；二是指传播活动尤其是传播媒介的活动对受众和社会所产生的影响和结果[10]。

所有传播媒介都在追求传播效果的有效实现，以此来赢得受众和发展空间。科技期刊作为一种科技信息传播的载体，传播效果直接决定其本身的价值及其社会效益和经济效益，如果不能获取较好的传播效果，那么其传播行为的存在理由和拓展范围就要大打折扣。

科技期刊的传播效果是指科技期刊在传播科技信息过程中被专业人员、教师学生、社会公众等各类受众群体认可和接受的程度。科技期刊的传播效果主要表现在两个方面：一是看其在特定专业领域内的被关注度，以及对相关研究者提供的启发和借鉴作用有多大；二是看其介绍和发表的新的知识和研究成果能否在专业领域之外引发更广泛社会反响[11]。

（二）传播效果的分类

科技期刊的传播从作用于受众的感觉、知觉到受众的思维、情感，再到意志、人格等心理品质，影响其思想观念，由浅入深，也构成了不同层次和深度的传播效果[12]，包括如下三层。①浅层传播效果。主要表现为受众对科技期刊传播内容的"知晓度"。②中层传播效果。即在"知晓度"基础上受众对科技期刊传播内容的"理解度"和"赞同度"，也就是受众通过研读科技期刊内容，理解、认同其中的观点，认可、信任其科学性、权威性等。③深层传播效果。即在前述效果上受众对科技期刊传播内容的"支持度"和"信奉度"，主要表现为受众对科技期刊传播内容的知识转化与应用及分享等行为。

（三）科技期刊应达到的传播效果

从科学传播的角度来看，科技期刊作为传播各学科领域重要科研成果的主要媒介，应通过传播活动实现两个方面的传播效果。一是提升期刊的学术影响力。科技期刊刊载的特定专业领域科研成果会引发学术界关注，对相关研究者起一定的启发和借鉴作用，发现和培养科技人才，促进学术交流和科技创新。此外，期刊影响力的提升还可以进一步吸引更多的优质稿源，实现期刊的良性发展；二是提升期刊的社会认知度。科技期刊除了要在其专业领域内产生学术影响力外，还担负有科学传播的使命，其传播的科学知识也会在专业领域之外引发社会关注，为科技发展和社会进步提供信息支持。

从传播效果的层次和深度来看，科技期刊应通过传播活动努力达到深层传播效果。相对于浅层和中层传播效果的知晓度、理解度和赞同度，深层传播效果的支持度和信奉度更多地代表了科技期刊传播内容的创新性、超前性、变革性、独特性及其真正产生的实际学术价值和社会效应，往往也最能体现出科技期刊在引领科技创新、促进成果转化和应用方面产生的社会效益和经济效益。

第二节　科技期刊传播力指标体系及指数构建

一、数据来源与标准

数据主要来源：2021 年及 2022 年全国期刊核验数据、国家新闻出版署期刊和电子出版物数据、中国知网、万方数据知识服务平台、中华医学期刊全文数据库、科睿唯安旗下数据库（包含 Web of Science 数据库、Essential Science Indicators 数据库和 InCites 数据库）等官方数据，以及在微信公众号、新浪微博、知乎、抖音、快手、哔哩哔哩、今日头条等网络新媒体平台和科学网等科技新闻网站所获取的网络数据。

期刊分类：根据所属学科、语种、发文类型等，将科技期刊划分为英文学术期刊、中文理学学术期刊、中文工程技术期刊、中文农学学术期刊、中文医学学术期刊、科普期刊等类型。其中，少数民族语言、年鉴、生活资讯、文摘以及科普期刊不在本章统计分析范围内。最终参加传播力指数计算的学术类科技期刊一共 4375 种，其中英文学术期刊 416 种，中文理学学术期刊 556 种，中文工程技术期刊 1948 种，中文农学学术期刊 413 种，中文医学学术期刊 1042 种。具体期刊分类情况见图 2-1。

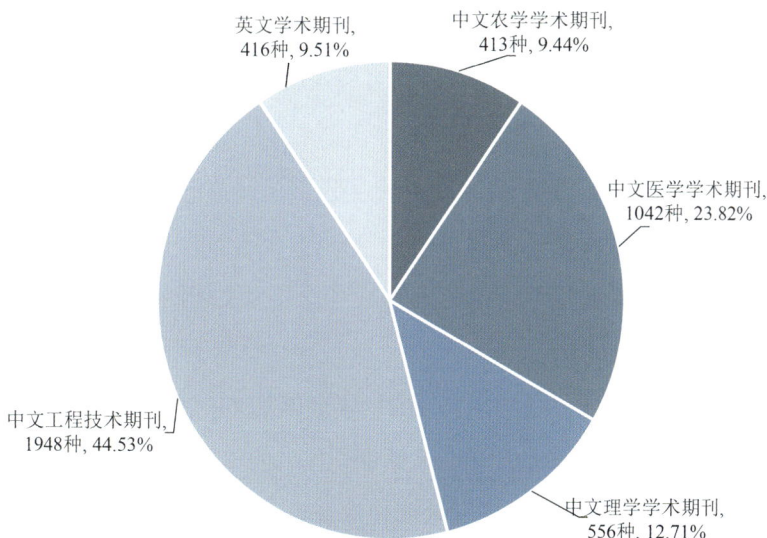

图 2-1 参加传播力指数计算的科技期刊分类情况[①]

根据期刊所属区域划分：按照 2021 年全国期刊核验数据统计范围涉及的省、自治区、直辖市以及新疆生产建设兵团，将科技期刊归入 32 个区域（不包括港澳台地区）进行统计分析。

根据出版单位类型划分：本书所指的微型出版单位为出版 2 种（含）以下期刊的出版单位；小型出版单位是指出版 3～9 种科技期刊的出版单位；中型出版单位是指出版 10～100 种科技期刊的出版单位；大型出版单位是指出版 100 种以上科技期刊的出版单位。

二、科技期刊传播力指标设计

本次科技期刊传播力指标体系以传播学"5W"经典传播模式为框架，参考专家建议，从传播者、传播内容、传播渠道、受众、传播效果 5 个维度进行设计，最终形成 5 个一级指标、13 个二级指标、21 个三级指标，各指标定义如下所述。

（一）传播者（A 类指标）

传播者，是指传播行为的引发者，即以发出讯息的方式主动作用于他人的人、

---

① 图中数据经四舍五入处理，存在修约误差，余同.

群体或组织。具体到科技期刊传播行为中，作者和编辑是主要的传播者。因此，在对科技期刊传播者进行评估时，共设计作者覆盖度、作者权威度、编辑专业度3个二级指标，A1～A5共5个三级指标。

A1. 作者总人数　是指期刊2021年全年发文所涵盖的去重作者总数量，反映期刊的作者规模与覆盖度。

A2. 作者所属机构数量　是指期刊2021年全年发文所涵盖的去重机构数量，反映期刊发文机构的覆盖度。

A3. 高被引作者占比　是指期刊2021年全年发文所涵盖的去重高被引作者数量与期刊2021年作者总人数的比值，反映期刊作者的整体水平与权威度。

其中高被引作者是指：将中国学术期刊作者近十年发表某学科期刊论文的被引频次相加，降序排列，其中总被引频次居同学科前1%的作者。

A4. 高被引机构占比　是指期刊2021年全年发文所涵盖的去重高被引机构数量与期刊2021年发文机构数量的比值，反映期刊发文机构的整体水平与权威度。

其中高被引机构是指：将中国学术期刊作者所属机构近十年发表某学科期刊论文的被引频次相加，降序排列，其中总被引频次居同学科前1%的机构。

A5. 高级职称编辑占比　是指科技期刊编辑部中拥有副高级及以上职称的人数占期刊从业人员总数的比例，反映期刊编辑团队的专业度。

（二）传播内容（B类指标）

科技期刊的传播内容以科技论文、科普文章、科技新闻为主体。传播内容指标包括内容规模、内容质量2个二级指标，B1～B4共4个三级指标。

B1. 文章总量　是指期刊2021年全年的总发文量，反映了科技期刊传播内容的规模。

B2. 国家级基金论文比　是指期刊2021年国家级基金资助论文发文数量与2021年全年总发文量的比值，从国家基金资助角度反映传播内容质量。

其中国家级基金包含：①国家自然科学基金（含国家自然科学基金联合基金）；②国家社会科学基金；③国家高技术研究发展计划（863计划）；④国家

重点基础研究发展规划（973 计划）；⑤国家科技支撑计划；⑥国家科技攻关计划；⑦国家重点研发计划；⑧国家攀登计划；⑨国家科技重大专项等 9 种国家级基金。

B3. 近 3 年高 PCSI 论文比　是指期刊 2019～2021 年发表的高 PCSI 指数论文数量与期刊 2019～2021 年发文总量的比值，从论文被引角度反映传播内容的质量。

其中高 PCSI 论文数量来自中国知网《学术精要数据库》，PCSI 指数（论文引证标准化指数）是指将（PCSI 统计源）被引频次进行归一化处理后所得到的相对影响力评价指标，能够表征论文被"控制后统计源"引用的次数与同学科同年度论文平均水平的差距。而高 PCSI 论文是指同年度同学科同种文献类型（研究型、综述型文献）的国内期刊、会议论文中，PCSI 指数排名前 1% 的论文，即高 PCSI 论文 Top1%。

B4. 近 3 年高使用论文比　是指期刊 2019～2021 年发表的高使用论文数量与期刊 2019～2021 年文章总量的比值，从论文下载角度反映传播内容的质量。

其中高使用论文是指同年度同学科同种文献类型（研究型、综述型文献）的国内期刊、会议论文中，中国知网总下载频次排名前 1% 的论文或 Web of Science 数据库当中近 180 天使用频次位列前 1% 的论文。若期刊同时被中国知网以及 Web of Science 数据库收录，则取数值较高的用于计算。

（三）传播渠道（C 类指标）

总体而言，科技期刊传播渠道可以归纳为以下四类：

（1）以邮局、发行商为代表的线下全文发行传播渠道；

（2）以中国知网、万方数据等数据库厂商和期刊官网为代表的线上全文传播渠道；

（3）以 Web of Science、中国科学引文数据库（CSCD）为代表的二次传播平台；

（4）以新浪微博、微信公众号、抖音等为代表的新媒体传播渠道。

本报告从传统传播渠道覆盖度、新媒体传播渠道覆盖度、新媒体传播渠道活跃度 3 个维度考察科技期刊传播渠道建设情况，设计使用了 C1～C4 共 4 个三级指标。

C1. 国内外索引型数据库收录数量 是指期刊 2019～2021 年被国内外主要索引型数据库收录的数量。期刊每被一个索引型数据库收录得 1 分，累加计算。

本报告统计的索引型数据库包括：中文社会科学引文索引（CSSCI）、中国科学引文数据库（CSCD）、中国科技核心期刊、SCIE、ESCI、AHCI、Scopus、EI、MEDLINE、INSPEC、RSCI、KCI、JST、CA、DOAJ 等综合及专业索引数据库。

C2. 全文发行传播渠道数量 是指期刊 2021 年所拥有的全文发行传播渠道数量。期刊每拥有一种全文发行传播渠道得 1 分，累加计算。

其中全文发行传播渠道包括：期刊全文出版数据库（中国知网或万方数据）、期刊官方网站、邮发渠道 3 种。

C3. 新媒体渠道数量 是指期刊 2021 年已经创建的新媒体平台官方账号数量。期刊每在一个新媒体平台开设账号得 1 分，累加计算。

新媒体平台包括：新浪微博、微信公众号、抖音、快手、哔哩哔哩、今日头条、知乎等 7 个国内主流新媒体平台。

C4. 新媒体渠道文章总量 是指期刊主要运营的新浪微博账号和微信公众号在 2021 年所发表的文章总量，反映科技期刊新媒体传播渠道的活跃度。

（四）受众（D 类指标）

受众是传播内容的接受者，科技期刊的受众以专业研究人员为主，兼顾部分大众读者。在保证数据可获取性和准确性的前提下，受众维度主要考虑数据库用户使用度、新媒体用户覆盖度两个方面，设计国内外使用总频次、新媒体渠道关注总人数 2 项三级指标。

D1. 国内外使用总频次 是指期刊 2021 年所发论文截至数据统计时在中国知网、万方数据、中华医学期刊全文数据库的下载频次以及在 Web of Science 平台的近 180 天使用次数之和，反映数据库用户对期刊的使用度。

D2. 新媒体渠道关注总人数 是指期刊主要运营新媒体账号截至数据统计时

的关注总人数，反映新媒体用户的覆盖度。统计范围包括新浪微博账号粉丝数、微信公众号关注人数、抖音账号粉丝数、哔哩哔哩账号粉丝数、今日头条账号粉丝数、快手账号粉丝数和知乎账号粉丝数。

（五）传播效果（E 类指标）

科技期刊的传播效果对于线下订阅用户以及数据库用户主要体现在下载、阅读、引用等行为上；对于新媒体用户则体现在点赞、评论和转发等行为上。传播效果维度共设计纸本发行规模、用户使用转化度、新媒体用户反馈度 3 个二级指标，E1～E6 共 6 项三级指标。

E1. 2021 年纸本发行量　是指期刊 2021 年全年的纸本发行总量，反映期刊在线下订阅渠道的受欢迎程度。

E2. 国内外被引频次　是指统计年 2021 年期刊被《中国学术期刊影响因子年报》和《中国学术期刊国际引证年报》统计的期刊国内被引频次与国际他引总被引频次之和。

E3. 被科技新闻提及次数　是指期刊 2021 年被国内主要报纸和科学网等媒体提及的总次数，反映期刊论文转化为科技新闻的效果。

E4. 新媒体渠道总阅读量　是指期刊微信公众号在 2021 年所发文章截至数据统计时的总阅读量，体现期刊的新媒体用户反馈度。

E5. 新媒体渠道总点赞量　是指期刊微信公众号以及新浪微博 2021 年所发文章、微博在截至数据统计时的总点赞量，体现期刊的新媒体用户反馈度。

E6. 新媒体渠道总转发量　是指期刊微信公众号以及新浪微博在 2021 年所发文章、微博截至数据统计时的总转发量，也是反映新媒体用户反馈度的指标。

以上各项指标的数据来源如下：

（1）A1～A4、B1～B4、D1 等指标数据主要来自中国知网与科睿唯安旗下 Web of Science 数据库、Essential Science Indicators 数据库和 InCites 数据库的公开数据；

（2）A5、C2、E1 等指标数据来自 2022 年全国期刊核验数据；

（3）C1 指标数据主要来自课题组采集的国内外期刊索引数据库公开数据；

（4）C3、C4、D2、E4～E6 指标数据主要来自课题组采集的新媒体平台公开数据；

（5）E2 指标数据来自中国知网；E3 指标数据来自中国知网和课题组采集的科学网公开数据。

科技期刊传播力指标体系见表 2-1。

表 2-1　科技期刊传播力指标体系

一级指标	二级指标		三级指标			
	代号	指标名称	代号	指标名称	说明	单位
传播者 A	1	作者覆盖度	A1	作者总人数	2021 年全年发文涵盖的去重作者总数	位
			A2	作者所属机构数量	2021 年全年发文所涵盖的作者所属去重机构的总数	个
	2	作者权威度	A3	高被引作者占比	期刊 2021 年全年发文所涵盖的去重高被引作者数量/A1×100%	%
			A4	高被引机构占比	2021 年全年发文中去重高被引机构数量/A2×100%	%
	3	编辑专业度	A5	高级职称编辑占比	期刊编辑部门中拥有副高级及以上职称的人数÷期刊从业人员总数×100%	%
传播内容 B	4	内容规模	B1	文章总量	期刊 2021 年全年的总发文量	篇
	5	内容质量	B2	国家级基金论文比	期刊 2021 年国家级基金资助论文发文数量/B1×100%	%
			B3	近 3 年高 PCSI 论文比	期刊 2019～2021 年发表的高 PCSI 指数论文数量/期刊 2019～2021 年发文总量×100%	%
			B4	近 3 年高使用论文比	期刊 2019～2021 年发表的高使用论文数量/期刊 2019～2021 年文章总量×100%	%
传播渠道 C	6	传统传播渠道覆盖度	C1	国内外索引型数据库收录数量	2019～2021 年期刊入选中文社会科学引文索引（CSSCI）、中国科学引文数据库（CSCD）、中国科技核心期刊、SCIE、ESCI、AHCI、Scopus、EI、MEDLINE、INSPEC、RSCI、KCI、JST、CA、DOAJ 等综合及专业索引数据库的情况，每入选一种索引型数据库得 1 分，累加计算	种
			C2	全文发行传播渠道数量	2021 年期刊拥有下列 3 种全文发行渠道的数量：期刊全文出版数据库（中国知网或万方数据）、期刊官方网站、邮发渠道，每拥有一种全球发行传播渠道得 1 分，累加计算	种
	7	新媒体传播渠道覆盖度	C3	新媒体渠道数量	期刊 2021 年在下列新媒体平台开设官方账号情况：新浪微博、微信公众号、抖音、快手、哔哩哔哩、今日头条、知乎，每在一种平台开设账号得 1 分，累加计算	种
	8	新媒体传播渠道活跃度	C4	新媒体渠道文章总量	期刊主要运营的新浪微博账号和微信公众号在 2021 年所发表的文章总量	篇

续表

一级指标	二级指标		三级指标			单位
	代号	指标名称	代号	指标名称	说明	
受众 D	9	数据库用户使用度	D1	国内外使用总频次	期刊 2021 年所发文论文截至数据统计时在中国知网、万方数据、中华医学期刊全文数据库的下载频次，以及在 Web of Science 平台的近 180 天使用次数之和	次
	10	新媒体用户覆盖度	D2	新媒体渠道关注总人数	期刊主要运营的新浪微博账号粉丝数、微信公众号关注人数、抖音账号粉丝数、哔哩哔哩账号粉丝数、今日头条账号粉丝数、快手账号粉丝数和知乎账号粉丝数截至数据统计时的数字之和	人
传播效果 E	11	纸本发行规模	E1	2021 年纸本发行量	2021 年期刊核验数据当中的年发行期数×平均期发行量	册
	12	用户使用转化度	E2	国内外被引频次	统计年 2021 年期刊被《中国学术期刊影响因子年报》统计的期刊国内被引频次与被《中国学术期刊国际引证年报》统计的国际他引总被引频次之和	次
			E3	被科技新闻提及次数	期刊 2021 年被国内主要报纸和科学网等媒体提及的总次数	次
	13	新媒体用户反馈度	E4	新媒体渠道总阅读量	期刊微信公众号在 2021 年所发文章截至数据统计时的总阅读量	次
			E5	新媒体渠道总点赞量	期刊微信公众号以及新浪微博在 2021 年所发文章、微博截至数据统计时的总点赞量	次
			E6	新媒体渠道总转发量	期刊微信公众号以及新浪微博在 2021 年所发文章、微博截至数据统计时的总转发量	次

三、科技期刊传播力指数计算方法

（一）传播力指数计算方法

基于上述科技期刊传播力指标体系，设计传播力指数的计算方法如下。

传播力指数定义为科技期刊在传播者、传播内容、传播渠道、受众和传播效果五大维度下各项评价指标的综合得分。通过对指标数据的计算，最终可以得到科技期刊传播者指数（以下简称"传播者指数"）、科技期刊传播内容指数（以下简称"传播内容指数"）、科技期刊传播渠道指数（以下简称"传播渠道指数"）、科技期刊受众指数（以下简称"受众指数"）以及科技期刊传播效果指数（以下简称"传播效果指数"）共 5 个子指数，以及 1 个总指数——科技期刊传播力指数（以下简称"传播力指数"）。

按照前文所述的科技期刊分类结果，分组计算每个期刊的传播力指数，具体方法如下。

1）采用德尔菲法，多轮咨询科技期刊领域以及传播学领域的专家，按照期刊类型确定各级指标权重分配方案。

2）各组内期刊分别根据标准分数计算法对各变量进行标准化处理，去除量纲影响。

第一步：求标准化值，消除量纲。

$$x' = \frac{x - \overline{x}}{\sigma_x} \tag{2-1}$$

式中：

x 为科技期刊传播力指标体系中各三级指标；

x' 为指标 x 的标准化数值；

$\overline{x}$ 为指标 x 的平均值；

σ_x 为指标 x 的标准差。

第二步："削峰"处理。

在分析数据的过程中，发现有极个别期刊的文章总量（B1）指标数值过大，偏离正常期刊载文量合理值范围。课题组不提倡科技期刊通过盲目增加发文量的方式提升自身的传播力，科技期刊应当秉持学术把关人的角色定位，因此做了"削峰"处理。具体判定标准为：某期刊发文量比该组期刊平均值高出 3 倍标准差时，削去高出部分的载文量。换言之，若 $x_k > \overline{x} + 3\sigma_x$（$x_k$ 代表期刊 x_k 的某一项三级指标 x），则 $x_k = \overline{x} + 3\sigma_x$，此时套用式（2-1），该刊载文量标准化值为：

$$x'_k = \frac{\overline{x} + 3\sigma_x - \overline{x}}{\sigma_x} = 3 \tag{2-2}$$

第三步：非负化处理。

由于当 $x > \overline{x}$ 时，x' 为正值，当 $x < \overline{x}$ 时，x' 为负值。根据定义，所量化的传播力指数不宜为负，同时也为了便于开展对比分析，需要在标准化数值的基础上，对标准化数值进行非负化处理得到 x''，方法如下：

$$x'' = x' + |\text{floor}(x'_{\min})| \tag{2-3}$$

式中：

x'' 为非负化后的标准化数值 x'，即指标 x 的非负标准化数值；

x' 为指标 x 的标准化数值；

$x'_{\min}$ 为标准化数值 x' 的最小值；

$|\text{floor}(x'_{\min})|$ 为标准化数值 x' 的向下取整数（地板数）的绝对值。

（1）各组分别将三级指标乘以对应权重，分类汇总计算得出组内每种期刊的传播者指数、传播内容指数、传播渠道指数、受众指数和传播效果指数共计 5 个子指数。

各项基础数据标准化之后，将各个一级指标对应的三级指标与权重相乘后加总，则得到 A～E 共 5 个子指数，方法如下：

$$y_i = \sum_{j=1}^{n} a_{ij} \left(\frac{x''_{ij}}{\max(x''_{ij})} \times 100 \right) (i = A, B, C, D, E) \tag{2-4}$$

式中：

y_i 代表 5 类子指数，i 为一级指标的代号，其中 y_A 代表传播者指数，y_B 代表传播内容指数，y_C 代表传播渠道指数，y_D 代表受众指数，y_E 代表传播效果指数；

x''_{ij} 为第 i 类一级指标下属的三级指标 j 的非负标准化数值；

$\max(x''_{ij})$ 为该组第 i 类一级指标下属的所有三级指标 j 的非负标准化数值 x''_{ij} 的最大值；

a_{ij} 为第 i 类一级指标下属的三级指标 j 所对应的权重。

（2）按照不同的分组，将 5 个子指数加总求和，得出传播力指数。

（3）将 5 个子指数相加求和，得到最终的传播力指数 z：

$$z = y_A + y_B + y_C + y_D + y_E \tag{2-5}$$

（二）各类期刊传播力指标权重

不同类别期刊指标权重详见表 2-2～表 2-4。各表中，一级指标、二级指标与三级指标的权重总和均为 100。

表 2-2　理学、农学、医学学术期刊各级指标权重

一级指标		二级指标			三级指标		
代号	权重	代号	指标名称	权重	代号	指标名称	权重
传播者 A	17	1	作者覆盖度	6	A1	作者总人数	3
					A2	作者所属机构数量	3
		2	作者权威度	8	A3	高被引作者占比	4
					A4	高被引机构占比	4
		3	编辑专业度	3	A5	高级职称编辑占比	3
传播内容 B	20	4	内容规模	7	B1	文章总量	7
		5	内容质量	13	B2	国家级基金论文比	3
					B3	近 3 年高 PCSI 论文比	5
					B4	近 3 年高使用论文比	5
传播渠道 C	20	6	传统传播渠道覆盖度	9	C1	国内外索引型数据库收录数量	5
					C2	全文发行传播渠道数量	4
		7	新媒体传播渠道覆盖度	5	C3	新媒体渠道数量	5
		8	新媒体传播渠道活跃度	6	C4	新媒体渠道文章总量	6
受众 D	16	9	数据库用户使用度	8	D1	国内外使用总频次	8
		10	新媒体用户覆盖度	8	D2	新媒体渠道关注总人数	8
传播效果 E	27	11	纸本发行规模	4	E1	2021 年纸本发行量	4
		12	用户使用转化度	12	E2	国内外被引频次	10
					E3	被科技新闻提及次数	2
		13	新媒体用户反馈度	11	E4	新媒体渠道总阅读量	4
					E5	新媒体渠道总点赞量	4
					E6	新媒体渠道总转发量	3

表 2-3　工程技术期刊各级指标权重

一级指标		二级指标			三级指标		
代号	权重	代号	指标名称	权重	代号	指标名称	权重
传播者 A	13	1	作者覆盖度	6	A1	作者总人数	3
					A2	作者所属机构数量	3
		2	作者权威度	4	A3	高被引作者占比	2
					A4	高被引机构占比	2
		3	编辑专业度	3	A5	高级职称编辑占比	3

续表

一级指标		二级指标			三级指标		
代号	权重	代号	指标名称	权重	代号	指标名称	权重
传播内容 B	14	4	内容规模	4	B1	文章总量	4
		5	内容质量	10	B2	国家级基金论文比	1
					B3	近 3 年高 PCSI 论文比	1
					B4	近 3 年高使用论文比	8
传播渠道 C	18	6	传统传播渠道覆盖度	7	C1	国内外索引型数据库收录数量	3
					C2	全文发行传播渠道数量	4
		7	新媒体传播渠道覆盖度	4	C3	新媒体渠道数量	4
		8	新媒体传播渠道活跃度	7	C4	新媒体渠道文章总量	7
受众 D	25	9	数据库用户使用度	13	D1	国内外使用总频次	13
		10	新媒体用户覆盖度	12	D2	新媒体渠道关注总人数	12
传播效果 E	30	11	纸本发行规模	8	E1	2021 年纸本发行量	8
		12	用户使用转化度	7	E2	国内外被引频次	6
					E3	被科技新闻提及次数	1
		13	新媒体用户反馈度	15	E4	新媒体渠道总阅读量	5
					E5	新媒体渠道总点赞量	5
					E6	新媒体渠道总转发量	5

表 2-4 英文学术期刊各级指标权重

一级指标		二级指标			三级指标		
代号	权重	代号	指标名称	权重	代号	指标名称	权重
传播者 A	17	1	作者覆盖度	6	A1	作者总人数	3
					A2	作者所属机构数量	3
		2	作者权威度	8	A3	高被引作者占比	4
					A4	高被引机构占比	4
		3	编辑专业度	3	A5	高级职称编辑占比	3
传播内容 B	21	4	内容规模	10	B1	文章总量	10
		5	内容质量	11	B2	国家级基金论文比	1
					B3	近 3 年高 PCSI 论文比	5
					B4	近 3 年高使用论文比	5

续表

一级指标		二级指标			三级指标		
代号	权重	代号	指标名称	权重	代号	指标名称	权重
传播渠道 C	19	6	传统传播渠道覆盖度	8	C1	国内外索引型数据库收录数量	5
					C2	全文发行传播渠道数量	3
		7	新媒体传播渠道覆盖度	5	C3	新媒体渠道数量	5
		8	新媒体传播渠道活跃度	6	C4	新媒体渠道文章总量	6
受众 D	16	9	数据库用户使用度	12	D1	国内外使用总频次	12
		10	新媒体用户覆盖度	4	D2	新媒体渠道关注总人数	4
传播效果 E	27	11	纸本发行规模	2	E1	2021 年纸本发行量	2
		12	用户使用转化度	14	E2	国内外被引频次	12
					E3	被科技新闻提及次数	2
		13	新媒体用户反馈度	11	E4	新媒体渠道总阅读量	4
					E5	新媒体渠道总点赞量	4
					E6	新媒体渠道总转发量	3

第二节　中国科技期刊传播力总体分析

一、传播者数据分析

传播者指标共包含 5 项三级指标，它们共同反映科技期刊传播者情况。表 2-5 展示了各类期刊的 5 项指标均值。

根据中国知网统计，期刊在 2021 年内发表论文的作者总人数刊均为 804.53 位。各组作者总人数略有不同，中文医学学术期刊刊均作者为 1175.37 位，中文农学学术期刊刊均作者数为 868.78 位，中文工程技术期刊、英文学术期刊、中文理学学术期刊刊均作者数分别为 706.11 位、632.08 位、521.04 位。

期刊在 2021 年内发表论文的机构数量平均为 179.03 个，各组作者所属机构数量存在差异，中文医学学术期刊刊均发文机构数量（236.31 个）最高，中文理学学术期刊刊均发文机构数量（110.08 个）最低。

表 2-5　各类期刊传播者指标均值情况

指标名称	全部期刊	中文理学学术期刊	中文农学学术期刊	中文医学学术期刊	中文工程技术期刊	英文学术期刊
作者总人数/位	804.53	521.04	868.78	1175.37	706.11	632.08
作者所属机构数量/个	179.03	110.08	194.98	236.31	168.22	160.09
高被引作者占比/%	10.50	12.51	10.07	11.30	9.31	12.19
高被引机构占比/%	54.65	67.57	44.40	52.76	53.45	58.60
高级职称编辑占比/%	53.17	62.33	55.74	45.32	53.54	55.14

高被引作者占比指标均值整体水平为 10.50%，中文理学学术期刊刊均高被引作者占比（12.51%）和刊均高被引机构占比（67.57%）最高。高级职称编辑占比指标整体刊均水平为 53.17%，中文理学学术期刊刊均高级职称编辑占比为 62.33%，中文农学学术期刊、英文学术期刊、中文工程技术期刊、中文医学学术期刊刊均高级职称编辑占比分别为 55.74%、55.14%、53.54%、45.32%。因此，从表 2-5 可见，中文理学学术期刊的高被引作者、高被引机构、高级职称编辑占比 3 项指标均值位列 5 类期刊之首。

从表 2-6 可见，各类期刊的作者总人数指标分布多集中在 0～<500 人的区间范围；在作者所属机构指标分布方面，近 40%的中文医学学术期刊作者所属机构数大于 200 个；在高被引作者占比指标分布方面，各类期刊指标分布多集中在 20%以下；在高被引机构占比指标分布方面，各类期刊指标分布多集中在 60%～<80%区间；在高级职称编辑占比指标分布方面，中文理学学术期刊和英文学术期刊的高级职称编辑占比总体较高。

表 2-6　各类期刊传播者指标分布情况

指标名称	区间	期刊数量/种				
		中文理学学术期刊	中文农学学术期刊	中文医学学术期刊	中文工程技术期刊	英文学术期刊
作者总人数/人	0～<250	176	100	109	504	194
	250～<500	204	99	201	625	93
	500～<750	74	65	191	301	46
	750～<1000	45	32	158	163	22
	1000 及以上	57	117	383	355	61

指标名称	区间	期刊数量/种				
		中文理学学术期刊	中文农学学术期刊	中文医学学术期刊	中文工程技术期刊	英文学术期刊
作者所属机构数/个	0～<50	159	71	87	406	131
	50～<100	195	110	202	593	92
	100～<150	85	73	209	320	54
	150～<200	54	43	137	203	50
	200 及以上	63	116	407	426	89
高被引作者占比/%	0～<10	283	238	542	1244	247
	10～<20	188	140	383	520	133
	20～<30	56	33	104	148	34
	30～<40	24	2	12	33	2
	40～100	5	0	1	3	0
高被引机构占比/%	0～<20	44	70	131	174	85
	20～<40	39	124	180	412	39
	40～<60	89	105	322	570	120
	60～<80	238	109	371	667	144
	80～100	146	5	38	125	28
高级职称编辑占比/%	0～<20	34	37	205	215	47
	20～<40	89	69	299	425	82
	40～<60	110	121	287	493	123
	60～<80	184	110	168	491	105
	80～100	139	76	83	324	59

二、传播内容数据分析

表 2-7 展示了各类期刊的传播内容 4 项指标的均值。根据中国知网统计，期刊 2021 年平均发文量为 281.57 篇。从各类期刊来看，中文医学学术期刊刊均文章总量（384.72 篇）最高；英文学术期刊刊均文章总量（107.28 篇）最低。国家级基金论文比指标均值整体水平为 28.39%，英文学术期刊刊均国家级基金论文比（52.50%）最高，中文医学学术期刊刊均国家级基金论文比（17.16%）最低。根据统计，期刊近 3 年高 PCSI 论文比，刊均为 2.08%。英文学术期刊、中文理学学

术期刊的刊均水平要高于整体水平，分别为 2.99%和 2.20%。英文学术期刊刊均近 3 年高使用论文比均值（5.08%）最高，远高于各类期刊。从表 2-7 可见，英文学术期刊的传播内容在规模和质量上表现都较为突出。

表 2-7　各类期刊传播内容指标均值情况

指标名称	全部期刊	中文理学学术期刊	中文农学学术期刊	中文医学学术期刊	中文工程技术期刊	英文学术期刊
文章总量/篇	281.57	159.65	318.82	384.72	290.29	107.28
国家级基金论文比/%	28.39	44.45	23.37	17.16	26.21	52.50
近 3 年高 PCSI 论文比/%	2.08	2.20	1.99	1.85	2.06	2.99
近 3 年高使用论文比/%	1.62	1.93	0.93	1.51	1.23	5.08

从表 2-8 可见，各类期刊文章总量指标分布多集中在 300 篇以内；在国家级基金论文比指标分布方面，中文工程技术期刊和中文农学学术期刊集中分布在 20%以内，各类期刊国家级基金论文比超过 80%的数量较少；在近 3 年高 PCSI 论文比指标分布方面，各类期刊近 3 年高 PCSI 论文占比普遍小于 10%，英文学术期刊的表现相对优于其他类型期刊；在近 3 年高使用论文比指标分布方面，期刊基本集中在 0～<5%的区间，英文学术期刊的指标表现也同样更加突出。

表 2-8　各类期刊传播内容指标分布情况

指标名称	区间	期刊数量/种				
		中文理学学术期刊	中文农学学术期刊	中文医学学术期刊	中文工程技术期刊	英文学术期刊
文章总量/篇	0～<100	267	101	148	495	280
	100～<200	189	143	300	669	84
	200～<300	49	68	226	308	26
	300～<400	22	32	112	140	13
	400 及以上	29	69	256	336	13
国家级基金论文比/%	0～<20	159	250	714	1135	110
	20～<40	100	69	255	316	76
	40～<60	120	65	62	253	83
	60～<80	142	28	9	186	115
	80～100	35	1	2	58	32

续表

指标名称	区间	期刊数量/种				
		中文理学 学术期刊	中文农学 学术期刊	中文医学 学术期刊	中文工程 技术期刊	英文 学术期刊
近3年高PCSI 论文比/%	0～<1	407	313	628	1481	296
	1～<3	88	61	263	280	64
	3～<5	31	16	86	87	23
	5～<10	19	19	60	68	24
	10 及以上	11	4	5	32	9
近3年高使用论 文比/%	0～<1	361	331	694	1480	259
	1～<3	131	65	231	360	70
	3～<5	35	10	65	52	32
	5～<10	18	6	34	39	31
	10 及以上	11	1	18	17	24

三、传播渠道数据分析

表 2-9 展示了各类期刊传播渠道下属 4 项三级指标的均值。英文学术期刊由于语种优势，更容易被国外索引型数据库收录，因此英文学术期刊刊均国内外索引型数据库收录数量达到了 4.25，远高于其他类型期刊。在全文发行传播渠道数量方面，各类期刊差异不大，基本都拥有两种全文发行传播渠道。中文工程技术期刊更倾向于技术指导与应用，因此新媒体发文也相对更加活跃，刊均新媒体渠道文章总量为 211.89 篇。

表2-9　各类期刊传播渠道指标均值情况

指标名称	全部期刊	中文理学 学术期刊	中文农学 学术期刊	中文医学 学术期刊	中文工程 技术期刊	英文 学术期刊
国内外索引型数据库收录数 量/种	2.46	2.38	2.02	2.02	2.24	4.25
全文发行传播渠道数量/种	2.27	2.29	2.21	2.43	2.22	2.08
新媒体渠道数量/种	1.21	1.17	1.13	1.20	1.27	1.11
新媒体渠道文章总量/篇	161.49	90.17	158.87	127.82	211.89	121.64

表 2-10 展示了各类期刊传播渠道 4 项三级指标的分布情况。可以看出期刊普遍被 0～3 种国内外索引型数据库收录。不过一半以上的英文期刊被起码 4 种国内外索引型数据库收录。

对于全文发行传播渠道指标来说，绝大多数期刊的全文传播渠道都在 2 种或以上，只有少部分期刊选择自主发行等方式进行传播。

在新媒体渠道方面，可以明显看出中国科技期刊在新媒体建设方面仍有很长的路要走，渠道数量少、运营不活跃仍然是许多科技期刊目前在新媒体传播上面临的问题。

表 2-10　各类期刊传播渠道指标分布情况

指标名称	区间	期刊数量/种				
		中文理学学术期刊	中文农学学术期刊	中文医学学术期刊	中文工程技术期刊	英文学术期刊
国内外索引型数据库收录数量/种	0～1	293	310	604	1357	104
	2～3	197	81	353	393	80
	4～5	53	22	84	156	115
	6～7	13	0	1	42	111
	8 种及以上	0	0	0	0	6
全文发行传播渠道数量/种	0	9	2	18	37	50
	1	93	72	133	367	98
	2	204	181	317	753	139
	3	250	158	574	791	129
新媒体渠道数量/种	0	268	199	393	848	152
	1～2	281	208	632	1042	264
	3～4	7	6	16	58	0
	5 种及以上	0	0	1	0	0
新媒体渠道文章总量/篇	0～<20	416	306	675	1278	245
	20～<50	55	31	120	169	60
	50～<100	34	13	84	139	44
	100～<300	42	37	106	178	47
	300 及以上	9	26	57	184	20

四、受众数据分析

表 2-11 展示了各类期刊受众下属 2 项三级指标均值。由于英文学术期刊中相当一部分并不是中国知网、万方数据、中华医学期刊全文数据库全文收录期刊，在统计来源相对受限的情况下，英文学术期刊在国内外使用总频次这一指标上的表现总体偏低。

中文工程技术期刊的新媒体渠道关注总人数超过其他类型的期刊。

表 2-11　各类期刊受众指标均值情况

指标名称	全部期刊	中文理学学术期刊	中文农学学术期刊	中文医学学术期刊	中文工程技术期刊	英文学术期刊
国内外使用总频次/次	56 354	42 704	60 214	72 790	60 263	4 222
新媒体渠道关注总人数/人	39 541	32 163	20 232	35 521	48 289	34 210

表 2-12 展示了各类期刊的受众指标的区间分布。可以看出中文理学学术期刊、中文农学学术期刊的国内外使用总频次集中在 5 万次以内，中文工程技术期刊以及中文医学学术期刊的国内外使用总频次要高于理学和农学学术期刊。

表 2-12　各类期刊受众指标分布情况

指标名称	区间	期刊数量/种				
		中文理学学术期刊	中文农学学术期刊	中文医学学术期刊	中文工程技术期刊	英文学术期刊
国内外使用总频次/万次	0～<2	225	143	253	671	404
	2～<5	206	113	330	678	9
	5～<10	78	94	258	304	3
	10～<50	46	63	192	278	0
	50 及以上	1	0	9	17	0
新媒体渠道关注总人数/人	0～<1000	361	267	550	1121	210
	1000～<1 万	80	67	195	364	55
	1 万～<10 万	102	74	265	398	136
	10 万～<100 万	12	5	30	59	15
	100 万及以上	1	0	2	6	0

新媒体渠道关注总人数指标能够看到明显的断层，大部分期刊的新媒体渠道关注总人数低于 10 万人，少部分分布在 10 万～100 万人量级。总的来看，我国科技期刊新媒体运营工作普遍处于起步阶段，但同时也有一些受众广泛、传播效果突出的科技期刊新媒体账号。

五、传播效果数据分析

表 2-13 展示了各类期刊传播效果维度下 6 项三级指标的均值，其中中文医学学术期刊 2021 年刊均纸本发行量达 26 968.94 册，领先于其他类期刊；英文学术期刊刊均国内外被引频次（3484.45 次）最高，中文工程技术期刊刊均国内外被引频次（2482.83 次）最低；各类期刊被科技新闻提及次数均较低。总体来看，中文工程技术期刊的新媒体渠道传播效果较好。

表 2-13　各类期刊传播效果指标均值情况

指标名称	全部期刊	中文理学学术期刊	中文农学学术期刊	中文医学学术期刊	中文工程技术期刊	英文学术期刊
2021 年纸本发行量/册	21 696.85	9 808.60	20 615.39	26 968.94	26 096.11	3 381.48
国内外被引频次/次	2 719.45	2 981.04	2 853.33	2 691.00	2 482.83	3 484.45
被科技新闻提及次数/次	2.15	3.39	2.13	1.86	1.79	2.79
新媒体渠道总阅读量/次	127 346.73	66 311.60	106 329.03	133 829.46	143 880.05	125 380.01
新媒体渠道总点赞量/次	654.69	545.17	578.77	638.78	724.09	596.09
新媒体渠道总转发量/次	442.50	566.66	610.16	659.43	749.08	608.41

注：不统计 0 值。

表 2-14 展示了传播效果 6 项三级指标的数值分布情况。各类期刊中，2021 年纸本发行量小于 1 万册的期刊占全部参与分析期刊的 54.29%。纸本发行量大于 50 万册的期刊仅 9 种。

在国内外被引频次方面，有 1046 种科技期刊的国内外被引频次低于 500 次。大于 5000 次的期刊为 585 种。

在新媒体渠道方面，中文工程技术期刊新媒体渠道表现总体上要优于其他 4 类期刊。

表2-14 各类期刊传播效果指标分布情况

指标名称	区间	期刊数量/种				
		中文理学学术期刊	中文农学学术期刊	中文医学学术期刊	中文工程技术期刊	英文学术期刊
2021年纸本发行量/册	0～<1万	442	237	438	857	401
	1万～<3万	86	113	381	680	14
	3万～<10万	26	52	184	332	1
	10万～<50万	2	10	37	73	0
	大于50万	0	1	2	6	0
国内外被引频次/次	0～<500	124	93	172	512	145
	500～<1000	131	82	181	422	51
	1000～<2000	111	85	251	380	61
	2000～<5000	107	97	302	401	82
	大于5000	83	56	136	233	77
被科技新闻提及次数/次	0	445	352	849	1674	382
	1～<5	92	54	181	263	29
	5～<10	13	6	10	9	2
	10～<50	5	1	2	2	3
	大于50	1	0	0	0	0
新媒体渠道总阅读量/次	0～<1000	350	268	547	1130	183
	1000～<5000	62	36	117	189	41
	5000～<20 000	75	48	139	214	70
	20 000～<100 000	48	38	129	220	74
	100 000以上	21	23	110	195	48
新媒体渠道总点赞量/次	0～<100	459	333	772	1490	276
	100～<500	67	51	162	243	87
	500～<2000	22	19	77	144	40
	2000～<10 000	5	7	27	64	12
	10 000以上	3	3	4	7	1
新媒体渠道总转发量/次	0～<100	488	355	848	1599	320
	100～<500	52	40	109	182	70
	500～<2000	9	9	60	118	15
	2000～<10 000	4	7	23	44	10
	10 000以上	3	2	2	5	1

第四节　传播力 TOP 科技期刊数据分析

在按照第一节所示方法计算出期刊的传播力指数之后，各组期刊按照传播力指数由大到小排序，遴选出传播力指数位于组内前 10% 的期刊（向上取整）为传播力TOP 期刊，各组参评期刊数量以及传播力 TOP 期刊数量见表 2-15。

表 2-15　各组参评期刊数量与传播力 TOP 期刊数量

期刊类型	参评期刊数量/种	传播力 TOP 期刊数量/种
中文理学学术期刊	556	56
中文农学学术期刊	413	42
中文医学学术期刊	1042	105
中文工程技术期刊	1948	195
英文学术期刊	416	42
合计	4375	440

一、传播力 TOP 期刊列表

（一）传播力 TOP 中文理学学术期刊名单

表 2-16 展示了 56 种传播力 TOP 中文理学学术期刊名单，其中《生态学报》《地理学报》《应用生态学报》是传播力指数最高的 3 种中文理学学术期刊。

表 2-16　传播力 TOP 中文理学学术期刊名单

序号	期刊名称	传播者指数	传播内容指数	传播渠道指数	受众指数	传播效果指数	传播力指数↓
1	生态学报	12.03	14.29	10.10	8.51	11.32	56.24
2	地理学报	12.92	14.67	10.05	5.47	6.60	49.71
3	应用生态学报	14.43	10.84	9.49	4.48	6.61	45.83
4	科学通报	13.02	8.79	11.73	4.01	7.04	44.59
5	科技导报	11.02	6.99	15.91	3.78	6.17	43.86

序号	期刊名称	传播者指数	传播内容指数	传播渠道指数	受众指数	传播效果指数	传播力指数↓
6	光学学报	11.37	10.73	10.98	3.02	7.64	43.74
7	地理研究	13.50	12.46	8.04	4.36	4.74	43.10
8	自然资源学报	11.79	12.80	8.28	4.81	4.50	42.17
9	物理学报	11.91	10.68	10.94	3.66	4.95	42.13
10	中国人口·资源与环境	12.04	11.53	8.19	4.76	5.38	41.89
11	发光学报	10.83	5.19	10.95	2.68	11.47	41.12
12	地理科学	13.11	10.67	8.15	4.03	4.35	40.31
13	中国光学	9.16	5.16	11.64	2.16	11.47	39.59
14	生态学杂志	13.46	8.39	8.79	3.27	4.66	38.56
15	光谱学与光谱分析	12.93	9.65	8.90	3.28	3.69	38.45
16	中国科学院院刊	11.12	7.23	11.68	2.91	5.29	38.23
17	地球物理学报	12.81	7.72	10.15	1.84	4.95	37.46
18	地理科学进展	11.94	9.49	7.63	3.57	3.85	36.48
19	资源科学	11.17	9.41	8.09	2.87	4.12	35.65
20	地球科学	11.46	6.96	11.50	2.02	3.41	35.35
21	高等学校化学学报	12.74	7.37	10.32	2.24	2.45	35.11
22	岩石学报	10.95	7.73	9.02	1.79	5.56	35.04
23	微生物学通报	10.54	7.64	10.72	3.35	2.62	34.87
24	微生物学报	11.21	6.74	11.22	2.28	2.44	33.89
25	光子学报	10.55	6.40	12.36	1.93	2.47	33.70
26	系统工程理论与实践	10.58	7.60	8.50	3.05	3.86	33.59
27	干旱区资源与环境	11.54	7.75	7.40	3.22	3.28	33.20
28	物理	7.53	3.68	8.46	2.55	10.96	33.18
29	中国动物保健	6.08	7.66	14.54	2.34	2.35	32.97
30	土壤学报	11.26	7.36	8.79	2.05	3.51	32.97
31	力学学报	10.32	7.52	10.82	1.65	2.49	32.79
32	生物工程学报	9.66	6.72	11.28	2.81	2.32	32.78
33	地质学报	12.27	6.33	7.77	1.89	4.13	32.40

续表

序号	期刊名称	传播者指数	传播内容指数	传播渠道指数	受众指数	传播效果指数	传播力指数↓
34	分析化学	10.63	5.99	10.35	2.00	3.36	32.34
35	沉积学报	10.60	5.84	11.44	1.39	2.93	32.19
36	水科学进展	11.67	7.15	9.43	1.21	2.54	32.00
37	有机化学	12.99	7.20	7.12	1.73	2.64	31.67
38	地球信息科学学报	11.06	7.52	7.67	2.61	2.77	31.63
39	中国科学：地球科学	10.21	7.51	7.78	1.71	4.25	31.46
40	水土保持研究	11.11	7.02	7.34	2.78	3.14	31.39
41	生物技术通报	11.05	5.98	8.71	2.54	2.86	31.14
42	测绘科学	10.37	6.49	9.00	2.19	2.76	30.82
43	植物生理学报	10.16	5.78	10.03	1.95	2.73	30.65
44	地学前缘	11.78	6.55	7.12	1.56	3.63	30.64
45	数学的实践与认识	12.05	8.98	4.37	2.37	2.87	30.64
46	热带地理	10.52	6.61	8.77	2.53	2.04	30.47
47	基因组学与应用生物学	11.48	6.56	8.13	1.81	2.23	30.22
48	植物生态学报	8.99	6.76	9.37	1.58	3.47	30.17
49	天然产物研究与开发	10.62	5.18	9.27	2.23	2.61	29.90
50	测绘学报	11.25	6.87	7.12	1.60	2.79	29.63
51	土壤	12.00	5.08	8.07	1.45	2.68	29.28
52	气候变化研究进展	10.07	5.46	9.23	1.81	2.66	29.24
53	地球科学进展	11.19	4.55	9.32	1.22	2.92	29.20
54	生物多样性	9.04	5.28	9.40	1.80	3.52	29.04
55	化学学报	10.51	7.14	7.12	1.44	2.52	28.73
56	生命的化学	11.21	5.84	7.40	2.50	1.78	28.72

（二）传播力 TOP 中文农学学术期刊名单

表 2-17 展示了 42 种传播力 TOP 中文农学学术期刊名单,《农业工程学报》《安徽农业科学》《农业机械学报》是传播力指数最高的 3 种中文农学学术期刊。

表 2-17　传播力 TOP 中文农学学术期刊名单

序号	期刊名称	传播者指数	传播内容指数	传播渠道指数	受众指数	传播效果指数	传播力指数↓
1	农业工程学报	11.66	10.90	14.65	6.89	12.35	56.44
2	安徽农业科学	10.20	8.51	13.27	8.74	12.84	53.56
3	农业机械学报	11.74	12.84	10.94	6.06	6.72	48.30
4	中国农业科学	11.41	10.10	9.98	4.82	8.00	44.31
5	中国蔬菜	7.81	4.16	12.86	7.51	11.56	43.90
6	风景园林	7.53	10.93	13.19	8.47	3.31	43.43
7	植物保护学报	7.73	5.38	9.89	9.15	9.61	41.77
8	动物营养学报	8.87	12.04	8.95	6.30	4.80	40.97
9	作物学报	9.88	9.29	11.40	3.01	6.40	39.99
10	热带作物学报	12.61	8.25	8.11	6.85	2.77	38.60
11	江苏农业科学	11.79	6.78	7.03	6.56	5.70	37.86
12	科学养鱼	6.43	4.17	12.52	6.17	7.94	37.23
13	植物营养与肥料学报	10.98	9.23	10.08	2.14	4.65	37.10
14	中国生态农业学报（中英文）	10.94	8.55	10.67	2.65	3.89	36.70
15	农业环境科学学报	10.58	7.20	10.20	3.26	4.92	36.16
16	现代园艺	9.48	8.16	7.28	8.39	2.57	35.87
17	分子植物育种	9.90	7.38	8.36	6.54	3.38	35.56
18	南京林业大学学报（自然科学版）	9.41	7.46	13.30	2.22	2.98	35.37
19	现代农业科技	8.95	8.13	7.05	6.85	4.35	35.34
20	长江蔬菜	5.87	4.02	11.18	4.40	9.66	35.13
21	中国农学通报	11.11	6.59	5.80	5.17	6.31	34.98
22	草业学报	8.63	10.14	8.99	2.74	4.20	34.70
23	饲料研究	9.29	6.79	8.69	5.88	3.46	34.11
24	北方园艺	9.84	5.73	9.51	4.43	4.05	33.56
25	中国畜牧杂志	9.12	7.10	8.51	4.96	3.84	33.54
26	湖北农业科学	10.36	6.42	7.10	5.80	3.70	33.38
27	智慧农业（中英文）	8.40	7.74	11.10	3.35	2.59	33.19
28	绿色科技	10.39	8.07	4.95	6.59	3.00	33.01
29	园艺学报	9.02	6.52	10.02	3.18	4.25	33.00
30	草地学报	8.75	8.91	8.86	2.98	3.24	32.74

续表

序号	期刊名称	传播者指数	传播内容指数	传播渠道指数	受众指数	传播效果指数	传播力指数↓
31	林业科学	9.36	5.32	10.94	1.63	5.08	32.33
32	安徽农学通报	10.20	7.90	6.04	5.27	2.70	32.12
33	植物保护	8.74	10.21	7.73	2.11	3.17	31.96
34	南方农业学报	9.37	4.99	9.68	4.55	3.26	31.84
35	果树学报	8.47	8.73	8.86	2.50	3.03	31.59
36	核农学报	9.84	6.33	7.90	3.73	3.05	30.85
37	中国果树	8.70	4.78	6.63	5.97	4.50	30.58
38	中国水产科学	8.09	6.09	10.04	3.60	2.63	30.45
39	农业与技术	9.11	6.57	4.95	6.92	2.67	30.21
40	南方农业	10.09	7.95	3.75	6.04	2.31	30.14
41	农业现代化研究	11.55	6.36	7.01	2.43	2.61	29.95
42	农药学学报	8.20	6.57	8.98	3.88	2.23	29.87

（三）传播力 TOP 中文医学学术期刊名单

表 2-18 展示了 105 种传播力 TOP 中文医学学术期刊名单，其中《中国中药杂志》《中草药》《中华中医药杂志》是传播力指数最高的 3 种中文医学学术期刊。

表 2-18　传播力 TOP 中文医学学术期刊名单

序号	期刊名称	传播者指数	传播内容指数	传播渠道指数	受众指数	传播效果指数	传播力指数↓
1	中国中药杂志	11.32	10.61	13.00	9.06	19.00	63.00
2	中草药	12.32	8.62	10.95	6.96	10.57	49.41
3	中华中医药杂志	11.01	10.37	8.52	7.44	10.03	47.37
4	中华护理杂志	8.85	12.50	9.23	7.57	7.04	45.19
5	中国全科医学	10.19	7.84	10.83	6.61	7.01	42.48
6	中国实验方剂学杂志	10.74	8.63	8.45	5.79	8.05	41.65
7	中国组织工程研究	10.30	9.33	9.87	4.86	5.77	40.14
8	护理研究	10.19	9.09	6.64	8.60	5.14	39.65
9	护理学杂志	11.16	10.12	6.55	6.95	4.86	39.64

序号	期刊名称	传播者指数	传播内容指数	传播渠道指数	受众指数	传播效果指数	传播力指数↓
10	临床肝胆病杂志	8.95	5.85	12.95	8.23	3.53	39.51
11	中国老年学杂志	10.53	9.05	5.60	6.36	7.65	39.18
12	中医杂志	10.49	8.22	7.69	3.74	8.54	38.69
13	中国护理管理	9.53	7.09	13.96	4.18	3.67	38.42
14	公共卫生与预防医学	7.00	4.40	11.66	3.09	11.66	37.82
15	中国循环杂志	8.33	5.42	14.61	2.50	6.92	37.78
16	中华医学杂志	8.94	7.42	10.41	1.96	7.90	36.62
17	中国医疗保险	5.97	2.81	13.28	9.21	5.24	36.52
18	中国实用外科杂志	10.01	5.46	13.65	2.44	4.44	35.99
19	心理科学进展	10.54	5.16	8.30	4.32	7.38	35.71
20	中国社区医师	8.21	7.58	12.33	4.52	2.67	35.31
21	中国针灸	9.26	5.95	9.59	3.27	7.06	35.13
22	中国医药导报	10.24	8.54	7.57	4.08	4.69	35.13
23	中华中医药学刊	10.57	7.57	6.57	3.99	6.27	34.98
24	中国临床心理学杂志	10.73	6.85	8.15	4.04	4.85	34.61
25	现代预防医学	10.57	6.97	7.38	3.95	4.80	33.68
26	世界中医药	9.50	6.75	8.37	4.34	4.27	33.23
27	中国实用妇科与产科杂志	8.96	7.69	10.30	2.35	3.84	33.15
28	中华流行病学杂志	8.41	8.67	9.91	1.02	4.97	32.98
29	时珍国医国药	10.67	6.11	6.54	3.31	6.05	32.69
30	药学学报	9.75	6.03	9.57	2.94	4.37	32.66
31	医学综述	10.18	6.18	7.38	4.67	3.91	32.32
32	中国学校卫生	8.62	6.26	8.54	3.86	5.02	32.31
33	针刺研究	10.06	6.08	9.77	2.15	4.12	32.18
34	中国妇幼保健	9.91	8.29	5.60	3.19	5.12	32.10
35	重庆医学	9.98	6.28	8.62	3.10	4.02	32.00
36	中成药	10.44	5.27	8.26	3.59	4.37	31.93
37	中国药房	8.96	5.57	8.69	3.62	5.07	31.91
38	中国中医药现代远程教育	10.24	7.76	6.03	3.81	4.00	31.84
39	中国中医基础医学杂志	11.22	4.92	8.29	2.96	4.17	31.56

续表

序号	期刊名称	传播者指数	传播内容指数	传播渠道指数	受众指数	传播效果指数	传播力指数↓
40	临床医学研究与实践	9.35	7.68	7.55	3.76	3.20	31.54
41	中华现代护理杂志	6.31	7.64	9.76	1.88	5.66	31.24
42	现代中西医结合杂志	9.92	5.40	8.40	2.71	4.58	31.02
43	中华妇产科杂志	6.39	6.87	12.77	1.09	3.89	31.01
44	医学信息	9.28	6.30	10.16	3.04	2.18	30.96
45	辽宁中医杂志	9.88	6.29	6.56	2.86	5.31	30.90
46	中国公共卫生	9.97	6.72	8.15	1.98	3.95	30.77
47	中国药理学通报	9.97	6.06	8.98	2.33	3.08	30.42
48	全科护理	9.77	7.31	5.89	5.18	2.16	30.30
49	现代肿瘤医学	9.63	6.04	8.29	3.37	2.74	30.07
50	中国实用内科杂志	8.98	4.09	9.67	3.05	4.23	30.02
51	山东医药	10.10	6.12	6.47	3.01	4.13	29.82
52	中华心血管病杂志	7.91	6.03	9.44	1.34	4.94	29.66
53	中华儿科杂志	6.77	5.80	10.76	1.75	4.51	29.59
54	齐鲁护理杂志	8.67	7.48	7.37	3.71	2.28	29.51
55	实用医学杂志	9.68	5.89	7.54	2.23	3.97	29.31
56	中国临床药理学杂志	9.94	5.58	7.18	3.36	3.18	29.24
57	当代医学	8.37	7.61	6.23	4.11	2.83	29.15
58	中华内科杂志	7.67	6.65	9.83	1.36	3.63	29.14
59	南方医科大学学报	7.86	5.79	11.37	1.50	2.51	29.03
60	中国中西医结合杂志	9.76	4.22	8.15	1.93	4.85	28.91
61	中国康复医学杂志	8.79	5.58	9.17	2.06	3.27	28.87
62	中医临床研究	9.06	7.75	4.79	2.95	4.31	28.85
63	中国当代医药	8.69	7.65	6.59	3.26	2.63	28.82
64	中国新药杂志	8.40	4.31	9.98	2.79	3.29	28.76
65	中国现代医生	9.15	7.54	7.19	2.39	2.49	28.75
66	中华疾病控制杂志	9.47	6.08	9.15	1.53	2.51	28.75
67	辽宁中医药大学学报	9.19	5.04	6.56	3.34	4.53	28.66
68	世界科学技术——中医药现代化	9.77	5.70	6.54	3.81	2.84	28.65

续表

序号	期刊名称	传播者指数	传播内容指数	传播渠道指数	受众指数	传播效果指数	传播力指数↓
69	新中医	8.45	6.38	6.63	2.95	4.19	28.60
70	中国医药指南	7.16	7.57	5.95	4.00	3.89	28.57
71	中国医院院长	6.21	4.39	12.61	1.45	3.87	28.52
72	中西医结合心脑血管病杂志	9.67	5.71	6.55	2.75	3.82	28.50
73	中国免疫学杂志	9.44	5.41	8.18	2.78	2.61	28.42
74	陕西中医	8.66	5.09	8.82	1.77	4.08	28.41
75	医疗装备	8.03	7.59	7.84	2.85	2.05	28.36
76	现代医药卫生	9.51	6.23	7.01	3.34	2.13	28.21
77	临床合理用药	8.35	7.61	5.60	3.75	2.91	28.20
78	现代生物医学进展	10.68	6.03	6.40	1.61	3.40	28.12
79	中华肿瘤杂志	6.37	6.81	10.00	1.40	3.51	28.09
80	中华消化外科杂志	7.40	5.54	12.11	0.78	2.25	28.08
81	中国骨质疏松杂志	9.44	5.24	8.29	2.32	2.72	28.00
82	护理学报	10.31	5.56	6.55	3.03	2.46	27.91
83	中国美容医学杂志	7.52	4.01	11.65	2.28	2.06	27.52
84	中国医院药学杂志	9.19	4.93	7.85	2.53	2.96	27.46
85	检验医学与临床	8.75	5.80	7.48	2.54	2.88	27.45
86	中华结核和呼吸杂志	6.06	6.00	9.62	1.85	3.87	27.39
87	中国心理卫生杂志	9.33	5.30	6.40	2.02	4.32	27.37
88	中国医学创新	8.35	7.46	6.56	2.43	2.55	27.36
89	北京中医药大学学报	9.39	5.05	8.39	1.55	2.93	27.32
90	中国中医药信息杂志	9.41	4.66	7.79	2.20	3.26	27.32
91	国际检验医学杂志	8.02	4.57	8.94	2.65	3.12	27.29
92	医学理论与实践	9.41	7.67	4.79	3.33	2.07	27.25
93	中国医药科学	9.09	6.86	6.27	2.75	2.25	27.21
94	中国感染控制杂志	9.18	4.90	9.16	1.62	2.17	27.03
95	光明中医	8.64	7.02	4.79	3.26	3.31	27.01
96	中华神经科杂志	7.61	5.02	9.49	1.18	3.69	26.99
97	中国实用医药	7.91	7.57	4.79	3.38	3.30	26.96
98	中国现代中药	8.65	3.87	9.22	2.50	2.72	26.96

续表

序号	期刊名称	传播者指数	传播内容指数	传播渠道指数	受众指数	传播效果指数	传播力指数↓
99	中国病理生理杂志	9.24	5.46	8.28	1.80	2.16	26.94
100	中华检验医学杂志	7.55	5.29	10.87	0.91	2.31	26.93
101	河南医学研究	7.66	7.62	6.64	3.08	1.87	26.87
102	中国循证医学杂志	8.42	7.22	7.40	1.56	2.21	26.81
103	中华胃肠外科杂志	6.80	5.66	10.49	0.96	2.80	26.71
104	中华医学信息导报	10.03	4.05	8.61	0.69	3.30	26.68
105	中国医疗器械信息	7.01	7.59	7.28	2.32	2.43	26.63

（四）传播力 TOP 中文工程技术期刊名单

表 2-19 展示了 195 种传播力 TOP 中文工程技术期刊名单，其中《食品科学》《中国电机工程学报》《食品工业科技》是传播力指数最高的 3 种中文工程技术期刊。

表 2-19　传播力 TOP 中文工程技术期刊名单

序号	期刊名称	传播者指数	传播内容指数	传播渠道指数	受众指数	传播效果指数	传播力指数↓
1	食品科学	6.86	3.14	15.89	11.70	6.72	44.32
2	中国电机工程学报	7.48	4.66	10.04	9.05	8.56	39.79
3	食品工业科技	7.21	2.92	12.07	10.81	4.91	37.92
4	中国石油大学学报（自然科学版）	6.97	1.65	10.80	10.17	6.05	35.65
5	金属加工（热加工）	3.79	1.19	14.40	3.34	10.58	33.29
6	电力系统自动化	6.97	4.59	7.47	6.56	7.33	32.92
7	建筑结构	6.42	1.96	11.41	6.11	6.92	32.82
8	电网技术	7.44	4.26	8.29	6.00	5.99	31.99
9	广东化工	7.99	4.06	4.10	13.45	2.13	31.74
10	城市规划	5.37	7.04	10.07	4.87	4.35	31.69
11	中国机械工程学报	7.83	2.99	9.13	5.33	6.22	31.50
12	包装工程	6.93	3.29	6.64	11.05	3.14	31.05
13	计算机工程与应用	7.49	3.02	6.79	9.73	3.45	30.47
14	环境科学	7.49	3.02	9.22	6.50	4.21	30.45

续表

序号	期刊名称	传播者指数	传播内容指数	传播渠道指数	受众指数	传播效果指数	传播力指数↓
15	食品研究与开发	7.59	2.40	8.53	9.43	2.48	30.43
16	煤炭学报	7.27	5.95	7.19	5.06	4.47	29.94
17	电工技术学报	7.42	2.70	9.34	5.55	4.92	29.93
18	科学技术与工程	7.62	3.36	6.39	8.94	3.07	29.39
19	食品与发酵工业	7.30	2.60	8.08	8.96	2.43	29.36
20	中国园林	4.29	6.98	7.20	5.57	4.92	28.96
21	山东化工	7.44	3.52	6.31	9.54	1.74	28.55
22	材料导报	7.42	2.69	7.92	7.59	2.92	28.53
23	化工进展	7.96	2.21	8.38	7.26	2.66	28.47
24	化学进展	5.99	9.17	8.80	2.46	1.82	28.24
25	激光与光电子学进展	7.16	2.62	7.86	5.71	4.60	27.95
26	科学技术创新	7.66	3.86	3.71	10.49	2.14	27.86
27	建筑史学刊	5.22	0.96	9.25	1.58	10.79	27.80
28	环境工程	7.41	1.89	8.97	5.47	3.98	27.72
29	中国设备工程	7.41	4.61	3.71	10.16	1.75	27.64
30	金属加工（冷加工）	2.94	1.07	9.60	2.93	11.04	27.59
31	岩石力学与工程学报	6.43	4.16	7.92	3.33	5.67	27.51
32	石油勘探与开发	6.79	6.89	7.76	2.42	2.92	26.78
33	环境保护	4.49	2.13	9.18	4.93	5.84	26.57
34	岩土力学	6.32	3.47	8.65	3.25	4.75	26.44
35	城市发展研究	6.46	4.57	7.64	5.26	2.47	26.41
36	内燃机与配件	8.41	3.57	3.27	9.38	1.53	26.17
37	电子技术与软件工程	8.31	3.58	3.27	9.26	1.75	26.16
38	数字通信世界	5.28	2.18	9.68	4.51	4.50	26.14
39	振动与冲击	8.13	2.60	7.47	4.87	3.01	26.09
40	物理化学学报	6.28	5.93	9.38	2.33	2.16	26.09
41	中国给水排水	5.85	1.57	9.42	3.45	5.73	26.02
42	食品安全质量检测学报	7.84	2.55	5.37	8.12	2.08	25.95
43	化工学报	8.11	2.13	8.22	4.90	2.57	25.93
44	高电压技术	7.03	2.23	8.67	4.27	3.70	25.91

序号	期刊名称	传播者指数	传播内容指数	传播渠道指数	受众指数	传播效果指数	传播力指数↓
45	液晶与显示	5.68	1.56	8.25	2.28	7.97	25.74
46	航空学报	6.36	2.45	9.86	4.29	2.75	25.71
47	城市规划学刊	5.39	5.60	7.19	3.53	3.87	25.58
48	中国环境科学	8.27	2.25	6.57	5.44	2.98	25.51
49	中国公路学报	6.41	4.26	8.17	3.74	2.92	25.50
50	国际城市规划	4.84	7.97	7.17	2.86	2.46	25.29
51	山西建筑	7.41	2.44	7.85	5.16	2.29	25.15
52	天然气工业	6.92	2.84	8.64	3.44	3.27	25.12
53	中国激光	6.36	2.48	10.33	3.40	2.48	25.06
54	科技与创新	6.91	2.67	6.80	7.24	1.42	25.04
55	汽车与驾驶维修	1.49	0.67	7.53	12.42	2.64	24.75
56	电力自动化设备	6.30	3.31	7.93	4.50	2.71	24.74
57	城市建筑	7.01	2.58	6.54	6.87	1.65	24.65
58	现代化工	7.73	2.04	7.58	5.50	1.77	24.62
59	规划师	4.03	3.67	9.13	3.90	3.79	24.50
60	中国电力	6.61	2.13	10.41	2.74	2.59	24.48
61	计算机仿真	8.62	2.05	5.43	4.50	3.87	24.47
62	电子世界	7.00	3.11	3.71	8.85	1.70	24.36
63	中国新通信	7.07	3.55	5.04	7.20	1.47	24.32
64	石油学报	6.91	3.93	8.74	2.11	2.60	24.29
65	食品工业	7.40	2.38	5.43	7.17	1.91	24.28
66	自动化学报	5.39	3.24	9.71	3.16	2.66	24.16
67	实验室研究与探索	8.41	1.96	6.76	4.63	2.24	24.01
68	南方农机	6.37	2.71	4.59	8.74	1.56	23.97
69	施工技术（中英文）	4.83	1.65	7.19	6.02	4.22	23.91
70	控制与决策	6.25	2.28	9.50	3.39	2.47	23.89
71	建筑学报	4.95	2.92	7.94	4.08	3.98	23.87
72	施工技术	4.83	1.65	6.81	6.30	4.24	23.84
73	当代化工研究	6.14	2.84	6.31	5.63	2.90	23.82
74	岩土工程学报	7.31	2.49	6.98	3.07	3.84	23.70

续表

序号	期刊名称	传播者指数	传播内容指数	传播渠道指数	受众指数	传播效果指数	传播力指数↓
75	中国机械工程	6.49	2.56	8.56	3.10	2.94	23.65
76	混凝土	5.50	1.74	9.97	2.83	3.51	23.56
77	中国食品学报	7.26	2.24	6.60	5.48	1.96	23.54
78	电力系统保护与控制	6.08	2.25	7.90	3.41	3.86	23.49
79	中国油脂	6.87	1.55	9.59	3.31	2.17	23.48
80	环境科学学报	6.40	2.25	7.51	4.47	2.85	23.47
81	广州化工	6.99	2.54	4.98	7.14	1.80	23.45
82	石油与天然气地质	7.67	5.00	6.98	1.88	1.91	23.44
83	长江流域资源与环境	6.49	3.19	7.77	3.76	2.17	23.38
84	中国有色金属学报	7.47	1.92	8.93	2.55	2.49	23.35
85	太阳能学报	7.06	2.16	6.98	5.21	1.88	23.29
86	应用化工	8.11	2.26	5.82	5.36	1.68	23.23
87	化工新型材料	8.42	1.92	5.03	6.05	1.81	23.23
88	特种铸造及有色合金	5.13	1.44	11.40	2.32	2.93	23.22
89	无机材料学报	6.66	3.08	9.41	2.44	1.62	23.21
90	遥感学报	5.38	3.68	7.82	3.36	2.92	23.16
91	计算机集成制造系统	5.34	3.37	7.97	4.14	2.25	23.06
92	居舍	7.24	3.68	2.39	8.48	1.20	22.99
93	现代电子技术	6.30	2.23	7.26	5.03	2.16	22.98
94	电工技术	6.39	2.11	7.33	3.14	3.96	22.92
95	无线互联科技	7.34	2.71	5.04	6.48	1.34	22.91
96	现代食品科技	6.80	1.83	8.13	3.95	2.14	22.84
97	暖通空调	3.81	1.35	10.89	3.15	3.58	22.78
98	储能科学与技术	4.69	2.35	10.05	3.35	2.34	22.77
99	网络安全技术与应用	6.82	2.09	5.04	7.30	1.47	22.71
100	计算机科学	6.50	1.59	5.82	6.18	2.54	22.62
101	计算机应用	6.09	2.34	6.81	4.79	2.53	22.56
102	金属学报	5.53	3.36	9.44	1.84	2.18	22.35
103	计算机应用研究	6.56	2.26	6.31	4.63	2.58	22.33
104	给水排水	4.50	1.38	7.34	3.17	5.92	22.32

续表

序号	期刊名称	传播者指数	传播内容指数	传播渠道指数	受众指数	传播效果指数	传播力指数↓
105	稀有金属材料与工程	7.05	1.90	8.25	2.69	2.30	22.19
106	中国标准化	5.13	1.94	7.68	4.50	2.93	22.19
107	工业水处理	5.71	1.46	8.25	3.22	3.54	22.18
108	电子测试	5.84	2.51	5.94	6.06	1.82	22.17
109	江西建材	6.02	2.99	5.94	5.95	1.27	22.16
110	建筑师	4.57	1.03	11.85	2.24	2.41	22.11
111	软件学报	6.53	2.47	7.90	2.95	2.25	22.10
112	中国现代教育装备	5.66	1.69	9.47	3.58	1.65	22.04
113	食品科技	7.11	1.54	7.25	4.00	2.13	22.04
114	煤炭科学技术	6.30	2.66	6.52	2.78	3.75	22.02
115	水利学报	6.74	3.29	7.68	1.86	2.46	22.02
116	建设监理	2.19	0.94	7.17	1.77	9.94	22.01
117	热加工工艺	7.35	2.01	6.31	4.09	2.23	22.00
118	计算机工程	5.95	2.12	7.15	4.36	2.33	21.91
119	机床与液压	6.88	1.94	6.31	4.31	2.37	21.82
120	表面技术	6.07	2.01	7.98	3.69	2.05	21.80
121	红外与激光工程	7.35	1.82	8.10	2.57	1.94	21.78
122	建筑结构学报	5.79	1.77	8.03	3.37	2.80	21.76
123	武汉大学学报（信息科学版）	6.57	3.53	7.11	2.43	2.12	21.75
124	中南大学学报（自然科学版）	7.70	1.97	7.06	2.85	2.13	21.71
125	环境科学研究	5.97	2.17	7.65	3.56	2.30	21.65
126	皮革制作与环保科技	4.72	2.45	6.80	5.67	1.97	21.60
127	金属热处理	6.55	1.62	8.74	2.56	2.08	21.55
128	生态与农村环境学报	5.84	2.01	9.20	2.80	1.68	21.53
129	湖泊科学	6.94	2.50	7.98	2.12	1.95	21.49
130	电子与信息学报	6.19	2.05	7.90	2.64	2.70	21.48
131	中华建设	2.79	1.48	12.57	2.95	1.67	21.46
132	东北大学学报（自然科学版）	6.66	1.95	9.17	2.05	1.62	21.45
133	精细化工	7.24	1.78	7.65	3.12	1.63	21.42
134	工程力学	5.98	2.06	8.41	2.38	2.59	21.41

续表

序号	期刊名称	传播者指数	传播内容指数	传播渠道指数	受众指数	传播效果指数	传播力指数↓
135	中国酿造	6.39	1.68	6.70	4.80	1.83	21.40
136	现代矿业	5.51	1.60	10.06	1.89	2.33	21.39
137	复合材料学报	5.68	2.24	7.89	3.78	1.80	21.39
138	中国水运	4.84	1.37	6.52	4.88	3.73	21.35
139	建筑与文化	5.20	1.99	6.88	5.69	1.59	21.35
140	电子技术应用	4.35	1.27	11.03	2.03	2.62	21.31
141	环境科学与技术	6.58	1.52	7.14	2.91	3.14	21.28
142	环境工程学报	7.07	1.75	6.59	3.50	2.35	21.27
143	中国矿业大学学报（自然科学版）	6.06	4.56	6.98	1.68	1.97	21.26
144	净水技术	4.23	1.18	10.36	2.93	2.51	21.21
145	工程建设与设计	5.84	2.53	6.83	4.55	1.44	21.18
146	棉纺织技术	3.91	1.27	11.12	2.29	2.52	21.11
147	中国信息安全	3.96	1.06	9.00	1.84	5.22	21.09
148	汽车实用技术	5.96	2.34	6.04	5.29	1.42	21.05
149	清华大学学报（自然科学版）	6.20	2.69	7.94	2.22	1.98	21.03
150	人民黄河	6.66	1.81	7.05	3.36	2.11	20.99
151	中国调味品	6.74	1.64	6.71	4.05	1.83	20.98
152	交通运输系统工程与信息	5.28	3.37	7.84	2.63	1.85	20.97
153	世界建筑	4.06	1.09	9.07	2.78	3.96	20.97
154	实验技术与管理	7.03	2.32	3.96	5.36	2.26	20.93
155	砖瓦	4.72	1.87	9.35	3.56	1.43	20.92
156	计算机研究与发展	5.85	2.13	8.47	2.44	2.02	20.91
157	世界有色金属	6.21	3.16	5.47	3.69	2.37	20.90
158	雷达学报	4.99	2.07	9.75	1.52	2.46	20.79
159	电子设计工程	5.92	1.98	6.31	4.65	1.92	20.78
160	水土保持学报	6.13	2.25	6.70	3.14	2.55	20.77
161	中国图象图形学报	5.96	2.22	7.38	2.82	2.38	20.76
162	电源技术	6.11	1.59	8.10	3.10	1.84	20.73
163	混凝土与水泥制品	5.19	1.62	9.68	2.17	2.01	20.68
164	工业建筑	6.30	1.78	7.34	3.35	1.92	20.68

续表

序号	期刊名称	传播者指数	传播内容指数	传播渠道指数	受众指数	传播效果指数	传播力指数↓
165	现代食品	6.03	2.38	3.71	6.96	1.56	20.64
166	交通运输工程学报	6.13	2.84	8.00	2.15	1.52	20.64
167	工程热物理学报	6.87	1.79	8.00	2.21	1.75	20.62
168	煤气与热力	4.17	1.06	11.36	1.37	2.62	20.58
169	功能材料	6.06	1.92	7.47	3.36	1.74	20.56
170	城市轨道交通研究	5.30	1.70	8.19	2.88	2.47	20.53
171	航空制造技术	4.27	1.68	7.34	2.38	4.80	20.47
172	工程塑料应用	6.58	1.32	7.97	2.48	2.09	20.44
173	制造技术与机床	4.66	1.33	9.58	2.30	2.56	20.42
174	高分子学报	5.71	2.93	8.26	1.69	1.84	20.42
175	系统工程与电子技术	5.63	1.93	8.06	2.79	2.00	20.41
176	人民长江	6.50	1.87	6.47	3.52	2.05	20.40
177	环境化学	6.51	1.81	7.13	3.06	1.84	20.34
178	硅酸盐通报	5.87	1.77	7.05	3.42	2.22	20.32
179	中国铁路	4.20	1.29	6.07	6.84	1.91	20.31
180	农村电工	2.42	1.43	5.95	1.60	8.86	20.25
181	哈尔滨工业大学学报	6.40	1.85	7.86	2.14	1.90	20.15
182	智能建筑与智慧城市	4.83	1.88	6.87	5.26	1.30	20.15
183	中国安全科学学报	5.81	2.13	7.09	3.00	2.13	20.15
184	集成电路应用	7.39	2.27	5.04	4.32	1.12	20.14
185	当代化工	6.64	1.84	6.72	3.32	1.64	20.14
186	华中科技大学学报（自然科学版）	5.82	1.98	8.60	2.05	1.69	20.14
187	湖南大学学报（自然科学版）	6.69	1.76	8.25	1.92	1.50	20.12
188	仪器仪表学报	5.71	2.58	6.57	2.92	2.33	20.11
189	建筑技艺	2.99	0.97	8.96	2.24	4.89	20.05
190	自动化与仪器仪表	6.30	1.40	8.34	2.52	1.41	19.98
191	单片机与嵌入式系统应用	4.32	1.30	8.87	1.99	3.49	19.97
192	硅酸盐学报	6.02	2.34	6.63	3.05	1.85	19.89
193	兵工学报	6.71	1.50	7.87	2.18	1.60	19.87
194	纺织学报	5.29	1.45	8.50	2.80	1.78	19.82
195	生态环境学报	5.84	1.94	6.95	2.52	2.58	19.82

（五）传播力 TOP 英文学术期刊名单

表 2-20 展示了 42 种传播力 TOP 英文学术期刊名单，其中《科学通报（英文版）》《材料科学技术（英文版）》《能源化学（英文版）》是传播力指数最高的 3 种英文学术期刊。

表 2-20　传播力 TOP 英文学术期刊名单

序号	期刊名称	传播者指数	传播内容指数	传播渠道指数	受众指数	传播效果指数	传播力指数↓
1	科学通报（英文版）	13.00	11.23	11.20	10.14	8.82	54.39
2	材料科学技术（英文版）	11.07	13.34	10.00	8.20	11.36	53.98
3	能源化学（英文版）	12.90	13.80	8.15	8.74	8.77	52.36
4	催化学报	10.90	9.57	10.64	12.38	8.39	51.89
5	中国化学快报（英文版）（*Chinese Chemical Letters*）	13.29	12.59	9.49	5.49	9.04	49.90
6	纳米研究（英文版）	12.71	12.97	6.31	4.08	13.41	49.49
7	光：科学与应用（英文）	8.97	9.30	12.04	3.27	15.30	48.88
8	中南大学学报（英文版）（*Journal of Central South University*）	9.28	7.90	13.79	11.67	5.02	47.66
9	纳微快报（英文）（*Nano-Micro Letters*）	10.54	11.26	13.96	4.80	6.71	47.27
10	农业科学学报（英文）	10.95	7.79	18.49	4.03	5.72	46.98
11	工程（英文）（*Engineering*）	8.62	7.55	16.81	7.82	6.13	46.92
12	中国科学：材料科学（英文版）（*Science China Materials*）	11.07	9.95	11.45	9.40	4.56	46.43
13	中国物理 B（*Chinese Physics B*）	11.25	11.40	9.67	7.20	6.82	46.34
14	国家科学评论（英文）	11.55	9.48	15.02	3.03	6.07	45.15
15	中华医学杂志（英文版）（*Chinese Medical Journal*）	10.59	11.11	12.82	1.94	8.62	45.09
16	中国有色金属学报（英文版）（*Transactions of Nonferrous Metals Society of China*）	9.11	8.12	8.15	10.89	8.68	44.94
17	环境科学学报（英文版）（*Journal of Environmental Sciences*）	9.97	8.96	11.10	4.03	10.44	44.50
18	中国神经再生研究（英文版）（*Neural Regeneration Research*）	8.37	11.76	13.09	3.51	5.79	42.52
19	药学学报（英文）（*Acta Pharmaceutica Sinica B*）	11.14	9.54	11.52	3.28	5.61	41.10
20	大气科学进展（英文版）（*Advances in Atmospheric Sciences*）	8.39	5.55	14.75	6.09	5.85	40.63
21	中国化学工程学报（英文版）（*Chinese Journal of Chemical Engineering*）	10.38	9.99	11.23	3.44	5.06	40.10

续表

序号	期刊名称	传播者指数	传播内容指数	传播渠道指数	受众指数	传播效果指数	传播力指数↓
22	信号转导与靶向治疗	10.91	12.64	9.06	1.46	4.94	39.01
23	中国科学：信息科学（英文版）（Science China Information Sciences）	10.63	9.12	9.96	4.10	4.49	38.31
24	中国科学：化学（英文版）	10.29	8.34	9.96	3.51	5.83	37.93
25	稀有金属（英文版）（Rare Metals）	9.93	10.50	8.64	3.55	4.93	37.55
26	分子植物（英文）	10.69	9.88	5.80	1.33	9.68	37.38
27	植物学报（英文版）（Journal of Integrative Plant Biology）	10.15	6.54	10.44	3.18	6.92	37.24
28	光子学研究（英文）（Photonics Research）	7.86	8.70	9.96	2.46	7.75	36.73
29	浙江大学学报 B 辑（生物医学与生物技术）（英文版）（Journal of Zhejiang University-Science B（Biomedicine & Biotechnology））	8.08	3.69	11.85	3.48	9.61	36.72
30	中国物理 C（Chinese Physics C）	12.52	8.34	10.07	1.99	3.15	36.07
31	细胞研究（英文）	9.78	6.68	5.80	1.03	12.41	35.70
32	中国化学（英文）（Chinese Journal of Chemistry）	11.27	10.38	7.69	1.90	4.24	35.48
33	中国科学：生命科学（英文版）	10.76	6.52	10.24	3.04	4.77	35.32
34	中国科学：技术科学（英文版）（Science China Technological Sciences）	9.05	7.47	10.48	3.13	4.67	34.80
35	浙江大学学报 A 辑（应用物理与工程）（英文版）（Journal of Zhejiang University-Science A（Applied Physics & Engineering））	7.20	3.25	11.89	3.37	8.85	34.57
36	地学前缘（英文版）（Geoscience Frontiers）	9.16	7.08	10.62	2.65	4.55	34.07
37	中国航空学报（英文版）（Chinese Journal of Aeronautics）	8.65	9.46	7.23	3.61	5.09	34.03
38	中国科学：地球科学（英文版）（Science China Earth Sciences）	9.38	6.09	9.45	3.05	6.06	34.02
39	中国药理学报（Acta Pharmacologica Sinica）	9.45	6.18	9.22	1.16	7.94	33.94
40	中国免疫学杂志（英文版）（Cellular & Molecular Immunology）	9.30	8.15	8.30	1.07	6.48	33.30
41	自动化学报（英文版）（IEEE/CAA Journal of Automatica Sinica）	8.64	5.65	12.58	2.94	3.38	33.20
42	中国机械工程学报（英文版）（Chinese Journal of Mechanical Engineering）	8.47	5.00	10.99	2.61	6.12	33.20

二、传播力 TOP 中文理学学术期刊数据分析

下文分别挑选传播者指数、传播内容指数、传播渠道指数、受众指数、传播效果指数最高的 20 种传播力 TOP 中文理学学术期刊展开详细分析。

（一）传播者数据分析

从表 2-21 可见，传播力 TOP 中文理学学术期刊中，传播者指数最高的 3 种期刊为《应用生态学报》《地理研究》《生态学杂志》，传播者指数分别为 14.43、13.50、13.46。《应用生态学报》的作者总人数为 2776 位，作者所属机构数量为 391 个，高被引作者占比为 24.10%，高被引机构占比为 74.40%，高级职称编辑占比为 100%。《地理研究》的作者总人数为 902 位，作者所属机构数量为 167 个，高被引作者占比为 41.90%，高被引机构占比为 84.50%，高级职称编辑占比为 100%。《生态学杂志》的作者总人数为 2370 位，作者所属机构数量为 397 个，高被引作者占比为 20.10%，高被引机构占比为 69.70%，高级职称编辑占比为 83.00%。

表 2-21　传播力 TOP 中文理学学术期刊中高传播者指数期刊

序号	期刊名称	传播者指数↓	作者总人数/位	作者所属机构数量/个	高被引作者占比/%	高被引机构占比/%	高级职称编辑占比/%
1	应用生态学报	14.43	2776	391	24.10	74.40	100.00
2	地理研究	13.50	902	167	41.90	84.50	100.00
3	生态学杂志	13.46	2370	397	20.10	69.70	83.00
4	地理科学	13.11	868	209	42.80	84.70	75.00
5	科学通报	13.02	1870	345	18.00	78.00	80.00
6	有机化学	12.99	2010	320	15.00	87.20	75.00
7	光谱学与光谱分析	12.93	2924	577	17.10	74.50	67.00
8	地理学报	12.92	922	166	44.40	87.90	67.00
9	地球物理学报	12.81	1403	270	23.80	72.60	100.00
10	高等学校化学学报	12.74	1725	278	16.50	84.20	88.00
11	地质学报	12.27	1591	256	32.80	63.10	63.00
12	数学的实践与认识	12.05	2152	600	10.90	84.20	40.00
13	中国人口·资源与环境	12.04	683	168	40.40	85.30	60.00
14	生态学报	12.03	4804	619	23.10	64.70	30.00
15	土壤	12.00	1048	193	26.90	68.80	100.00
16	地理科学进展	11.94	735	145	35.80	89.90	67.00
17	物理学报	11.91	4481	513	7.80	79.90	50.00
18	自然资源学报	11.79	1014	214	38.80	83.50	33.00
19	地学前缘	11.78	1004	213	31.70	74.80	67.00
20	水科学进展	11.67	441	83	36.00	77.80	100.00

从作者覆盖度来看，作者总人数较多的期刊有《生态学报》（4804 位）、《物理学报》（4481 位）、《光谱学与光谱分析》（2924 位）；作者所属机构数最高的期刊有《生态学报》（619 个）、《数学的实践与认识》（600 个）、《光谱学与光谱分析》（577 个）。

从作者权威度来看，高被引作者占比较高的期刊有《地理学报》（44.40%）、《地理科学》（42.80%）、《地理研究》（41.90%）；高被引机构占比较高的期刊有《地理科学进展》（89.90%）、《地理学报》（87.90%）、《有机化学》（87.20%）。

从编辑专业度来看，高级职称编辑占比较高的期刊有《地理研究》《水科学进展》《应用生态学报》《地球物理学报》《土壤》，高级职称编辑占比均为 100%。

（二）传播内容数据分析

从表 2-22 可见，传播力 TOP 中文理学学术期刊中，《地理学报》《生态学报》《自然资源学报》是传播内容指数较高的 3 种期刊，传播内容指数分别为 14.67、14.29、12.80。《地理学报》的文章总量为 239 篇，国家级基金论文比为 72.80%，近 3 年高 PCSI 论文比为 25.90%，近 3 年高使用论文比为 33.90%；《生态学报》的文章总量为 923 篇，国家级基金论文比为 80.50%，近 3 年高 PCSI 论文比为 15.80%，近 3 年高使用论文比为 10.30%；《自然资源学报》的文章总量为 226 篇，国家级基金论文比为 77.90%，近 3 年高 PCSI 论文比为 25.70%，近 3 年高使用论文比为 20.70%。

从传播规模来看，文章总量较高的期刊有《中国动物保健》（1017 篇）、《物理学报》（963 篇）、《生态学报》（923 篇），这些期刊发文规模较大。

从传播内容质量来看，国家级基金论文比较高的期刊有《地球物理学报》（89.50%）、《地理科学进展》（88.70%）、《地理研究》（87.60%）；近 3 年高 PCSI 论文比较高的期刊有《地理学报》（25.90%）、《自然资源学报》（25.70%）、《地理研究》（22.90%）；近 3 年高使用论文比较高的期刊有《地理学报》（33.90%）、《中国人口•资源与环境》（23.00%）、《自然资源学报》（20.70%）。

表 2-22　传播力 TOP 中文理学学术期刊中高传播内容指数期刊

序号	期刊名称	传播内容指数↓	文章总量/篇	国家级基金论文比/%	近 3 年高 PCSI 论文比/%	近 3 年高使用论文比/%
1	地理学报	14.67	239	72.80	25.90	33.90
2	生态学报	14.29	923	80.50	15.80	10.30
3	自然资源学报	12.80	226	77.90	25.70	20.70
4	地理研究	12.46	225	87.60	22.90	20.00
5	中国人口·资源与环境	11.53	213	73.20	18.30	23.00
6	应用生态学报	10.84	499	78.20	11.80	9.10
7	光学学报	10.73	699	74.50	9.40	0.70
8	物理学报	10.68	963	83.20	1.80	2.40
9	地理科学	10.67	233	85.80	18.90	12.50
10	光谱学与光谱分析	9.65	720	80.10	1.40	1.10
11	地理科学进展	9.49	177	88.70	15.50	11.20
12	资源科学	9.41	207	78.30	14.80	11.90
13	数学的实践与认识	8.98	856	45.20	0.30	0.10
14	科学通报	8.79	506	67.00	4.40	6.10
15	生态学杂志	8.39	418	73.20	7.10	3.60
16	干旱区资源与环境	7.75	348	60.30	7.00	5.90
17	岩石学报	7.73	226	82.70	3.80	12.30
18	地球物理学报	7.72	354	89.50	3.50	3.90
19	中国动物保健	7.66	1017	0.20	0.00	0.30
20	微生物学通报	7.64	462	58.00	2.80	4.40

（三）传播渠道数据分析

从表 2-23 可见，传播力 TOP 中文理学学术期刊中，传播渠道指数较高的 3 种期刊分别为《科技导报》《中国动物保健》《光子学报》，传播渠道指数分别为 15.91、14.54、12.36。其中，《科技导报》的国内外索引型数据库收录数量为 4 种，全文发行传播渠道数量为 3 种，新媒体渠道数量为 3 种，新媒体渠道文章总量为 1672 篇；《中国动物保健》的国内外索引型数据库收录数量为 1 种，全文发行传播渠道数量为 3 种，新媒体渠道数量为 4 种，新媒体渠道文章总量为 1736 篇；《光子学报》的国内外索引型数据库收录数量为 7 种，全文发行传播渠道数量为 3 种，新媒体渠道数量为 2 种，新媒体渠道文章总量为 133 篇。

表 2-23　传播力 TOP 中文理学学术期刊中高传播渠道指数期刊

序号	期刊名称	传播渠道指数↓	国内外索引型数据库收录数量/种	全文发行传播渠道数量/种	新媒体渠道数量/种	新媒体渠道文章总量/篇
1	科技导报	15.91	4	3	3	1672
2	中国动物保健	14.54	1	3	4	1736
3	光子学报	12.36	7	3	2	133
4	科学通报	11.73	6	3	2	151
5	中国科学院院刊	11.68	3	3	3	439
6	中国光学	11.64	6	3	1	536
7	地球科学	11.50	6	3	2	71
8	沉积学报	11.44	4	3	3	115
9	生物工程学报	11.28	5	3	2	235
10	微生物学报	11.22	3	3	3	278
11	光学学报	10.98	7	3	1	69
12	发光学报	10.95	5	3	1	536
13	物理学报	10.94	7	3	1	54
14	力学学报	10.82	5	3	2	74
15	微生物学通报	10.72	3	3	2	105
16	分析化学	10.35	6	3	1	88
17	高等学校化学学报	10.32	6	3	1	78
18	地球物理学报	10.15	6	3	1	18
19	生态学报	10.10	4	3	2	63
20	地理学报	10.05	5	3	1	223

注：《中国光学》和《发光学报》运营相同的微信公众号（公众号名称：中国光学），因此新媒体渠道文章总量指标数据相同。

从传统传播渠道覆盖度来看，国内外索引型数据库收录数量较高的期刊有《光子学报》《光学学报》《物理学报》，数量均为 7 种；理学 TOP 20 期刊中，全文发行传播渠道均为 3 种。

从新媒体传播渠道覆盖度来看，新媒体渠道数量较多的期刊有《中国动物保健》（4 种）、《科技导报》（3 种）、《沉积学报》（3 种）、《中国科学院院刊》（3 种）、《微生物学报》（3 种）、《微生物学通报》（3 种）。

从新媒体传播渠道活跃度来看，新媒体渠道文章总量较多的期刊有《中国动物保健》（1736 篇）、《科技导报》（1672 篇）、《中国光学》（536 篇）、《发光学报》（536篇）。

（四）受众数据分析

从表 2-24 可见，传播力 TOP 中文理学学术期刊中，传播受众指数较高的 3 种期刊分别为《生态学报》《地理学报》《自然资源学报》，传播受众指数分别为 8.51、5.47、4.81。其中，《生态学报》的国内外使用总频次为 650 133 次，新媒体渠道关注总人数为 21 855 人；《地理学报》的国内外使用总频次为 391 258 次，新媒体渠道关注总人数为 36 372 人；《自然资源学报》的国内外使用总频次为 330 939 次，新媒体渠道关注总人数为 48 626 人。

表 2-24　传播力 TOP 中文理学学术期刊中高受众指数期刊

序号	期刊名称	受众指数↓	国内外使用总频次/次	新媒体渠道关注总人数/人
1	生态学报	8.51	650 133	21 855
2	地理学报	5.47	391 258	36 372
3	自然资源学报	4.81	330 939	48 626
4	中国人口•资源与环境	4.76	330 800	39 501
5	应用生态学报	4.48	296 292	64 821
6	地理研究	4.36	291 502	54 476
7	地理科学	4.03	223 351	146 359
8	科学通报	4.01	233 340	119 969
9	科技导报	3.78	218 953	108 354
10	物理学报	3.66	228 934	63 447
11	地理科学进展	3.57	227 362	50 707
12	微生物学通报	3.35	224 747	14 580
13	光谱学与光谱分析	3.28	225 350	—
14	生态学杂志	3.27	214 846	21 767
15	干旱区资源与环境	3.22	220 632	—
16	系统工程理论与实践	3.05	204 190	5 161
17	光学学报	3.02	148 681	124 709
18	中国科学院院刊	2.91	194 713	839
19	资源科学	2.87	191 056	—
20	生物工程学报	2.81	179 680	15 565

从数据库用户使用度来看，国内外使用总频次较高的期刊有《生态学报》（650 133 次）、《地理学报》（391 258 次）、《自然资源学报》（330 939 次）。

从新媒体用户覆盖度来看，新媒体渠道关注总人数较多的期刊有《地理科学》（146 359 人）、《光学学报》（124 709 人）、《科学通报》（119 969 人）。

（五）传播效果数据分析

从表 2-25 可见，传播力 TOP 中文理学学术期刊中，传播效果指数较高的 3 种期刊分别为《中国光学》《发光学报》《生态学报》，传播效果指数分别为 11.47、11.47、11.32。其中，《中国光学》2021 年纸本发行量为 6000 册，国内外被引频次为 2525 次，被科技新闻提及次数为 1 次，新媒体渠道总阅读量为 1 786 563 次，总点赞量为 21 328 次，总转发量为 17 899 次。《发光学报》2021 年纸本发行量为 9600 册，国内外被引频次为 2274 次，被科技新闻提及次数为 1 次，新媒体渠道总阅读量为 1 786 563 次，总点赞量为 21 328 次，总转发量为 17 899 次。《生态学报》2021 年纸本发行量为 1680 册，国内外被引频次为 73 477 次，被科技新闻提及次数为 3 次，新媒体渠道总阅读量为 55 688 次，总点赞量为 129 次，总转发量为 61 次。

从纸本发行规模来看，2021 年纸本发行量较高的期刊有《科技导报》（78 960 册）、《物理》（60 000 册）、《中国科学院院刊》（34 800 册）。

从用户使用转化度来看，国内外被引频次较高的期刊有《生态学报》（73 477 次）、《应用生态学报》（38 176 次）、《地理学报》（34 172 次）；被科技新闻提及次数较多的期刊有《科学通报》（84 次）、《中国科学院院刊》（16 次）、《科技导报》（10 次）。

从新媒体用户反馈度来看，新媒体渠道总阅读量较高的期刊有《物理》（2 057 351 次）、《中国光学》（1 786 563 次）、《发光学报》（1 786 563 次），新媒体渠道总点赞量较高的期刊有《中国光学》（21 328 次）、《发光学报》（21 328 次）、《物理》（17 278 次），新媒体渠道总转发量较多期刊有《中国光学》和《发光学报》（均为 17 899 次）、《物理》（11 574 次）。

表 2-25　传播力 TOP 中文理学学术期刊中高传播效果指数期刊

序号	期刊名称	传播效果指数↓	2021 年纸本发行量/册	国内外被引频次/次	被科技新闻提及次数/次	新媒体渠道总阅读量/次	新媒体渠道总点赞量/次	新媒体渠道总转发量/次
1	中国光学	11.47	6 000	2 525	1	1 786 563	21 328	17 899
2	发光学报	11.47	9 600	2 274	1	1 786 563	21 328	17 899
3	生态学报	11.32	1 680	73 477	3	55 688	129	61
4	物理	10.96	60 000	2 710	9	2 057 351	17 278	11 574
5	光学学报	7.64	28 800	15 477	0	1 091 192	7 487	4 404
6	科学通报	7.04	21 240	22 523	84	148 437	1 081	754
7	应用生态学报	6.61	7 200	38 176	0	27 562	114	107
8	地理学报	6.60	15 600	34 172	5	149 306	593	326
9	科技导报	6.17	78 960	8 402	10	539 633	5 729	4 876
10	岩石学报	5.56	3 000	30 401	4	3 930	19	12
11	中国人口•资源与环境	5.38	30 000	26 212	0	82 493	300	187
12	中国科学院院刊	5.29	34 800	7 917	16	646 329	3 165	2 873
13	地球物理学报	4.95	8 400	25 190	3	19 890	95	39
14	物理学报	4.95	16 800	22 608	6	91 945	357	182
15	地理研究	4.74	14 400	23 358	4	4 785	24	5
16	生态学杂志	4.66	7 800	22 835	6	6 773	18	11
17	自然资源学报	4.50	10 680	19 153	1	154 178	623	296
18	地理科学	4.35	12 000	19 346	1	77 913	456	137
19	中国科学：地球科学	4.25	5 160	13 987	5	234 760	1 563	845
20	地质学报	4.13	15 600	17 143	4	40 763	499	379

注：《中国光学》和《发光学报》运营相同的微信公众号（公众号名称：中国光学），因此总阅读量、总点赞量、总转发量指标数据相同。

三、传播力 TOP 中文农学学术期刊数据分析

下文分别挑选传播者指数、传播内容指数、传播渠道指数、受众指数、传播效果指数最高的 20 种传播力 TOP 中文农学学术期刊展开详细分析。

（一）传播者数据分析

从表 2-26 可见，传播力 TOP 中文农学学术期刊中，传播者指数较高的 3 种期

刊为《热带作物学报》《江苏农业科学》《农业机械学报》，传播者指数分别为
12.61、11.79、11.74。其中，《热带作物学报》的作者总人数为 3725 位，作者所
属机构数量为 892 个，高被引作者占比为 11.20%，高被引机构占比为 65.90%，高
级职称编辑的占比为 66.70%。《江苏农业科学》的作者总人数为 4910 位，作者所
属机构数量为 872 个，高被引作者占比为 15.20%，高被引机构占比为 57.70%，高
级职称编辑的占比为 33.30%。《农业机械学报》的作者总人数为 2572 位，作者所
属机构数量为 328 个，高被引作者占比为 22.90%，高被引机构占比为 70.60%，高
级职称编辑的占比为 85.70%。

表 2-26　传播力 TOP 中文农学学术期刊中高传播者指数期刊

序号	期刊名称	传播者指数↓	作者总人数/位	作者所属机构数量/个	高被引作者占比/%	高被引机构占比/%	高级职称编辑占比/%
1	热带作物学报	12.61	3725	892	11.20	65.90	66.70
2	江苏农业科学	11.79	4910	872	15.20	57.70	33.30
3	农业机械学报	11.74	2572	328	22.90	70.60	85.70
4	农业工程学报	11.66	4261	553	24.00	66.90	21.40
5	农业现代化研究	11.55	453	121	36.80	81.30	100.00
6	中国农业科学	11.41	2819	310	25.80	68.50	60.00
7	中国农学通报	11.11	4428	815	15.90	48.40	25.00
8	植物营养与肥料学报	10.98	1275	187	33.50	75.20	66.70
9	中国生态农业学报（中英文）	10.94	1182	194	28.60	75.30	85.70
10	农业环境科学学报	10.58	1729	275	25.90	72.10	60.00
11	绿色科技	10.39	4636	1203	4.00	42.70	42.90
12	湖北农业科学	10.36	4590	910	9.10	44.20	20.00
13	安徽农学通报	10.20	3781	920	5.00	38.10	38.50
14	安徽农业科学	10.20	7287	1460	8.60	44.40	15.60
15	南方农业	10.09	4126	1594	2.20	27.40	60.00
16	分子植物育种	9.90	5248	600	10.80	62.20	5.60
17	作物学报	9.88	1593	199	22.50	74.20	57.10
18	核农学报	9.84	1984	378	21.70	73.70	25.00
19	北方园艺	9.84	2956	546	13.40	60.70	25.00
20	现代园艺	9.48	3505	1098	2.80	39.70	23.10

从作者覆盖度来看，作者总人数较多的期刊有《安徽农业科学》（7287 位）、《分子植物育种》（5248 位）、《江苏农业科学》（4910 位）。作者所属机构数量较多的期刊有《南方农业》（1594 个）、《安徽农业科学》（1460 个）、《绿色科技》（1203 个）。

从作者权威度来看，高被引作者占比较高的期刊有《农业现代化研究》（36.80%）、《植物营养与肥料学报》（33.50%）、《中国生态农业学报（中英文）》（28.60%）；高被引机构占比较高的期刊有《农业现代化研究》（81.30%）、《中国生态农业学报（中英文）》（75.30%）、《植物营养与肥料学报》（75.20%）。

从编辑专业度来看，高级职称编辑占比较高的期刊有《农业现代化研究》（100%）、《中国生态农业学报（中英文）》（85.70%）、《农业机械学报》（85.70%）。

（二）传播内容数据分析

从表 2-27 可见，传播力 TOP 中文农学学术期刊中，传播内容指数较高的 3 种期刊为《农业机械学报》《动物营养学报》《风景园林》，传播内容指数分别为 12.84、12.04、10.93。其中，《农业机械学报》的文章总量为 551 篇，国家级基金论文比为 84.80%，近 3 年高 PCSI 论文比为 12.20%，近 3 年高使用论文比为 5.30%。《动物营养学报》的文章总量为 700 篇，国家级基金论文比为 46.40%，近 3 年高 PCSI 论文比为 11.50%，近 3 年高使用论文比为 5.30%。《风景园林》的文章总量为 242 篇，国家级基金论文比为 45.90%，近 3 年高 PCSI 论文比为 6.10%，近 3 年高使用论文比为 12.60%。

从传播内容的规模来看，文章总量较高的期刊有《南方农业》（2993 篇）、《现代农业科技》（2414 篇）、《绿色科技》（2201 篇）。

从传播内容的质量来看，国家级基金论文比较高的期刊有《农业机械学报》（84.80%）、《中国农业科学》（74.00%）、《植物营养与肥料学报》（73.40%）；近 3 年高 PCSI 论文比较高的期刊有《农业机械学报》（12.20%）、《动物营养学报》（11.50%）、《草业学报》（11.10%）；近 3 年高使用论文比较高的期刊有《风景园林》（12.60%）、《果树学报》（6.50%）、《智慧农业（中英文）》（6.10%）。

表 2-27　传播力 TOP 中文农学学术期刊中高传播内容指数期刊

序号	期刊名称	传播内容指数↓	文章总量/篇	国家级基金论文比/%	近3年高 PCSI 论文比/%	近3年高使用论文比/%
1	农业机械学报	12.84	551	84.80	12.20	5.30
2	动物营养学报	12.04	700	46.40	11.50	5.30
3	风景园林	10.93	242	45.90	6.10	12.60
4	农业工程学报	10.90	915	69.90	7.50	2.50
5	植物保护	10.21	308	56.80	10.00	5.30
6	草业学报	10.14	247	59.50	11.10	4.40
7	中国农业科学	10.10	435	74.00	7.40	5.10
8	作物学报	9.29	243	73.30	7.50	4.90
9	植物营养与肥料学报	9.23	214	73.40	9.60	2.90
10	草地学报	8.91	360	54.20	9.60	2.00
11	果树学报	8.73	256	34.40	7.20	6.50
12	中国生态农业学报（中英文）	8.55	223	69.10	6.90	4.10
13	安徽农业科学	8.51	1790	13.70	0.10	0.50
14	热带作物学报	8.25	1536	11.70	0.90	0.40
15	现代园艺	8.16	2115	1.60	0.00	0.60
16	现代农业科技	8.13	2414	3.40	0.00	0.40
17	绿色科技	8.07	2201	2.70	0.00	0.30
18	南方农业	7.95	2993	1.00	0.00	0.10
19	安徽农学通报	7.90	1584	5.30	0.00	0.40
20	智慧农业（中英文）	7.74	50	68.00	4.70	6.10

（三）传播渠道数据分析

从表 2-28 可见，传播力 TOP 中文农学学术期刊中，传播渠道指数较高的 3 种期刊分别为《农业工程学报》《南京林业大学学报（自然科学版）》《安徽农业科学》，传播渠道指数分别为 14.65、13.30、13.27。其中，《农业工程学报》的国内外索引型数据库收录数量为 5 种，全文发行传播渠道数量为 3 种，新媒体渠道数量为 1 种，新媒体渠道文章总量为 1023 篇。《南京林业大学学报（自然科学版）》的国内外索引型数据库收录数量为 4 种，全文发行传播渠道数量为 3 种，新媒体渠

道数量为 3 种，新媒体渠道文章总量为 276 篇。《安徽农业科学》的国内外索引型数据库收录数量为 1 种，全文发行传播渠道数量为 3 种，新媒体渠道数量为 3 种，新媒体渠道文章总量为 1044 篇。

表 2-28 传播力 TOP 中文农学学术期刊中高传播渠道指数期刊

序号	期刊名称	传播渠道指数↓	国内外索引型数据库收录数量/种	全文发行传播渠道数量/种	新媒体渠道数量/种	新媒体渠道文章总量/篇
1	农业工程学报	14.65	5	3	1	1023
2	南京林业大学学报（自然科学版）	13.30	4	3	3	276
3	安徽农业科学	13.27	1	3	3	1044
4	风景园林	13.19	1	3	4	700
5	中国蔬菜	12.86	1	3	3	932
6	科学养鱼	12.52	0	3	2	1423
7	作物学报	11.40	5	3	1	149
8	长江蔬菜	11.18	0	3	2	1062
9	智慧农业（中英文）	11.10	1	3	3	459
10	林业科学	10.94	5	3	1	26
11	农业机械学报	10.94	5	3	1	26
12	中国生态农业学报（中英文）	10.67	4	3	1	212
13	农业环境科学学报	10.20	4	3	1	86
14	植物营养与肥料学报	10.08	4	3	1	54
15	中国水产科学	10.04	4	3	1	41
16	园艺学报	10.02	4	3	1	36
17	中国农业科学	9.98	4	3	1	27
18	植物保护学报	9.89	3	3	1	260
19	南方农业学报	9.68	2	3	2	141
20	北方园艺	9.51	1	3	1	675

从传统传播渠道覆盖度来看，国内外索引型数据库收录数量较高的期刊有《农业工程学报》《作物学报》《林业科学》《农业机械学报》，均为 5 种；中文农学 TOP 20 期刊的全文发行传播渠道数量均为 3 种。

从新媒体传播渠道覆盖度来看，新媒体渠道数量较高的期刊有《风景园林》（4

种）、《南京林业大学学报（自然科学版）》（3 种）、《安徽农业科学》（3 种）、《中国蔬菜》（3 种）、《智慧农业（中英文）》（3 种）。

从渠道活跃度来看，新媒体渠道文章总量较多的期刊有《科学养鱼》（1423篇）、《长江蔬菜》（1062 篇）、《安徽农业科学》（1044 篇）。

（四）受众数据分析

从表 2-29 可见，传播力 TOP 中文农学学术期刊中，传播受众指数较高的 3 种期刊分别为《植物保护学报》《安徽农业科学》《风景园林》，传播受众指数分别

表 2-29　传播力 TOP 中文农学学术期刊中高受众指数期刊

序号	期刊名称	受众指数↓	国内外使用总频次/次	新媒体渠道关注总人数/人
1	植物保护学报	9.15	57 909	246 096
2	安徽农业科学	8.74	491 909	13 926
3	风景园林	8.47	166 994	168 973
4	现代园艺	8.39	497 106	92
5	中国蔬菜	7.51	93 419	175 044
6	农业与技术	6.92	380 922	11 000
7	农业工程学报	6.89	347 267	26 996
8	热带作物学报	6.85	383 728	7 393
9	现代农业科技	6.85	393 323	2 749
10	绿色科技	6.59	381 779	
11	江苏农业科学	6.56	351 332	14 446
12	分子植物育种	6.54	341 044	18 858
13	动物营养学报	6.30	297 144	33 370
14	科学养鱼	6.17	77 061	140 075
15	农业机械学报	6.06	303 970	22 212
16	南方农业	6.04	346 757	—
17	中国果树	5.97	180 782	81 363
18	饲料研究	5.88	246 931	45 015
19	湖北农业科学	5.80	315 612	7 860
20	安徽农学通报	5.27	297 144	—

为 9.15、8.74、8.47。其中，《植物保护学报》的国内外使用总频次为 57 909 次，新媒体渠道关注总人数为 246 096 人。《安徽农业科学》的国内外使用总频次为 491 909 次，新媒体渠道关注总人数为 13 926 人。《风景园林》的国内外使用总频次为 166 994 次，新媒体渠道关注总人数为 168 973 人。

从数据库用户使用度来看，国内外使用总频次较高的期刊有《现代园艺》（497 106 次）、《安徽农业科学》（491 909 次）、《现代农业科技》（393 323 次）。

从新媒体用户覆盖度来看，新媒体渠道关注总人数较多的期刊有《植物保护学报》（246 096 人）、《中国蔬菜》（175 044 人）、《风景园林》（168 973 人）。

（五）传播效果数据分析

从表 2-30 可见，传播力 TOP 中文农学学术期刊中，传播效果指数较高的 3 种期刊分别为《安徽农业科学》《农业工程学报》《中国蔬菜》，传播效果指数分别为 12.84、12.35、11.56。其中，《安徽农业科学》2021 年纸本发行量为 21 600 册，国内外被引频次为 31 552 次，被科技新闻提及次数为 0 次，新媒体渠道总阅读量为 3 417 515 次，总点赞量为 3913 次，总转发量为 4059 次。《农业工程学报》2021 年纸本发行量为 9600 册，国内外被引频次为 55 119 次，被科技新闻提及次数为 1 次，新媒体渠道总阅读量为 389 537 次，总点赞量为 1095 次，总转发量为 562 次。《中国蔬菜》2021 年纸本发行量为 84 000 册，国内外被引频次为 4838 次，被科技新闻提及次数为 1 次，新媒体渠道总阅读量为 2 474 382 次，总点赞量为 12 963 次，总转发量为 12 007 次。

从纸本发行规模来看，2021 年纸本发行量较高的期刊有《科学养鱼》（291 600 册）、《长江蔬菜》（247 200 册）、《中国蔬菜》（84 000 册）。

从用户使用转化度来看，国内外被引频次较高的期刊有《农业工程学报》（55 119 次）、《安徽农业科学》（31 552 次）、《中国农业科学》（29 845 次）；被科技新闻提及次数较多的期刊有《作物学报》（11 篇）、《中国农业科学》（6 篇）、《林业科学》（6 篇）。

从新媒体用户反馈度来看，新媒体渠道总阅读量较高的期刊有《安徽农业科学》

（3 417 515 次）、《中国蔬菜》（2 474 382 次）、《科学养鱼》（1 690 819 次）；新媒体渠道总点赞量较高的期刊有《植物保护学报》（15 232 次）、《中国蔬菜》（12 963 次）、《长江蔬菜》（10 279 次）；新媒体渠道总转发量较多的期刊有《中国蔬菜》（12 007 次）、《长江蔬菜》（11 871 次）、《植物保护学报》（8111 次）。

表 2-30　传播力 TOP 中文农学学术期刊中高传播效果指数期刊

序号	期刊名称	传播效果指数↓	2021 年纸本发行量/册	国内外被引频次/次	被科技新闻提及次数/次	新媒体渠道总阅读量/次	新媒体渠道总点赞量/次	新媒体渠道总转发量/次
1	安徽农业科学	12.84	21 600	31 552	0	3 417 515	3 913	4 059
2	农业工程学报	12.35	9 600	55 119	1	389 537	1 095	562
3	中国蔬菜	11.56	84 000	4 838	1	2 474 382	12 963	12 007
4	长江蔬菜	9.66	247 200	2 167	0	1 274 516	10 279	11 871
5	植物保护学报	9.61	3 900	4 868	1	1 286 061	15 232	8 111
6	中国农业科学	8.00	26 400	29 845	6	29 486	58	30
7	科学养鱼	7.94	291 600	1 241	0	1 690 819	7 685	4 999
8	农业机械学报	6.72	8 400	28 466	0	12 934	28	8
9	作物学报	6.40	10 200	15 879	11	64 949	323	249
10	中国农学通报	6.31	21 600	25 909	0	0	0	0
11	江苏农业科学	5.70	57 600	19 162	1	10 750	693	381
12	林业科学	5.08	12 000	13 617	6	11 105	82	38
13	农业环境科学学报	4.92	6 600	17 257	0	39 030	401	266
14	动物营养学报	4.80	4 440	14 142	4	8 989	21	5
15	植物营养与肥料学报	4.65	7 800	16 469	0	17 332	120	66
16	中国果树	4.50	29 400	2 601	4	289 829	3 246	2 363
17	现代农业科技	4.35	24 000	11 713	3	18 495	137	44
18	园艺学报	4.25	14 000	11 369	3	31 819	98	41
19	草业学报	4.20	6 000	12 419	2	4 016	53	10
20	北方园艺	4.05	21 600	12 415	0	42 624	161	110

四、传播力 TOP 中文医学学术期刊数据分析

下文分别挑选传播者指数、传播内容指数、传播渠道指数、受众指数、传播效果指数最高的 20 种传播力 TOP 中文医学学术期刊展开详细分析。

（一）传播者数据分析

从表 2-31 可见，传播力 TOP 中文医学学术期刊中，传播者指数较高的 3 种期刊是《中草药》《中国中药杂志》《中国中医基础医学杂志》，传播者指数分别为 12.32、11.32、11.22。其中，《中草药》的作者总人数为 4740 位，作者所属机构数量为 554 个，高被引作者占比为 21.00%，高被引机构占比为 63.00%，高级职称编辑占比为 88.90%。《中国中药杂志》的作者总人数为 4109 位，作者所属机构数量为 464 个，高被引作者占比为 24.90%，高被引机构占比为 60.20%，高级职称编

表 2-31　传播力 TOP 中文医学学术期刊中高传播者指数期刊

序号	期刊名称	传播者指数↓	作者总人数/位	作者所属机构数量/个	高被引作者占比/%	高被引机构占比/%	高级职称编辑占比/%
1	中草药	12.32	4740	554	21.00	63.00	88.90
2	中国中药杂志	11.32	4109	464	24.90	60.20	60.00
3	中国中医基础医学杂志	11.22	2230	286	28.00	63.90	100.00
4	护理学杂志	11.16	3453	512	17.50	73.00	64.30
5	中华中医药杂志	11.01	7878	749	27.10	52.30	14.30
6	中国实验方剂学杂志	10.74	4367	567	24.00	55.70	30.00
7	中国临床心理学杂志	10.73	1112	267	28.10	80.10	80.00
8	现代生物医学进展	10.68	5171	731	5.40	58.90	58.30
9	时珍国医国药	10.67	4600	495	22.90	58.30	31.30
10	中华中医药学刊	10.57	3436	546	19.80	60.80	50.00
11	现代预防医学	10.57	4758	747	14.70	50.70	37.50
12	心理科学进展	10.54	634	146	30.40	93.80	66.70
13	中国老年学杂志	10.53	6547	1085	9.90	55.60	25.00
14	中医杂志	10.49	2334	346	30.90	60.40	59.10
15	中成药	10.44	3673	644	19.40	56.50	37.50
16	护理学报	10.31	1761	358	17.10	77.10	77.80
17	中国组织工程研究	10.30	4529	696	13.40	64.10	14.30
18	中国医药导报	10.24	6541	1000	13.90	52.20	7.10
19	中国中医药现代远程教育	10.24	5067	760	14.70	39.10	41.70
20	中国全科医学	10.19	4036	779	16.70	56.70	13.00

辑占比为 60.00%。《中国中医基础医学杂志》的作者总人数为 2230 位，作者所属机构数量为 286 个，高被引作者占比为 28.00%，高被引机构占比为 63.90%，高级职称编辑占比为 100%。

从作者覆盖度来看，作者总人数较高的期刊有《中华中医药杂志》（7878 位）、《中国老年学杂志》（6547 位）、《中国医药导报》（6541 位）；作者所属机构数量较高的期刊有《中国老年学杂志》（1085 个）、《中国医药导报》（1000 个）、《中国全科医学》（779 个）。

从作者权威度来看，高被引作者占比较高的期刊有《中医杂志》（30.90%）、《心理科学进展》（30.40%）、《中国临床心理学杂志》（28.10%）；高被引机构占比较高的期刊有《心理科学进展》（93.80%）、《中国临床心理学杂志》（80.10%）、《护理学报》（77.10%）。

从编辑专业度来看，高级职称编辑占比较高的期刊有《中国中医基础医学杂志》（100%）、《中草药》（88.90%）、《针刺研究》（87.50%）。

（二）传播内容数据分析

从表 2-32 可见，传播力 TOP 中文医学学术期刊中，传播内容指数较高的 3 种期刊是《中华护理杂志》《中国中药杂志》《中华中医药杂志》，传播内容指数分别为 12.50、10.61、10.37。其中，《中华护理杂志》的文章总量为 415 篇，国家级基金论文比为 8.40%，近 3 年高 PCSI 论文比为 15.80%，近 3 年高使用论文比为 33.70%。《中国中药杂志》的文章总量为 795 篇，国家级基金论文比为 70.20%，近 3 年高 PCSI 论文比为 10.30%，近 3 年高使用论文比为 8.80%。《中华中医药杂志》的文章总量为 1847 篇，国家级基金论文比为 49.00%，近 3 年高 PCSI 论文比为 2.90%，近 3 年高使用论文比为 2.20%。

从传播内容的规模来看，文章总量较高的期刊有《中国当代医药》（2562 篇）、《临床医学研究与实践》（2419 篇）、《医学理论与实践》（2184 篇）。

从传播内容的质量来看，国家级基金论文比较高的期刊有《中国中药杂志》（70.20%）、《中华流行病学杂志》（60.20%）、《中草药》（55.90%）；近 3

年高 PCSI 论文比较高的期刊有《中华护理杂志》（15.80%）、《中华流行病学杂志》（13.50%）、《护理学杂志》（12.30%）；近 3 年高使用论文比较高的期刊有《中华护理杂志》（33.70%）、《护理学杂志》（14.90%）、《中国实用妇科与产科杂志》（13.40%）。

表 2-32　传播力 TOP 中文医学学术期刊中高传播内容指数期刊

序号	期刊名称	传播内容指数↓	文章总量/篇	国家级基金论文比/%	近 3 年高 PCSI 论文比/%	近 3 年高使用论文比/%
1	中华护理杂志	12.50	415	8.40	15.80	33.70
2	中国中药杂志	10.61	795	70.20	10.30	8.80
3	中华中医药杂志	10.37	1847	49.00	2.90	2.20
4	护理学杂志	10.12	807	7.10	12.30	14.90
5	中国组织工程研究	9.33	1118	28.40	7.10	7.90
6	护理研究	9.09	1006	6.50	7.70	12.70
7	中国老年学杂志	9.05	1733	12.80	3.10	2.20
8	中华流行病学杂志	8.67	342	60.20	13.50	2.40
9	中国实验方剂学杂志	8.63	842	49.20	7.10	5.50
10	中草药	8.62	854	55.90	5.30	7.50
11	中国医药导报	8.54	1702	24.90	1.40	0.40
12	中国妇幼保健	8.29	1842	1.10	1.90	0.70
13	中医杂志	8.22	495	38.00	8.90	10.30
14	中国全科医学	7.84	789	24.70	7.90	5.20
15	中国中医药现代远程教育	7.76	1949	3.50	0.10	0.40
16	中医临床研究	7.75	1823	4.50	0.10	0.10
17	中国实用妇科与产科杂志	7.69	311	47.30	7.00	13.40
18	临床医学研究与实践	7.68	2419	2.30	0.10	0.10
19	医学理论与实践	7.67	2184	1.10	0.10	0.30
20	中国当代医药	7.65	2562	1.60	0.10	0.10

（三）传播渠道数据分析

从表 2-33 可见，传播力 TOP 中文医学学术期刊中，传播渠道指数较高的 3 种期刊是《中国循环杂志》《中国护理管理》《中国实用外科杂志》，传播渠道指数分别为 14.61、13.96、13.65。其中,《中国循环杂志》的国内外索引型数据库收录数量为 2 种,全文发行传播渠道数量为 3 种,新媒体渠道数量为 3 种,新媒体渠道文章总量为 1953 篇。《中国护理管理》的国内外索引型数据库收录数量为 2 种,全文发行传播渠道数量为 3 种,新媒体渠道数量为 4 种,新媒体渠道文章总量为 1374 篇。《中国实用外科杂志》的国内外索引型数据库收录数量为 3 种,全文发行传播渠道数量为 3 种,新媒体渠道数量为 2 种,新媒体渠道文章总量为 1653 篇。

表 2-33 传播力 TOP 中文医学学术期刊中高传播渠道指数期刊

序号	期刊名称	传播渠道指数↓	国内外索引型数据库收录数量/种	全文发行传播渠道数量/种	新媒体渠道数量/种	新媒体渠道文章总量/篇
1	中国循环杂志	14.61	2	3	3	1953
2	中国护理管理	13.96	2	3	4	1374
3	中国实用外科杂志	13.65	3	3	2	1653
4	中国医疗保险	13.28	0	2	5	1799
5	中国中药杂志	13.00	5	2	3	917
6	临床肝胆病杂志	12.95	3	3	4	715
7	中华妇产科杂志	12.77	5	3	1	1089
8	中国医院院长	12.61	0	3	3	1812
9	中国社区医师	12.33	0	3	2	2054
10	中华消化外科杂志	12.11	4	3	2	803
11	公共卫生与预防医学	11.66	1	3	2	1517
12	中国美容医学杂志	11.65	2	3	3	880
13	南方医科大学学报	11.37	5	3	2	239
14	中草药	10.95	4	3	1	721
15	中华检验医学杂志	10.87	4	3	2	352
16	中国全科医学	10.83	3	3	2	287
17	中华儿科杂志	10.76	5	3	1	362
18	中华胃肠外科杂志	10.49	4	3	1	554
19	中华医学杂志	10.41	5	3	1	232
20	中国实用妇科与产科杂志	10.30	3	3	2	439

从传统传播渠道覆盖度来看,国内外索引型数据库收录数量较高的期刊有《中国中药杂志》《中华妇产科杂志》《南方医科大学学报》《中华儿科杂志》《中华

医学杂志》，均为 5 种；TOP20 期刊中，除《中国中药杂志》和《中国医疗保险》全文发行传播渠道数量为 2 种外，其余均为 3 种。

从新媒体传播渠道覆盖度来看，新媒体渠道数量较高的期刊有《中国医疗保险》（5 种）、《临床肝胆病杂志》（4 种）、《中国护理管理》（4 种）。

从渠道活跃度来看，新媒体渠道文章总量较多的期刊有《中国社区医师》（2054篇）、《中国循环杂志》（1953 篇）、《中国医院院长》（1812 篇）。

（四）受众数据分析

从表 2-34 可见，传播力 TOP 中文医学学术期刊中，传播受众指数较高的 3 种

表 2-34　传播力 TOP 中文医学学术期刊中高受众指数期刊

序号	期刊名称	受众指数↓	国内外使用总频次/次	新媒体渠道关注总人数/人
1	中国医疗保险	9.21	106 436	1 953 376
2	中国中药杂志	9.06	606 771	684 383
3	护理研究	8.60	809 510	66 430
4	临床肝胆病杂志	8.23	221 568	1 420 976
5	中华护理杂志	7.57	691 470	95 469
6	中华中医药杂志	7.44	700 127	41 230
7	中草药	6.96	647 709	47 346
8	护理学杂志	6.95	650 716	36 399
9	中国全科医学	6.61	569 875	151 051
10	中国老年学杂志	6.36	605 018	—
11	中国实验方剂学杂志	5.79	533 722	30 823
12	全科护理	5.18	476 974	13 978
13	中国组织工程研究	4.86	445 773	10 770
14	医学综述	4.67	429 810	—
15	中国社区医师	4.52	393 121	51 608
16	世界中医药	4.34	382 554	33 296
17	心理科学进展	4.32	229 875	404 152
18	中国护理管理	4.18	299 607	195 694
19	当代医学	4.11	372 285	—
20	中国医药导报	4.08	366 267	7 244

期刊是《中国医疗保险》《中国中药杂志》《护理研究》，传播受众指数分别为9.21、9.06、8.60。其中，《中国医疗保险》的国内外使用总频次为106 436次，新媒体渠道关注总人数为1 953 376人。《中国中药杂志》的国内外使用总频次为606 771次，新媒体渠道关注总人数为684 383人。《护理研究》的国内外使用总频次为809 510次，新媒体渠道关注总人数为66 430人。

从数据库用户使用度来看，国内外使用总频次较高的期刊为《护理研究》（809 510次）、《中华中医药杂志》（700 127次）、《中华护理杂志》（691 470次）。

从新媒体用户覆盖度来看，新媒体渠道关注总人数较多的期刊为《中国医疗保险》（1 953 376人）、《临床肝胆病杂志》（1 420 976人）、《中国中药杂志》（684 383人）。

（五）传播效果数据分析

从表2-35可见，传播力TOP中文医学学术期刊中，传播效果指数较高的3种期刊是《中国中药杂志》《公共卫生与预防医学》《中草药》，传播效果指数分别为19.00、11.66、10.57。其中，《中国中药杂志》2021年纸本发行量为12 000册，国内外被引频次为35 151次，被科技新闻提及次数为1次，新媒体渠道总阅读量为4 270 263次，新媒体渠道总点赞量为45 722次，新媒体渠道总转发量为28 521次。《公共卫生与预防医学》2021年纸本发行量为24 000册，国内外被引频次为2668次，被科技新闻提及次数为0次，新媒体渠道总阅读量为9 210 291次，新媒体渠道总点赞量为39 692次，新媒体渠道总转发量为30 691次。《中草药》2021年纸本发行量为67 200册，国内外被引频次为29 834次，被科技新闻提及次数为3次，新媒体渠道总阅读量为834 463次，总点赞量为3300次，总转发量为3038次。

从纸本发行规模来看，2021年纸本发行量较高的期刊有《中国医疗保险》（696 000册）、《中国全科医学》（288 000册）、《中医杂志》（266 400册）。

从用户使用转化度来看，国内外被引频次较高的期刊有《中国中药杂志》（35 151次）、《中华中医药杂志》（31 402次）、《中草药》（29 834次）；

被科技新闻提及次数较多的期刊有《中华医学杂志》（21 篇）、《中国循环杂志》（6 篇）、《中医杂志》（5 篇）、《中国医疗保险》（5 篇）。

从新媒体用户反馈度来看，新媒体渠道总阅读量较高的期刊有《公共卫生与预防医学》（9 210 291 次）、《中国中药杂志》（4 270 263 次）、《中国循环杂志》（2 691 118 次），新媒体渠道总点赞量较高的期刊有《中国中药杂志》（45 722 次）、《公共卫生与预防医学》（39 692 次）、《中国循环杂志》（12 326 次），新媒体渠道总转发量较多期刊有《公共卫生与预防医学》（30 691 次）、《中国中药杂志》（28 521 次）、《中国循环杂志》（9570 次）。

表 2-35　传播力 TOP 中文医学学术期刊中高传播效果指数期刊

序号	期刊名称	传播效果指数↓	2021 年纸本发行量/册	国内外被引频次/次	被科技新闻提及次数/次	新媒体渠道总阅读量/次	新媒体渠道总点赞量/次	新媒体渠道总转发量/次
1	中国中药杂志	19.00	12 000	35 151	1	4 270 263	45 722	28 521
2	公共卫生与预防医学	11.66	24 000	2668	0	9 210 291	39 692	30 691
3	中草药	10.57	67 200	29 834	3	834 463	3 300	3 038
4	中华中医药杂志	10.03	27 600	31 402	2	159 613	809	428
5	中医杂志	8.54	266 400	21 058	5	201 636	2 121	1 284
6	中国实验方剂学杂志	8.05	24 000	25 274	0	56 509	552	268
7	中华医学杂志	7.90	97 920	16 097	21	324 475	695	519
8	中国老年学杂志	7.65	38 400	23 984	0	0	0	0
9	心理科学进展	7.38	228 000	18 293	1	293 353	3 051	1 462
10	中国针灸	7.06	50 520	16 070	2	683 937	8 213	4 397
11	中华护理杂志	7.04	252 000	13 706	1	1 741 220	4 480	2 781
12	中国全科医学	7.01	288 000	17 405	1	175 973	681	330
13	中国循环杂志	6.92	18 000	8 694	6	2 691 118	12 326	9 570
14	中华中医药学刊	6.27	13 200	19 302	0	14 966	70	168
15	时珍国医国药	6.05	51 600	18 082	0	0	0	0
16	中国组织工程研究	5.77	18 000	16 775	1	107 760	492	254
17	中华现代护理杂志	5.66	53 640	9 374	0	1 936 098	9 598	4 452
18	辽宁中医杂志	5.31	13 200	15 796	0	14 027	209	187
19	中国医疗保险	5.24	696 000	2 032	5	741 433	2 956	2 154
20	护理研究	5.14	40 800	14 455	0	116 735	489	478

五、传播力 TOP 中文工程技术期刊数据分析

下文分别挑选传播者指数、传播内容指数、传播渠道指数、受众指数、传播效果指数最高的 20 种传播力 TOP 中文工程技术期刊展开详细分析。

（一）传播者数据分析

从表 2-36 可见，传播力 TOP 中文工程技术期刊中传播者指数排名前三的期刊是《计算机仿真》《化工新型材料》《内燃机与配件》《实验室研究与探索》，传播者指数分别为 8.62、8.42、8.41、8.41。其中，《计算机仿真》的作者总人数为 3067 位，作者所属机构数量为 645 个，高被引作者占比为 11.50%，高被引机构占比为 76.20%，高级职称编辑占比为 82.40%。《化工新型材料》的作者总人数为 3263 位，作者所属机构数量为 549 个，高被引作者占比为 9.90%，高被引机构占比为 69.90%，高级职称编辑占比为 83.30%。《内燃机与配件》的作者总人数为 4473 位，作者所属机构数量为 1433 个，高被引作者占比为 1.10%，高被引机构占比为 33.80%，高级职称编辑占比为 80.00%。

从作者覆盖度来看，作者总人数较高的期刊有《广东化工》（9240 位）、《科学技术与工程》（8674 位）、《科学技术创新》（6071 位）；作者所属机构数量较多的期刊有《科学技术创新》（1757 个）、《电子技术与软件工程》（1742 个）、《广东化工》（1469 个）。

从作者权威度来看，高被引作者占比较高的期刊有《石油与天然气地质》（42.10%）、《中南大学学报（自然科学版）》（26.20%）、《振动与冲击》（24.60%）；高被引机构占比较高的期刊有《石油与天然气地质》（86.80%）、《计算机工程与应用》（84.90%）、《实验室研究与探索》（80.00%）。

从编辑专业度来看，传播力 TOP 中文工程技术期刊中，高级职称编辑占比较高的期刊有《石油与天然气地质》（100%）、《化工新型材料》（83.30%）、《计算机仿真》（82.40%）。

表 2-36　传播力 TOP 中文工程技术期刊中高传播者指数期刊

序号	期刊名称	传播者指数↓	作者总人数/位	作者所属机构数量/个	高被引作者占比/%	高被引机构占比/%	高级职称编辑占比/%
1	计算机仿真	8.62	3067	645	11.50	76.20	82.40
2	化工新型材料	8.42	3263	549	9.90	69.90	83.30
3	内燃机与配件	8.41	4473	1433	1.10	33.80	80.00
4	实验室研究与探索	8.41	2882	415	18.80	80.00	77.80
5	电子技术与软件工程	8.31	4549	1742	1.70	45.60	50.00
6	中国环境科学	8.27	3563	519	21.80	69.50	60.00
7	振动与冲击	8.13	3622	548	24.60	72.40	46.20
8	化工学报	8.11	3062	322	16.60	70.10	75.00
9	应用化工	8.11	3037	464	14.00	67.50	75.00
10	广东化工	7.99	9240	1469	5.60	46.40	44.40
11	化工进展	7.96	3707	464	16.80	67.60	60.00
12	食品安全质量检测学报	7.84	5891	1054	11.50	46.30	50.00
13	中国机械工程学报	7.83	2778	335	23.10	74.30	60.00
14	现代化工	7.73	2763	465	10.40	61.50	80.00
15	中南大学学报（自然科学版）	7.70	2087	322	26.20	68.90	80.00
16	石油与天然气地质	7.67	751	101	42.10	86.80	100.00
17	科学技术创新	7.66	6071	1757	1.50	45.50	23.50
18	科学技术与工程	7.62	8674	1249	15.90	61.60	12.50
19	食品研究与开发	7.59	4390	859	14.20	65.00	31.30
20	计算机工程与应用	7.49	2866	450	20.40	84.90	33.30

（二）传播内容数据分析

从表 2-37 可见，传播力 TOP 中文工程技术期刊中，传播内容指数较高的 3 种期刊为《化学进展》《国际城市规划》《城市规划》，传播内容指数分别为 9.17、7.97、7.04。其中，《化学进展》的文章总量为 178 篇，国家级基金论文比为 81.50%，近 3 年高 PCSI 论文数为 0.20%，近 3 年高使用论文比为 33.10%。《国际城市规划》的文章总量为 127 篇，国家级基金论文比为 40.20%，近 3 年高 PCSI 论文比为 11.20%，近 3 年高使用论文比为 28.20%。《城市规划》的文章总量为 219 篇，国家级基金论文比为 40.60%，近 3 年高 PCSI 论文比为 9.80%，近 3 年高使用论文比为 24.00%。

表 2-37　传播力 TOP 中文工程技术期刊中高传播内容指数期刊

序号	期刊名称	传播内容指数↓	文章总量/篇	国家级基金论文比/%	近3年高PCSI论文比/%	近3年高使用论文比/%
1	化学进展	9.17	178	81.50	0.20	33.10
2	国际城市规划	7.97	127	40.20	11.20	28.20
3	城市规划	7.04	219	40.60	9.80	24.00
4	中国园林	6.98	312	49.00	8.70	23.20
5	石油勘探与开发	6.89	141	58.90	24.90	21.10
6	煤炭学报	5.95	379	97.90	15.80	15.90
7	物理化学学报	5.93	204	66.70	2.40	19.40
8	城市规划学刊	5.60	130	32.30	16.30	17.70
9	石油与天然气地质	5.00	134	75.40	14.80	13.80
10	中国电机工程学报	4.66	783	72.90	11.40	10.10
11	中国设备工程	4.61	3900	0.30	0.00	0.50
12	电力系统自动化	4.59	520	67.50	16.00	10.50
13	城市发展研究	4.57	291	53.60	7.60	13.00
14	中国矿业大学学报（自然科学版）	4.56	125	89.60	10.80	12.00
15	中国公路学报	4.26	286	80.40	14.80	9.80
16	电网技术	4.26	555	53.70	15.50	9.50
17	岩石力学与工程学报	4.16	240	0.00	17.80	12.00
18	广东化工	4.06	3274	4.60	0.10	0.70
19	石油学报	3.93	162	66.70	8.80	10.20
20	科学技术创新	3.86	2974	2.10	0.00	1.20

从传播内容的规模来看，文章总量较高的期刊有《中国设备工程》（3900 篇）、《广东化工》（3274 篇）、《科学技术创新》（2974 篇）。

从传播内容的质量来看，国家级基金论文比较高的期刊有《煤炭学报》（97.90%）、《中国矿业大学学报（自然科学版）》（89.60%）、《化学进展》（81.50%）；近 3 年高 PCSI 论文比较高的期刊有《石油勘探与开发》（24.90%）、《岩石力学与工程学报》（17.80%）、《城市规划学刊》（16.30%）；近 3 年高使用论文比较高的期刊有《化学进展》（33.10%）、《国际城市规划》（28.20%）、《城市规划》（24.00%）。

（三）传播渠道数据分析

从表 2-38 可见，传播力 TOP 中文工程技术期刊中，传播渠道指数较高的 3 种期刊是《食品科学》《金属加工（热加工）》《中华建设》，传播渠道指数分别为 15.89、14.40、12.57。其中，《食品科学》的国内外索引型数据库收录数量为 5 种，全文发行传播渠道数量为 3 种，新媒体渠道数量为 3 种，新媒体渠道文章总量为 3220 篇。《金属加工（热加工）》的国内外索引型数据库收录数量为 0 种，全文发行传播渠道数量为 3 种，新媒体渠道数量为 3 种，新媒体渠道文章总量为 3451 篇。《中华建设》的国内外索引型数据库收录数量为 0 种，全文发行传播渠道数量为 3 种，新媒体渠道数量为 4 种，新媒体渠道文章总量为 2060 篇。

表 2-38　传播力 TOP 中文工程技术期刊中高传播渠道指数期刊

序号	期刊名称	传播渠道指数↓	国内外索引型数据库收录数量/种	全文发行传播渠道数量/种	新媒体渠道数量/种	新媒体渠道文章总量/篇
1	食品科学	15.89	5	3	3	3220
2	金属加工（热加工）	14.40	0	3	3	3451
3	中华建设	12.57	0	3	4	2060
4	食品工业科技	12.07	2	3	3	1854
5	建筑师	11.85	0	3	3	2145
6	建筑结构	11.41	1	3	4	1264
7	特种铸造及有色合金	11.40	4	3	4	658
8	煤气与热力	11.36	0	3	4	1438
9	棉纺织技术	11.12	3	3	3	1169
10	电子技术应用	11.03	2	3	2	1773
11	暖通空调	10.89	1	3	3	1449
12	中国石油大学学报（自然科学版）	10.80	6	3	2	859
13	中国电力	10.41	3	2	1	2389
14	净水技术	10.36	2	3	2	1431
15	中国激光	10.33	7	3	2	417
16	城市规划	10.07	2	3	4	376
17	现代矿业	10.06	1	3	2	1475
18	储能科学与技术	10.05	3	3	2	1070
19	中国电机工程学报	10.04	4	3	3	414
20	混凝土	9.97	2	3	3	778

从传统传播渠道覆盖度来看,国内外索引型数据库收录数量较高的期刊有《中国激光》(7 种)、《中国石油大学学报(自然科学版)》(6 种)、《食品科学》(5 种);除《中国电力》全文发行传播渠道数量为 2 种外,其余均为 3 种。

从新媒体传播渠道覆盖度来看,新媒体渠道数量较高的期刊有《特种铸造及有色合金》《城市规划》《建筑结构》《中华建设》《煤气与热力》,均为 4 种。

从渠道活跃度来看,新媒体渠道文章总量较多的期刊有《金属加工(热加工)》(3451 篇)、《食品科学》(3220 篇)、《中国电力》(2389 篇)。

(四)受众数据分析

从表 2-39 可见,传播力 TOP 中文工程技术期刊中,传播受众指数较高的 3 种

表 2-39 传播力 TOP 中文工程技术期刊中高受众指数期刊

序号	期刊名称	受众指数↓	国内外使用总频次/次	新媒体渠道关注总人数/人
1	广东化工	13.45	843 243	—
2	汽车与驾驶维修	12.42	2 859	5 529 182
3	食品科学	11.70	646 364	573 042
4	包装工程	11.05	678 237	35 135
5	食品工业科技	10.81	662 424	33 115
6	科学技术创新	10.49	645 882	—
7	中国石油大学学报(自然科学版)	10.17	33 109	4 234 896
8	中国设备工程	10.16	623 403	—
9	计算机工程与应用	9.73	592 266	18 885
10	山东化工	9.54	581 928	993
11	食品研究与开发	9.43	557 764	120 411
12	内燃机与配件	9.38	571 752	—
13	电子技术与软件工程	9.26	563 265	—
14	中国电机工程学报	9.05	531 305	128 518
15	食品与发酵工业	8.96	542 922	2 497
16	科学技术与工程	8.94	539 033	24 010
17	电子世界	8.85	535 843	—
18	南方农机	8.74	528 248	4 000
19	居舍	8.48	511 302	—
20	食品安全质量检测学报	8.12	486 991	32

期刊是《广东化工》《汽车与驾驶维修》《食品科学》，传播受众指数分别为 13.45、12.42、11.70。其中，《广东化工》虽然未开通新媒体渠道，但是国内外使用总频次较高，达到了 843 243 次。《汽车与驾驶维修》的国内外使用总频次为 2859 次，新媒体渠道关注总人数为 5 529 182 人。《食品科学》的国内外使用总频次为 646 364 次，新媒体渠道关注总人数为 573 042 人。

从数据库用户使用度来看，国内外使用总频次较高的期刊有《广东化工》（843 243 次）、《包装工程》（678 237 次）、《食品工业科技》（662 424 次）。

从新媒体用户覆盖度来看，新媒体渠道关注总人数较多的期刊有《汽车与驾驶维修》（5 529 182 人）、《中国石油大学学报（自然科学版）》（4 234 896 人）、《食品科学》（573 042 人）。

（五）传播效果数据分析

从表 2-40 可见，传播力 TOP 中文工程技术期刊中，传播效果指数较高的 3 种期刊是《金属加工（冷加工）》《建筑史学刊》《金属加工（热加工）》，传播效果指数分别为 11.04、10.79、10.58。其中，《金属加工（冷加工）》2021 年纸本发行量为 140 000 册，国内外被引频次为 696 次，新媒体渠道总阅读量为 5 646 919 次，总点赞量为 23 595 次，总转发量为 13 457 次。《建筑史学刊》2021 年纸本发行量为 2000 册，国内外被引频次为 7 次，被科技新闻提及次数为 1 次，新媒渠道体总阅读量为 238 347 次，总点赞量为 32 742 次，总转发量为 36 249 次。《金属加工（热加工）》2021 年纸本发行量为 60 000 册，国内外被引频次为 1449 次，新媒体渠道总阅读量为 5 646 919 次，总点赞量为 23 087 次，总转发量为 13 237 次。

从纸本发行规模来看，2021 年纸本发行量较高的期刊有《农村电工》（1 464 000 册）、《环境保护》（464 880 册）、《中国信息安全》（283 200 册），这些期刊的纸本发行规模较大。

从用户使用转化度来看，国内外被引频次较高的期刊有《中国电机工程学报》（66 135 次）、《岩石力学与工程学报》（49 720 次）、《食品科学》（44 113 次）；被科技新闻提及次数较多的期刊有《食品科学》《环境保护》《建筑结构》，均为 3 次。

从新媒体用户反馈度来看，新媒体渠道总阅读量较高的期刊有《建设监理》（6 723 730 次）、《金属加工（热加工）》（5 646 919 次）、《金属加工（冷加工）》（5 646 919 次）；新媒体渠道总点赞量较高的期刊有《建筑史学刊》（32 742 次）、《中国石油大学学报（自然科学版）》（27 716 次）、《金属加工（冷加工）》（23 595 次）；新媒体渠道总转发量较多的期刊有《建筑史学刊》（36 249 次）、《液晶与显示》（17 899 次）、《金属加工（冷加工）》（13 457 次）。

表 2-40 传播力 TOP 中文工程技术期刊中高传播效果指数期刊

序号	期刊名称	传播效果指数↓	2021年纸本发行量/册	国内外被引频次/次	被科技新闻提及次数/次	新媒体渠道总阅读量/次	新媒体渠道总点赞量/次	新媒体渠道总转发量/次
1	金属加工（冷加工）	11.04	140 000	696	0	5 646 919	23 595	13 457
2	建筑史学刊	10.79	2 000	7	1	238 347	32 742	36 249
3	金属加工（热加工）	10.58	60 000	1 449	0	5 646 919	23 087	13 237
4	建设监理	9.94	55 200	406	0	6 723 730	16 997	10 188
5	农村电工	8.86	1 464 000	202	0	5 117	41	19
6	中国电机工程学报	8.56	54 600	66 135	2	1 199 933	2 418	1 407
7	液晶与显示	7.97	5 040	1 854	1	1 786 563	21 328	17 899
8	电力系统自动化	7.33	144 000	43 141	1	1 201 831	3 891	2 317
9	建筑结构	6.92	169 000	8522	3	3 103 313	7 537	6 753
10	食品科学	6.72	33 360	44 113	3	1 046 566	4 043	1 959
11	中国机械工程学报	6.22	34 800	29 962	0	1 954 419	4 516	2 551
12	中国石油大学学报（自然科学版）	6.05	9 000	6 426	0	2 414	27 716	3 045
13	电网技术	5.99	124 200	38 064	0	656 221	2 505	1 048
14	给水排水	5.92	273 000	6 642	1	1 865 929	6 336	4 561
15	环境保护	5.84	464 880	8 931	3	945 199	3 411	2 510
16	中国给水排水	5.73	87 360	11 543	0	2 368 894	6 004	5 195
17	岩石力学与工程学报	5.67	36 000	49 720	0	45 006	277	100
18	中国信息安全	5.22	283 200	1 148	0	1 354 229	6 714	4 974
19	中国园林	4.92	78 400	14 370	1	1 139 681	6 477	3 451
20	电工技术学报	4.92	28 600	32 440	0	731 208	1 936	756

注：金属加工（冷加工）和金属加工（热加工）运营相同的微信公众号（公众号名称：金属加工），因此新媒体渠道文章总量指标数据相同。

六、传播力 TOP 英文学术期刊数据分析

下文分别挑选传播者指数、传播内容指数、传播渠道指数、受众指数、传播效果指数最高的 20 种传播力 TOP 英文期刊展开详细分析。

（一）传播者数据分析

从表 2-41 可见，英文 TOP 期刊中，传播者指数较高的 3 种期刊是《中国化学快报（英文版）》《科学通报（英文版）》《能源化学（英文版）》，传播者指数分别为 13.29、13.00、12.90。其中，《中国化学快报（英文版）》的作者总人数为 4129 位，作者所属机构数量为 522 个，高被引作者占比为 20.20%，高被引机构占比为 79.90%，高级职称编辑占比为 66.70%。《科学通报（英文版）》的作者总人数为 3888 位，作者所属机构数量为 834 个，高被引作者占比为 27.50%，高被引机构占比为 48.80%，高级职称编辑占比为 60.00%。《能源化学（英文版）》的作者总人数为 5582 位，作者所属机构数量为 838 个，高被引作者占比为 23.20%，高被引机构占比为 52.50%，高级职称编辑占比为 66.70%。

从作者覆盖度来看，作者总人数较多的期刊有《能源化学（英文版）》（5582 位）、《材料科学技术（英文版）》（5432 位）、《中国物理 B》（*Chinese Physics B*）（5170 位）；作者所属机构数量较多的期刊有《材料科学技术（英文版）》（942 个）、《信号转导与靶向治疗》（910 个）、《中华医学杂志（英文版）》（874 个）。

从作者权威度来看，高被引作者占比较高的期刊有《科学通报（英文版）》（27.50%）、《国家科学评论（英文）》（26.70%）、《催化学报》（26.60%）；高被引机构占比较高的期刊有《催化学报》（82.90%）、《中国化学快报（英文版）》（79.90%）、《中国科学：材料科学（英文版）》（78.40%）。

从编辑专业度来看，高级职称编辑占比较高的期刊有《中华医学杂志（英文版）》（83.30%）、《药学学报（英文）》（80.00%）、《纳米研究（英文版）》（75.00%）。

表 2-41　传播力 TOP 英文学术期刊中高传播者指数期刊

序号	期刊名称	传播者指数↓	作者总人数/位	作者所属机构数量/个	高被引作者占比/%	高被引机构占比/%	高级职称编辑占比/%
1	中国化学快报（英文版）	13.29	4129	522	20.20	79.90	66.70
2	科学通报（英文版）	13.00	3888	834	27.50	48.80	60.00
3	能源化学（英文版）	12.90	5582	838	23.20	52.50	66.70
4	纳米研究（英文版）	12.71	5110	794	20.10	50.00	75.00
5	中国物理 C	12.52	4141	584	24.10	49.00	60.00
6	国家科学评论（英文）	11.55	2121	612	26.70	51.30	40.00
7	中国化学（英文）	11.27	2237	356	22.00	64.90	60.00
8	中国物理 B	11.25	5170	664	8.20	71.70	33.30
9	药学学报（英文）	11.14	2045	357	17.90	62.50	80.00
10	材料科学技术（英文版）	11.07	5432	942	15.60	42.00	42.90
11	中国科学：材料科学（英文版）	11.07	2369	292	23.20	78.40	33.30
12	农业科学学报（英文）	10.95	2795	282	11.20	70.60	71.40
13	信号转导与靶向治疗	10.91	3594	910	15.80	25.70	60.00
14	催化学报	10.90	1197	205	26.60	82.90	60.00
15	中国科学：生命科学（英文版）	10.76	1701	291	17.60	77.30	66.70
16	分子植物（英文）	10.69	1625	368	22.90	53.00	71.40
17	中国科学：信息科学（英文版）	10.63	1410	278	20.60	74.50	66.70
18	中华医学杂志（英文版）	10.59	3474	874	9.80	16.80	83.30
19	纳微快报（英文）	10.54	1535	352	26.30	59.10	50.00
20	中国化学工程学报（英文版）	10.38	1943	435	15.80	52.40	66.70

（二）传播内容数据分析

从表 2-42 可见，英文 TOP 期刊中，传播内容指数较高的 3 种期刊是《能源化学（英文版）》《材料科学技术（英文版）》《纳米研究（英文版）》，传播内容指数分别为 13.80、13.34、12.97。其中，《能源化学（英文版）》的文章总量为725 篇，国家级基金论文比为 76.70%，近 3 年高 PCSI 论文比为 6.10%，近 3 年高使用论文比为 20.90%。《材料科学技术（英文版）》的文章总量为 931 篇，国家级基金论文比为 74.80%，近 3 年高 PCSI 论文比为 11.40%，近 3 年高使用论文比为 6.60%。《纳米研究（英文版）》的文章总量为 543 篇，国家级基金论文比为 79.60%，近 3 年高 PCSI 论文比为 2.50%，近 3 年高使用论文比为 16.40%。

表 2-42　传播力 TOP 英文学术期刊中高传播内容指数期刊

序号	期刊名称	传播内容指数↓	文章总量/篇	国家级基金论文比/%	近 3 年高 PCSI 论文比/%	近 3 年高使用论文比/%
1	能源化学（英文版）	13.80	725	76.70	6.10	20.90
2	材料科学技术（英文版）	13.34	931	74.80	11.40	6.60
3	纳米研究（英文版）	12.97	543	79.60	2.50	16.40
4	信号转导与靶向治疗	12.64	417	78.90	14.50	7.50
5	中国化学快报（英文版）	12.59	748	88.00	5.00	6.70
6	中国神经再生研究（英文版）	11.76	508	23.40	7.10	0.50
7	中国物理 B	11.40	1088	84.10	0.20	0.60
8	纳微快报（英文）	11.26	215	75.30	12.20	44.80
9	科学通报（英文版）	11.23	369	82.70	5.60	16.70
10	中华医学杂志（英文版）	11.11	596	40.10	1.20	0.50
11	稀有金属（英文版）	10.50	388	75.50	4.60	5.60
12	中国化学（英文）	10.38	427	64.60	0.50	2.60
13	中国化学工程学报（英文版）	9.99	413	62.00	0.20	2.10
14	中国科学：材料科学（英文版）	9.95	302	91.70	7.40	13.50
15	分子植物（英文）	9.88	232	66.40	20.80	10.40
16	催化学报	9.57	225	82.70	12.60	20.20
17	药学学报（英文）	9.54	308	63.30	7.80	9.60
18	国家科学评论（英文）	9.48	288	63.90	7.70	13.90
19	中国航空学报（英文版）	9.46	358	65.60	4.20	2.10
20	光：科学与应用（英文）	9.30	234	51.50	14.70	14.70

从传播内容的规模来看，文章总量较多的期刊有《中国物理 B》（1088 篇）、《材料科学技术（英文版）》（931 篇）、《中国化学快报（英文版）》（748 篇）。

从传播内容的质量来看，国家级基金论文比较高的期刊有《中国科学：材料科学（英文版）》（91.70%）、《中国化学快报（英文版）》（88.00%）、《中国物理 B》（84.10%）；近 3 年高 PCSI 论文比较高的期刊有《分子植物（英文）》（20.80%）、《光：科学与应用（英文）》（14.70%）、《信号转导与靶向治疗》

（14.50%）；近 3 年高使用论文比较高的期刊有《纳微快报（英文）》（44.80%）、《能源化学（英文版）》（20.90%）、《催化学报》（20.20%）。

（三）传播渠道数据分析

从表 2-43 可见，英文 TOP 期刊中，传播渠道指数较高的 3 种期刊是《农业科学学报（英文）》《工程（英文）》《国家科学评论（英文）》，传播渠道指数分

表 2-43　传播力 TOP 英文学术期刊中高传播渠道指数期刊

序号	期刊名称	传播渠道指数↓	国内外索引型数据库收录数量/种	全文发行传播渠道数量/种	新媒体渠道数量/种	新媒体渠道文章总量/篇
1	农业科学学报（英文）	18.49	7	3	2	2033
2	工程（英文）	16.81	7	2	2	1762
3	国家科学评论（英文）	15.02	8	3	2	608
4	大气科学进展（英文版）	14.75	6	3	2	878
5	纳微快报（英文）	13.96	7	3	2	411
6	中南大学学报（英文版）	13.79	7	3	2	349
7	中国神经再生研究（英文版）	13.09	6	3	2	284
8	中华医学杂志（英文版）	12.82	7	3	1	840
9	自动化学报（英文版）	12.58	6	3	2	102
10	光：科学与应用（英文）	12.04	7	2	1	889
11	浙江大学学报 A 辑（应用物理与工程）（英文版）	11.89	7	2	2	1334
12	浙江大学学报 B 辑（生物医学与生物技术）（英文版）	11.85	6	1	1	1334
13	药学学报（英文）	11.52	6	2	2	52
14	中国科学：材料科学（英文版）	11.45	7	3	1	348
15	中国化学工程学报（英文版）	11.23	7	3	1	269
16	科学通报（英文版）	11.20	7	3	1	257
17	环境科学学报（英文版）	11.10	8	3	1	37
18	中国机械工程学报（英文版）	10.99	8	3	1	0
19	催化学报	10.64	7	3	1	59
20	地学前缘（英文版）	10.62	7	2	1	381

注：《浙江大学学报 A 辑（应用物理与工程）（英文版）》和《浙江大学学报 B 辑（生物医学与生物技术）（英文版）》运营相同的微信公众号（公众号名称：浙大学报英文版），因此新媒体渠道文章总量指标数据相同。

别为 18.49、16.81、15.02。其中，《农业科学学报（英文）》的国内外索引型数据库收录数量为 7 种，全文发行传播渠道数量为 3 种，新媒体渠道数量为 2 种，新媒体渠道文章总量为 2033 篇。《工程（英文）》的国内外索引型数据库收录数量为 7 种，全文发行传播渠道数量为 2 种，新媒体渠道数量为 2 种，新媒体渠道文章总量为 1762 篇。《国家科学评论（英文）》的国内外索引型数据库收录数量为 8 种，全文发行传播渠道数量为 3 种，新媒体渠道数量为 2 种，新媒体渠道文章总量为 608 篇。

从传统传播渠道覆盖度来看，国内外索引型数据库收录数量较高的期刊有《国家科学评论（英文）》《环境科学学报（英文版）》《中国机械工程学报（英文版）》，均为 8 种；全文发行传播渠道数量为 3 种的有 14 种期刊。

从新媒体传播渠道覆盖度来看，包括《国家科学评论（英文）》《农业科学学报（英文）》《纳微快报（英文）》在内的 10 种英文期刊的新媒体渠道数量均为 2 种。

从渠道活跃度来看，新媒体渠道文章总量较多的期刊有《农业科学学报（英文）》（2033 篇）、《工程（英文）》（1762 篇）、《浙江大学学报 A 辑（应用物理与工程）（英文版）》《浙江大学学报 B 辑（生物医学与生物技术）（英文版）》（均为 1334 篇）。

（四）受众数据分析

从表 2-44 可见，英文 TOP 期刊中，传播受众指数较高的 3 种期刊是《催化学报》《中南大学学报（英文版）》《中国有色金属学报（英文版）》，传播受众指数分别为 12.38、11.67、10.89。其中，《催化学报》的国内外使用总频次为 58 756 次，新媒体渠道关注总人数为 43 117 人。《中南大学学报（英文版）》的国内外使用总频次为 56 042 次，新媒体渠道关注总人数为 5 257 人。《中国有色金属学报（英文版）》的国内外使用总频次为 52 083 次。

从数据库用户使用度来看，国内外使用总频次较高的期刊有《催化学报》（58 756 次）、《中南大学学报（英文版）》（56 042 次）、《中国有色金属学报（英文版）》（52 083 次）。

从新媒体用户覆盖度来看，新媒体渠道关注总人数较多的期刊有《大气科学进展（英文版）》（765 269 人）、《科学通报（英文版）》（80 260 人）、《中国科学：化学（英文版）》（50 982 人）。

表 2-44　传播力 TOP 英文学术期刊中高受众指数期刊

序号	期刊名称	受众指数↓	国内外使用总频次/次	新媒体渠道关注总人数/人
1	催化学报	12.38	58 756	43 117
2	中南大学学报（英文版）	11.67	56 042	5 257
3	中国有色金属学报（英文版）	10.89	52 083	——
4	科学通报（英文版）	10.14	46 131	80 260
5	中国科学：材料科学（英文版）	9.40	43 716	23 934
6	能源化学（英文版）	8.74	40 912	——
7	材料科学技术（英文版）	8.20	36 991	42 566
8	工程（英文）	7.82	35 478	24 285
9	中国物理 B	7.20	32 500	14 287
10	大气科学进展（英文版）	6.09	7 166	765 269
11	中国化学快报（英文版）	5.49	23 242	28 081
12	纳微快报（英文）	4.80	19 280	42 984
13	中国科学：信息科学（英文版）	4.10	16 188	22 151
14	纳米研究（英文版）	4.08	16 678	——
15	环境科学学报（英文版）	4.03	15 810	21 830
16	农业科学学报（英文）	4.03	15 965	16 643
17	中国航空学报（英文版）	3.61	14 185	——
18	稀有金属（英文版）	3.55	13 456	16 495
19	中国科学：化学（英文版）	3.51	12 348	50 982
20	中国神经再生研究（英文版）	3.51	13 153	20 142

（五）传播效果数据分析

从表 2-45 可见，英文 TOP 期刊中，传播效果指数较高的 3 种期刊是《光：科学与应用（英文）》《纳米研究（英文版）》《细胞研究（英文）》，传播效果指数分别为 15.30、13.41、12.41。其中，《光：科学与应用（英文）》2021 年纸本发行量为 6000 册，国内外被引频次为 18 324 次，新媒体渠道总阅读量为 1 786 563 次，总点赞量为 21 328 次，总转发量为 17 899 次。

表 2-45 传播力 TOP 英文学术期刊中高传播效果指数期刊

序号	期刊名称	传播效果指数↓	2021 年纸本发行量/册	国内外被引频次/次	被科技新闻提及次数/次	新媒体渠道总阅读量/次	新媒体渠道总点赞量/次	新媒体渠道总转发量/次
1	光：科学与应用（英文）	15.30	6 000	18 324	0	1 786 563	21 328	17 899
2	纳米研究（英文版）	13.41	5 400	39 561	3	0	0	0
3	细胞研究（英文）	12.41	6 000	37 130	0	0	0	0
4	材料科学技术（英文版）	11.36	8 400	32 042	0	87 215	880	272
5	环境科学学报（英文版）	10.44	3 000	30 370	1	13 639	99	34
6	分子植物（英文）	9.68	2 400	28 351	0	0	0	0
7	浙江大学学报 B 辑（生物医学与生物技术）（英文版）	9.61	3 600	6 368	0	3 913 344	8 849	5 787
8	中国化学快报（英文版）	9.04	3 600	25 575	0	38 094	224	88
9	浙江大学学报 A 辑（应用物理与工程）（英文版）	8.85	2 400	3 975	0	3 913 344	8 849	5 787
10	科学通报（英文版）	8.82	3 600	24 144	0	111 230	663	380
11	能源化学（英文版）	8.77	600	25 555	0	0	0	0
12	中国有色金属学报（英文版）	8.68	8 400	23 712	0	0	0	0
13	中华医学杂志（英文版）	8.62	19 680	19 049	4	87 618	498	313
14	催化学报	8.39	9 600	21 822	0	92 165	365	232
15	中国药理学报	7.94	3 600	19 354	6	35 715	362	121
16	光子学研究（英文）	7.75	12 000	9 182	0	1 091 192	7 487	4 404
17	植物学报（英文版）	6.92	6 360	15 326	1	253 883	1 633	852
18	中国物理 B	6.82	2 160	18 282	0	32 606	113	51
19	纳微快报（英文）	6.71	8 400	14 561	0	443 076	1 009	472
20	中国免疫学杂志（英文版）	6.48	14 400	14 591	0	53 140	219	90

注：《浙江大学学报 B 辑（生物医学与生物技术）（英文版）》和《浙江大学学报 A 辑（应用物理与工程）（英文版）》的微信公众号为同一个：浙大学报英文版。

从纸本发行规模来看，2021 年纸本发行量较高的期刊有《中华医学杂志（英文版）》（19 680 册）、《中国免疫学杂志（英文版）》（14 400 册）、《光子学研究（英文）》（12 000 册）。

从用户使用转化度来看，国内外被引频次较高的期刊有《纳米研究（英文版）》（39 561 次）、《细胞研究（英文）》（37 130 次）、《材料科学技术（英文版）》（32 042 次）；被科技新闻提及次数较多的期刊有《中国药理学报》（6 次）、《中华医学杂志（英文版）》（4 次）、《纳米研究（英文版）》（3 次）。

从新媒体用户反馈度来看，新媒体渠道总阅读量较高的期刊有《浙江大学学报 B 辑（生物医学与生物技术）（英文版）》（3 913 344 次）、《浙江大学学报 A 辑（应用物理与工程）（英文版）》（3 913 344 次）、《光：科学与应用（英文）》（1 786 563 次）；新媒体渠道总点赞量较高的期刊有《光：科学与应用（英文）》（21 328 次）、《浙江大学学报 B 辑（生物医学与生物技术）（英文版）》（8849 次）、《浙江大学学报 A 辑（应用物理与工程）（英文版）》（8849 次）；新媒体渠道总转发量较多期刊有《光：科学与应用（英文）》（17 899 次）、《浙江大学学报 B 辑（生物医学与生物技术）（英文版）》（5787 次）、《浙江大学学报 A 辑（应用物理与工程）（英文版）》（5787 次）。

第五节　各出版单位期刊传播力分析

一、大型出版单位期刊传播数据分析

中国出版科技期刊数量超过 100 种的出版单位仅有两家：《中华医学杂志》社有限责任公司和中国科技出版传媒股份有限公司。两家出版单位分别有 141 种和 125 种科技期刊参与传播力指数计算，将两家大型出版单位参与计算的期刊数据进行汇总，对 A1、A2、C3、C4、D1、D2、E1～E6 进行求和（按出版单位去重加总），对 A3～A5、B2～B4 等比值类指标以及 C1、C2 指标进行均值计算，最终两家大型出版单位的传播数据详见表 2-46。

结果可见，中国科技出版传媒股份有限公司由于覆盖的学科数量更多，因此作者总人数、作者所属机构数量两项指标数值较高。同时国内外索引型数据库收录数量和全文发行传播渠道数量两项指标也要略高于《中华医学杂志》社有限责任公司。

在传播内容方面，两家大型出版单位也呈现出不同的特征，《中华医学杂志》社有限责任公司由于期刊数量更多，因此统计年 2021 年的文章总量要明显高于中国科技出版传媒股份有限公司，但后者的国家级基金论文比高于前者。

表 2-46　两家大型出版单位期刊传播力指标对比

指标代号	指标名称	《中华医学杂志》社有限责任公司	中国科技出版传媒股份有限公司
A1	作者总人数/位	76 892	95 209
A2	作者所属机构数量/个	3 952	6 262
A3	高被引作者占比/%	0.12	0.16
A4	高被引机构占比/%	0.20	0.65
A5	高级职称编辑占比/%	0.42	0.58
B1	文章总量/篇	29 987	20 546
B2	国家级基金论文比/%	0.20	0.57
B3	近 3 年高 PCSI 论文比/%	0.02	0.03
B4	近 3 年高使用论文比/%	0.02	0.03
C1	国内外索引型数据库收录数量/种	2.50	3.50
C2	全文发行传播渠道数量/种	2.55	2.63
C3	新媒体渠道数量/种	118	124
C4	新媒体渠道文章总量/篇	15 323	8 389
D1	国内外使用总频次/次	2 610 867	6 003 583
D2	新媒体渠道关注总人数/人	2 892 964	3 798 118
E1	2021 年纸本发行量/册	3 576 820	1 031 840
E2	国内外被引频次/次	339 065	798 174
E3	被科技新闻提及次数/次	105	102
E4	新媒体渠道总阅读量/次	19 692 470	7 166 837
E5	新媒体渠道总点赞量/次	62 697	59 328
E6	新媒体渠道总转发量/次	41 190	40 463

注：本表中新媒体渠道数量是指出版社所属期刊的各新媒体平台账号数量。

在传播渠道方面，中国科技出版传媒股份有限公司的新媒体渠道数量更多，但活跃度（新媒体渠道文章总量）要稍逊于《中华医学杂志》社有限责任公司。

在传播效果方面，《中华医学杂志》社有限责任公司的纸本发行量以及新媒体渠道总阅读量、总点赞量、总转发量要优于中国科技出版传媒股份有限公司，但国内外总被引频次要低于后者。

《中华医学杂志》社有限责任公司 141 种期刊的传播力指标数据如表 2-47 所示，传播力均值为 18.91，60 种期刊的传播力指数高于同组期刊均值，传播力 TOP 期刊有 14 种，占比为 9.93%。

表 2-47　《中华医学杂志》社有限责任公司出版期刊传播力指数情况

序号	期刊名称	期刊所属分类	传播力指数	是否 TOP 期刊
1	中华医学杂志	医学学术期刊	36.62	是
2	中华流行病学杂志	医学学术期刊	32.98	是
3	中华现代护理杂志	医学学术期刊	31.24	是
4	中华妇产科杂志	医学学术期刊	31.01	是
5	中华心血管病杂志	医学学术期刊	29.66	是
6	中华儿科杂志	医学学术期刊	29.59	是
7	中华肿瘤杂志	医学学术期刊	28.09	是
8	中华消化外科杂志	医学学术期刊	28.08	是
9	中华结核和呼吸杂志	医学学术期刊	27.39	是
10	中华神经科杂志	医学学术期刊	26.99	是
11	中华检验医学杂志	医学学术期刊	26.93	是
12	中华胃肠外科杂志	医学学术期刊	26.71	是
13	中华医学信息导报	医学学术期刊	26.68	是
14	中华口腔医学杂志	医学学术期刊	26.49	
15	中华糖尿病杂志	医学学术期刊	26.19	
16	中华肝脏病杂志	医学学术期刊	26.07	
17	中华外科杂志	医学学术期刊	25.85	
18	中华骨科杂志	医学学术期刊	25.39	
19	中华放射学杂志	医学学术期刊	25.24	
20	中华病理学杂志	医学学术期刊	25.21	
21	中华急诊医学杂志	医学学术期刊	24.93	
22	中华血液学杂志	医学学术期刊	24.86	
23	中华眼科杂志	医学学术期刊	24.17	
24	中华围产医学杂志	医学学术期刊	23.97	
25	中华实用儿科临床杂志	医学学术期刊	23.45	
26	中华物理医学与康复杂志	医学学术期刊	23.33	
27	中华创伤骨科杂志	医学学术期刊	23.32	

序号	期刊名称	期刊所属分类	传播力指数	是否 TOP 期刊
28	中华全科医师杂志	医学学术期刊	23.10	
29	中华超声影像学杂志	医学学术期刊	23.09	
30	中国实用护理杂志	医学学术期刊	23.05	
31	中华泌尿外科杂志	医学学术期刊	22.81	
32	中华老年医学杂志	医学学术期刊	22.81	
33	中华精神科杂志	医学学术期刊	22.73	
34	中华内分泌代谢杂志	医学学术期刊	22.62	
35	中华肝胆外科杂志	医学学术期刊	22.46	
36	中华耳鼻咽喉头颈外科杂志	医学学术期刊	22.42	
37	中华危重病急救医学	医学学术期刊	22.39	
38	中华消化内镜杂志	医学学术期刊	22.38	
39	中华生殖与避孕杂志	医学学术期刊	22.34	
40	中华预防医学杂志	医学学术期刊	22.22	
41	临床小儿外科杂志	医学学术期刊	21.57	
42	中华创伤杂志	医学学术期刊	21.28	
43	中华消化杂志	医学学术期刊	21.10	
44	中华实验外科杂志	医学学术期刊	21.04	
45	中华肾脏病杂志	医学学术期刊	20.96	
46	中国小儿急救医学	医学学术期刊	20.77	
47	国际护理学杂志	医学学术期刊	20.23	
48	中华行为医学与脑科学杂志	医学学术期刊	20.19	
49	中华麻醉学杂志	医学学术期刊	20.05	
50	中华微生物学和免疫学杂志	医学学术期刊	20.00	
51	中华眼底病杂志	医学学术期刊	19.83	
52	国际医药卫生导报	医学学术期刊	19.77	
53	中华神经外科杂志	医学学术期刊	19.76	
54	中华烧伤杂志	医学学术期刊	19.72	
55	中华实验眼科杂志	医学学术期刊	19.66	
56	中华医学遗传学杂志	医学学术期刊	19.57	
57	中华核医学与分子影像杂志	医学学术期刊	18.93	
58	中华健康管理学杂志	医学学术期刊	18.88	

序号	期刊名称	期刊所属分类	传播力指数	是否 TOP 期刊
59	中华整形外科杂志	医学学术期刊	18.82	
60	中华医院管理杂志	医学学术期刊	18.78	
61	中华普通外科杂志	医学学术期刊	18.64	
62	中华炎性肠病杂志（中英文）	医学学术期刊	18.53	
63	中华临床感染病杂志	医学学术期刊	18.49	
64	中华神经医学杂志	医学学术期刊	18.43	
65	国际呼吸杂志	医学学术期刊	18.31	
66	中华放射肿瘤学杂志	医学学术期刊	18.14	
67	中华传染病杂志	医学学术期刊	18.06	
68	国际内分泌代谢杂志	医学学术期刊	18.00	
69	中华实验和临床病毒学杂志	医学学术期刊	17.95	
70	国际麻醉学与复苏杂志	医学学术期刊	17.91	
71	国际儿科学杂志	医学学术期刊	17.66	
72	中华内分泌外科杂志	医学学术期刊	17.53	
73	中国综合临床	医学学术期刊	17.44	
74	药物不良反应杂志	医学学术期刊	17.39	
75	中华器官移植杂志	医学学术期刊	17.27	
76	国际中医中药杂志	医学学术期刊	17.19	
77	中华劳动卫生职业病杂志	医学学术期刊	16.96	
78	中华心律失常学杂志	医学学术期刊	16.95	
79	中华临床营养杂志	医学学术期刊	16.83	
80	中国基层医药	医学学术期刊	16.82	
81	中华小儿外科杂志	医学学术期刊	16.81	
82	国际生物医学工程杂志	医学学术期刊	16.76	
83	国际肿瘤学杂志	医学学术期刊	16.59	
84	中华地方病学杂志	医学学术期刊	16.55	
85	中华新生儿科杂志（中英文）（*Chinese Journal of Neonatology*）	医学学术期刊	16.42	
86	中华航海医学与高气压医学杂志	医学学术期刊	16.22	
87	中国医师进修杂志	医学学术期刊	16.21	
88	中华手外科杂志	医学学术期刊	16.07	
89	中华风湿病学杂志	医学学术期刊	16.06	

续表

序号	期刊名称	期刊所属分类	传播力指数	是否 TOP 期刊
90	国际输血及血液学杂志	医学学术期刊	15.70	
91	中国实用医刊	医学学术期刊	15.61	
92	中华解剖与临床杂志	医学学术期刊	15.60	
93	中华显微外科杂志	医学学术期刊	15.58	
94	肿瘤研究与临床	医学学术期刊	15.41	
95	国际病毒学杂志	医学学术期刊	15.18	
96	国际免疫学杂志	医学学术期刊	15.11	
97	中华医史杂志	医学学术期刊	15.05	
98	白血病·淋巴瘤	医学学术期刊	14.96	
99	国际外科学杂志	医学学术期刊	14.76	
100	中华眼外伤职业眼病杂志	医学学术期刊	14.56	
101	中华胰腺病杂志	医学学术期刊	14.51	
102	国际放射医学核医学杂志	医学学术期刊	14.47	
103	国际脑血管病杂志	医学学术期刊	14.39	
104	国际流行病学传染病学杂志	医学学术期刊	14.05	
105	中华生物医学工程杂志	医学学术期刊	13.15	
106	中华口腔正畸学杂志	医学学术期刊	12.97	
107	中华医学美学美容杂志	医学学术期刊	12.83	
108	国际生物制品学杂志	医学学术期刊	12.79	
109	中华胸心血管外科杂志	医学学术期刊	12.75	
110	中华医学科研管理杂志	医学学术期刊	12.60	
111	实用糖尿病杂志	医学学术期刊	12.51	
112	国际眼科纵览	医学学术期刊	12.51	
113	中华疼痛学杂志	医学学术期刊	12.36	
114	国际遗传学杂志	医学学术期刊	12.34	
115	中华转移性肿瘤杂志	医学学术期刊	12.18	
116	英国医学杂志（中文版）	医学学术期刊	11.78	
117	国际耳鼻咽喉头颈外科杂志	医学学术期刊	11.00	
118	中华航空航天医学杂志	医学学术期刊	10.78	
119	国际移植与血液净化杂志	医学学术期刊	10.69	
120	中华烧伤与创面修复杂志	医学学术期刊	10.65	

续表

序号	期刊名称	期刊所属分类	传播力指数	是否 TOP 期刊
121	中华心力衰竭和心肌病杂志（中英文）	医学学术期刊	10.09	
122	中国临床实用医学	医学学术期刊	10.06	
123	中华血管外科杂志	医学学术期刊	10.00	
124	中华医学杂志（英文版）	英文学术期刊	45.09	是
125	中华创伤杂志（英文版）（*Chinese Journal of Traumatology*）	英文学术期刊	21.54	
126	贫困所致传染病（英文）（*Infectious Diseases of Poverty*）	英文学术期刊	20.92	
127	儿科学研究（英文）（*Pediatric Investigation*）	英文学术期刊	17.55	
128	慢性疾病与转化医学（英文）（*Chronic Diseases and Translational Medicine*）	英文学术期刊	17.02	
129	母胎医学杂志（英文）（*Maternal-Fetal Medicine*）	英文学术期刊	16.33	
130	生殖与发育医学（英文）（*Reproductive and Developmental Medicine*）	英文学术期刊	14.68	
131	国际皮肤性病学杂志（英文）（*International Journal of Dermatology And Venereology*）	英文学术期刊	14.63	
132	世界耳鼻咽喉头颈外科杂志（英文）（*World Journal of Otorhinolaryngology - Head and Neck Surgery*）	英文学术期刊	14.06	
133	重症医学（英文）（*Journal of Intensive Medicine*）	英文学术期刊	13.45	
134	放射医学与防护（英文）（*Radiation Medicine and Protection*）	英文学术期刊	13.35	
135	感染性疾病与免疫（英文）（*Infectious Diseases & Immunity*）	英文学术期刊	12.98	
136	生物安全与健康（英文）（*Biosafety and Health*）	英文学术期刊	12.70	
137	心血管病探索（英文）（*Cardiology Discovery*）	英文学术期刊	11.66	
138	胰腺病学杂志（英文）（*Journal of Pancreatology*）	英文学术期刊	11.46	
139	中华神经外科杂志（英文）（*Chinese Neurosurgical Journal*）	英文学术期刊	11.29	
140	智慧医学（英文）（*Intelligent Medicine*）	英文学术期刊	10.43	
141	生物组学研究杂志（英文）（*Journal of Bio-X Research*）	英文学术期刊	10.18	

注：本表中按照期刊所属分类进行排序，同类期刊按照传播力指数由大到小排序。

而中国科技出版传媒股份有限公司参与传播力指数计算的 125 种期刊传播力指数均值为 23.96，53 种期刊传播力指数高于同组期刊均值，传播力 TOP 期刊有 36 种，占比为 28.80%（表 2-48）。

表 2-48　中国科技出版传媒股份有限公司出版期刊传播力指数情况

序号	期刊名称	期刊所属分类	传播力指数	是否 TOP 期刊
1	岩石力学与工程学报	工程技术类期刊	27.51	是
2	液晶与显示	工程技术类期刊	25.74	是
3	自动化学报	工程技术类期刊	24.16	是
4	环境科学学报	工程技术类期刊	23.47	是
5	长江流域资源与环境	工程技术类期刊	23.38	是
6	中国有色金属学报	工程技术类期刊	23.35	是
7	遥感学报	工程技术类期刊	23.16	是
8	软件学报	工程技术类期刊	22.10	是
9	湖泊科学	工程技术类期刊	21.49	是
10	电子与信息学报	工程技术类期刊	21.48	是
11	环境工程学报	工程技术类期刊	21.27	是
12	工程热物理学报	工程技术类期刊	20.62	是
13	环境化学	工程技术类期刊	20.34	是
14	天然气地球科学	工程技术类期刊	19.62	
15	工程地质学报	工程技术类期刊	19.49	
16	工程科学学报	工程技术类期刊	19.16	
17	计算机学报	工程技术类期刊	19.09	
18	干旱区研究	工程技术类期刊	18.74	
19	燃料化学学报	工程技术类期刊	18.53	
20	干旱区地理	工程技术类期刊	17.80	
21	新型炭材料（中英文）	工程技术类期刊	17.40	
22	新型炭材料	工程技术类期刊	17.21	
23	摩擦学学报	工程技术类期刊	17.17	
24	空间科学学报	工程技术类期刊	16.51	
25	遥感技术与应用	工程技术类期刊	16.51	
26	核技术	工程技术类期刊	16.40	
27	过程工程学报	工程技术类期刊	16.40	
28	信息安全学报	工程技术类期刊	16.23	
29	岩矿测试	工程技术类期刊	15.92	
30	分子催化	工程技术类期刊	15.37	

续表

序号	期刊名称	期刊所属分类	传播力指数	是否 TOP 期刊
31	辐射研究与辐射工艺学报	工程技术类期刊	14.77	
32	数据与计算发展前沿	工程技术类期刊	14.57	
33	建筑遗产	工程技术类期刊	14.31	
34	应用声学	工程技术类期刊	14.27	
35	工程研究——跨学科视野中的工程	工程技术类期刊	14.19	
36	集成技术	工程技术类期刊	14.14	
37	新能源进展	工程技术类期刊	13.52	
38	黄金科学技术	工程技术类期刊	13.41	
39	金属世界	工程技术类期刊	11.80	
40	地理科学	理学学术期刊	40.32	是
41	发光学报	理学学术期刊	39.58	是
42	中国科学院院刊	理学学术期刊	38.23	是
43	地球物理学报	理学学术期刊	37.47	是
44	岩石学报	理学学术期刊	35.05	是
45	土壤学报	理学学术期刊	32.98	是
46	地质学报	理学学术期刊	32.40	是
47	沉积学报	理学学术期刊	32.20	是
48	植物生理学报	理学学术期刊	30.66	是
49	天然产物研究与开发	理学学术期刊	29.90	是
50	地球科学进展	理学学术期刊	29.20	是
51	应用与环境生物学报	理学学术期刊	28.64	
52	第四纪研究	理学学术期刊	27.96	
53	中国地质	理学学术期刊	27.88	
54	地球物理学进展	理学学术期刊	27.35	
55	广西植物	理学学术期刊	26.65	
56	中国沙漠	理学学术期刊	26.21	
57	地质通报	理学学术期刊	26.21	
58	水生生物学报	理学学术期刊	26.12	
59	地球学报	理学学术期刊	25.90	
60	冰川冻土	理学学术期刊	25.54	

序号	期刊名称	期刊所属分类	传播力指数	是否 TOP 期刊
61	地质科学	理学学术期刊	25.33	
62	高原气象	理学学术期刊	24.89	
63	矿床地质	理学学术期刊	24.72	
64	气候与环境研究	理学学术期刊	23.5	
65	岩石矿物学杂志	理学学术期刊	23.45	
66	数学物理学报	理学学术期刊	23.31	
67	地层学杂志	理学学术期刊	23.08	
68	原子核物理评论	理学学术期刊	22.87	
69	湿地科学	理学学术期刊	22.66	
70	天文学报	理学学术期刊	21.54	
71	热带亚热带植物学报	理学学术期刊	21.49	
72	波谱学杂志	理学学术期刊	20.87	
73	微体古生物学报	理学学术期刊	20.51	
74	气象科学	理学学术期刊	19.91	
75	世界科技研究与发展	理学学术期刊	19.86	
76	自然科学史研究	理学学术期刊	15.84	
77	气象研究与应用	理学学术期刊	15.27	
78	作物学报	农学学术期刊	39.99	是
79	中国生态农业学报（中英文）	农学学术期刊	36.70	是
80	南方农业学报	农学学术期刊	31.84	是
81	农业现代化研究	农学学术期刊	29.95	是
81	渔业科学进展	农学学术期刊	27.17	
83	经济林研究	农学学术期刊	22.86	
84	水产科学	农学学术期刊	22.24	
85	心理科学进展	医学学术期刊	35.71	是
86	遗传	医学学术期刊	26.43	
87	能源化学（英文版）	英文学术期刊	52.36	是
88	国家科学评论（英文）	英文学术期刊	45.15	是
89	中国有色金属学报（英文版）	英文学术期刊	44.94	是
90	环境科学学报（英文版）	英文学术期刊	44.50	是

续表

序号	期刊名称	期刊所属分类	传播力指数	是否 TOP 期刊
91	大气科学进展（英文版）	英文学术期刊	40.63	是
92	中国物理 C	英文学术期刊	36.07	是
93	自动化学报（英文版）	英文学术期刊	33.20	是
94	作物学报（英文版）（*The Crop Journal*）	英文学术期刊	29.36	
95	核技术（英文版）（*Nuclear Science and Techniques*）	英文学术期刊	29.06	
96	遗传学报（英文版）（*Journal of Genetics and Genomics*）	英文学术期刊	28.99	
97	热科学学报（*Journal of Thermal Science*）	英文学术期刊	28.75	
98	颗粒学报（*Particuology*）	英文学术期刊	27.99	
99	绿色能源与环境（英文）（*Green Energy & Environment*）	英文学术期刊	27.10	
100	中国地理科学（英文版）（*Chinese Geographical Science*）	英文学术期刊	26.92	
101	海洋湖沼学报（英文）（*Journal of Oceanology and Limnology*）	英文学术期刊	26.76	
102	数学物理学报（英文版）（*Acta Mathematica Scientia*）	英文学术期刊	26.56	
103	自然科学进展：国际材料（英文）（*Progress in Natural Science:Materials International*）	英文学术期刊	26.15	
104	基因组蛋白质组与生物信息学报（*Genomics,Proteomics & Bioinformatics*）	英文学术期刊	25.07	
105	微系统与纳米工程（英文）（*Microsystems & Nanoengineering*）	英文学术期刊	25.06	
106	结合医学学报（英文）（*Journal of Integrative Medicine*）	英文学术期刊	23.21	
107	植物生态学报（英文版）（*Journal of Plant Ecology*）	英文学术期刊	22.97	
108	大气和海洋科学快报（*Atmospheric and Oceanic Science Letters*）	英文学术期刊	22.51	
109	地球与行星物理（英文）（*Earth and Planetary Physics*）	英文学术期刊	22.05	
110	稀有金属材料与工程（英文版）（*Rare Metal Materials and Engineering*）	英文学术期刊	21.89	
111	亚洲两栖爬行动物研究（英文版）（*Asian Herpetological Research*）	英文学术期刊	21.31	
112	寒旱区科学（*Sciences in Cold and Arid Regions*）	英文学术期刊	20.57	
113	卫星导航（英文）（*Satellite Navigation*）	英文学术期刊	20.08	
114	生态系统健康与可持续性（英文）（*Ecosystem Health and Sustainability*）	英文学术期刊	19.73	
115	地球大数据（英文）（*Big Earth Data*）	英文学术期刊	19.39	
116	大地测量与地球动力学（英文版）（*Geodesy and Geodynamics*）	英文学术期刊	18.72	
117	中国运筹学会会刊（英文）（*Journal of the Operations Research Society of China*）	英文学术期刊	18.41	

序号	期刊名称	期刊所属分类	传播力指数	是否 TOP 期刊
118	古地理学报（英文版）（*Journal of Palaeogeography*）	英文学术期刊	16.02	
119	系统科学与信息学报（英文）（*Journal of Systems Science and Information*）	英文学术期刊	15.96	
120	清洁能源（英文）（*Clean Energy*）	英文学术期刊	15.24	
121	网络空间安全科学与技术（英文）（*Cybersecurity*）	英文学术期刊	14.22	
122	农业信息处理（英文）（*Information Processing in Agriculture*）	英文学术期刊	13.29	
123	中国科学院院刊（英文版）（*Bulletin of the Chinese Academy of Sciences*）	英文学术期刊	12.58	
124	渔业学报（英文）（*Aquaculture and Fisheries*）	英文学术期刊	12.28	
125	安全科学与韧性（英文）（*Journal of Safety Science and Resilience*）	英文学术期刊	10.58	

注：本表中按照期刊所属分类进行排序，同类期刊按照传播力指数由大到小排序。

二、中型出版单位期刊传播数据分析

中国出版科技期刊数量达到 10 种以上的中型出版单位共 7 家，共计 136 种期刊，其中传播力 TOP 期刊 15 种，有 56 种期刊传播力指数高于同组期刊均值。其中，中华医学电子音像出版社有限责任公司参与传播力指数计算的期刊最多，为 38 种；《中国科学》杂志社有限责任公司传播力指数均值最高，为 32.53，且 TOP 期刊数量也最多，为 9 种。具体见表 2-49。

表 2-49 7 家中型出版单位期刊传播力情况

序号	出版单位名称	参评期刊数量/种	传播力指数均值	传播力指数高于同类均值数量/种	传播力 TOP 期刊数量/种
1	中华医学电子音像出版社有限责任公司	38	13.32	0	0
2	高等教育出版社有限公司	20	21.25	17	0
3	浙江大学出版社有限责任公司	19	19.97	10	2
4	清华大学出版社有限公司	18	19.42	11	3
5	《中国科学》杂志社有限责任公司	17	32.53	16	9
6	北京钢研柏苑出版有限责任公司	12	15.18	1	0
7	《中国铁路》杂志社有限责任公司	12	12.80	1	1

三、小型出版单位期刊传播数据分析

出版 3 种及以上科技期刊的小型出版单位共 45 家。其中 24 家小型出版单位拥有传播力 TOP 期刊。中南大学出版社、上海交通大学出版社有限公司、化学工业出版社有限公司及《中国激光》杂志社有限公司出版期刊种类较多。《中国激光》杂志社有限公司有 4 种期刊入选为传播力 TOP 期刊，在小型出版单位中数量最多。具体见表 2-50。

表 2-50　45 家优秀小型出版单位传播力情况

序号	出版单位名称	出版的期刊类别	参评期刊数量/种	传播力 TOP 期刊数量/种
1	重庆五九期刊社	工程技术类期刊	4	2
2	中南大学出版社	工程技术类期刊	2	1
		医学学术期刊	1	
		英文学术期刊	1	1
3	中国宇航出版有限责任公司	工程技术类期刊	4	
4	中国医药科技出版社	医学学术期刊	5	
5	中国协和医科大学出版社有限公司	医学学术期刊	4	
6	中国化工信息中心	工程技术类期刊	2	
		英文学术期刊	1	
7	四川大学出版社有限责任公司	医学学术期刊	1	
		英文学术期刊	5	1
8	实用医学杂志社（实用医学音像出版社）	医学学术期刊	5	3
9	上海交通大学出版社有限公司	工程技术类期刊	1	
		医学学术期刊	2	
		英文学术期刊	2	1
10	上海建科文化传媒有限公司	工程技术类期刊	3	1
11	山西医学期刊社有限责任公司	医学学术期刊	4	3
		英文学术期刊	1	
12	山西水利出版传媒中心	工程技术类期刊	3	
13	山西科技期刊出版有限责任公司	工程技术类期刊	2	1
		医学学术期刊	1	

续表

序号	出版单位名称	出版的期刊类别	参评期刊数量/种	传播力 TOP 期刊数量/种
14	山西经济和信息化出版传媒中心	工程技术类期刊	4	
15	人民卫生电子音像出版社有限公司	医学学术期刊	5	
16	人民卫生电子音像出版社	医学学术期刊	8	
17	人民卫生出版社有限公司	医学学术期刊	2	
		英文学术期刊	3	
18	人民军医电子出版社	医学学术期刊	7	
19	皮革科学与工程杂志社	工程技术类期刊	1	
		英文学术期刊	2	
20	精诚口腔医学期刊传媒有限责任公司	医学学术期刊	3	
21	交通运输科技传媒（北京）有限公司	工程技术类期刊	3	
22	江苏苏豪传媒有限公司	工程技术类期刊	5	
23	化学工业出版社有限公司	工程技术类期刊	2	2
		理学学术期刊	1	
		英文学术期刊	1	1
24	湖南省湘雅医学期刊社有限公司	医学学术期刊	5	
25	黑龙江农业科技杂志社	理学学术期刊	1	
		农学学术期刊	6	1
26	电子工业出版社有限公司	工程技术类期刊	2	2
		理学学术期刊	1	
27	测绘出版社有限公司	理学学术期刊	2	1
		英文学术期刊	1	
28	北京卓众出版有限公司	工程技术类期刊	6	1
		农学学术期刊	2	
		医学学术期刊	1	
29	北京中科期刊出版有限公司	工程技术类期刊	2	
		农学学术期刊	2	1
30	北京信通传媒有限责任公司	工程技术类期刊	5	
		英文学术期刊	1	
31	北京师范大学出版社（集团）有限公司	理学学术期刊	1	
		英文学术期刊	2	

续表

序号	出版单位名称	出版的期刊类别	参评期刊数量/种	传播力TOP期刊数量/种
32	北京赛昇传媒有限公司	工程技术类期刊	3	
33	北京赛迪出版传媒有限公司	工程技术类期刊	4	
34	北京理工大学出版社有限责任公司	工程技术类期刊	1	
		英文学术期刊	2	
35	《中华护理杂志》社有限责任公司	医学学术期刊	3	1
		英文学术期刊	1	
36	《中国医学人文》杂志社有限公司	医学学术期刊	6	2
37	《中国药学杂志》社有限公司	医学学术期刊	2	1
		英文学术期刊	1	1
38	《中国畜牧兽医杂志》有限公司	农学学术期刊	4	2
		英文学术期刊	2	
39	《中国激光》杂志社有限公司	工程技术类期刊	2	2
		理学学术期刊	1	1
		英文学术期刊	4	1
40	《中国标准化》杂志社有限公司	工程技术类期刊	3	1
41	《质量安全与检验检测》杂志社	农学学术期刊	1	
		医学学术期刊	2	
42	《微纳电子与智能制造》杂志社有限公司	工程技术类期刊	4	1
		理学学术期刊	1	
43	《世界中医药》杂志社	医学学术期刊	2	1
		英文学术期刊	1	
44	《工业建筑》杂志社有限公司	工程技术类期刊	3	2
45	《电气技术》杂志社有限公司	工程技术类期刊	2	1
		英文学术期刊	1	

在新媒体运营方面，小型出版单位出版的65.15%的科技期刊已经开始了新媒体运营工作，且粉丝数量在10万人以上的期刊占比近10%。

较为典型的是《电气技术》杂志社有限公司出版的《电气技术》《电工技术学报》、上海交通大学出版社有限公司出版的《中西医结合护理（中英文）》及实用医学杂志社（实用医学音像出版社）出版的《中国实用内科杂志》，这些期刊的粉丝量均突破 30 万人，新媒体运营已经进入成熟阶段。具体见表 2-51。

表 2-51　新媒体运营较成熟的小型出版单位期刊列表

序号	期刊名称	所属出版公司	新媒体渠道数量/种	总粉丝数/人	2021 年新媒体总发文量/篇
1	电气技术	《电气技术》杂志社有限公司	4	941 426	1 103
2	中西医结合护理（中英文）	上海交通大学出版社有限公司	2	515 902	511
3	电工技术学报	《电气技术》杂志社有限公司	2	459 912	506
4	中国实用内科杂志	实用医学杂志社(实用医学音像出版社)	2	333 270	209
5	建设监理	上海建科文化传媒有限公司	1	248 630	1 326
6	网络安全和信息化	北京赛迪出版传媒有限公司	2	219 822	479
7	环境工程	《工业建筑》杂志社有限公司	2	199 000	516
8	产品安全与召回	《中国标准化》杂志社有限公司	4	196 784	756
9	中华骨与关节外科杂志	中国协和医科大学出版社有限公司	2	194 699	86
10	中国激光	《中国激光》杂志社有限公司	2	145 774	417
11	先进光子学(英文)（*Advanced Photonics*）	《中国激光》杂志社有限公司	2	126 380	328
12	中国实用外科杂志	实用医学杂志社(实用医学音像出版社)	2	118 633	1 653
13	中国实用妇科与产科杂志	实用医学杂志社(实用医学音像出版社)	2	75 326	439
14	航空学报	航空知识杂志社	4	72 459	350
15	药学学报	《中国药学杂志》社有限公司	1	63 707	220

第六节　各区域期刊传播力分析

一、各区域科技期刊传播力总体分析

表 2-52 统计了 32 个区域各类期刊的参评期刊数和传播力 TOP 期刊数。从参评期刊数量来看，北京市的科技期刊的数量均远高于其他区域，英文学术期刊数量尤为突出，占全部参评英文学术期刊总数的 53.85%。除了北京市以外，上海市和江苏省的科技期刊数量规模也较大。

表 2-52　各区域科技期刊传播力总体情况　　　　　（单位：种）

序号	区域	中文理学学术期刊		中文农学学术期刊		中文医学学术期刊		中文工程技术期刊		英文学术期刊	
		参评期刊数	TOP期刊数	参评期刊数	TOP期刊数	参评期刊数	TOP期刊数	参评期刊数	TOP期刊数	参评期刊数	TOP期刊数
1	北京	143	31	76	20	355	50	590	102	224	28
2	上海	29	5	15	0	66	1	163	12	36	6
3	江苏	26	3	25	3	40	0	126	8	17	0
4	四川	26	1	11	0	44	2	90	3	20	1
5	湖北	29	1	13	3	56	4	85	13	14	0
6	辽宁	17	2	17	1	34	8	93	6	10	2
7	广东	23	1	14	0	58	6	62	5	5	0
8	陕西	22	2	13	0	24	5	86	12	7	0
9	黑龙江	11	0	31	1	24	1	72	4	7	0
10	天津	12	0	7	1	33	1	70	6	9	0
11	湖南	13	0	15	1	28	2	53	3	5	2
12	山东	23	1	11	0	32	2	46	3	8	0
13	浙江	13	0	16	0	23	0	43	0	18	2
14	河南	8	0	13	1	20	1	53	3	7	0
15	河北	12	0	11	1	28	4	41	1	0	0
16	吉林	17	5	14	1	21	6	28	1	8	1
17	安徽	16	0	6	3	31	3	28	1	4	0
18	山西	11	0	5	0	19	3	40	2	2	0
19	重庆	6	0	4	1	18	5	34	7	5	0
20	福建	11	0	17	0	11	0	23	0	3	0
21	广西	11	1	9	1	14	0	24	1	0	0
22	江西	10	0	12	1	11	0	28	2	1	0
23	甘肃	18	2	9	1	8	0	26	0	2	0
24	云南	11	0	7	0	7	0	13	0	3	0
25	内蒙古	8	1	11	0	10	0	9	0	0	0
26	新疆	7	0	8	0	8	0	9	0	0	0
27	贵州	9	0	7	0	8	0	6	0	1	0
28	青海	5	0	4	0	3	0	3	0	0	0
29	海南	2	0	6	2	3	0	0	0	0	0
30	宁夏	3	0	2	0	2	0	3	0	0	0
31	新疆生产建设兵团	2	0	2	0	2	0	1	0	0	0
32	西藏	2	0	2	0	1	0	0	0	0	0

从各区域内 TOP 期刊占该区域期刊总数的比例来看，北京市 TOP 期刊占比达到 16.64%。而值得注意的是，吉林省期刊数量虽然较少，但是中文理学学术期刊和中文医学学术期刊的传播力较为突出，TOP 期刊占比分别达到了 29.41% 和 28.57%。安徽省的中文农学学术期刊传播力也表现较好，该省出版的 6 种中文农学学术期刊中，有 3 种属于传播力 TOP 期刊。

二、各区域科技期刊传播者数据分析

表 2-53 展示了 32 个区域传播者维度下属的 A1~A5 各三级指标均值（0 值不计入统计）。在作者覆盖度方面，海南省和重庆市的作者总人数指标平均值较高，分别达到了 1587.55 位和 1301.46 位，这两个区域的作者所属机构数量均值也较高，分别为 287.64 个和 281.37 个。海南省有 6 种期刊的作者总人数达到了 1000 位以上，3 种期刊的作者总人数达到了 2000 位以上；重庆市有 26 种期刊的作者总人数达到了 1000 位以上，14 种期刊的作者总人数达到了 2000 位以上。

表 2-53 各区域科技期刊传播者指标刊均数值

序号	区域	作者总人数/位	作者所属机构数量/个	高被引作者占比/%	高被引机构占比/%	高级职称编辑占比/%
1	北京	926.38	207.20	12.41	55.38	47.91
2	上海	623.42	139.69	10.00	55.34	49.73
3	江苏	591.55	134.36	11.93	58.06	55.83
4	四川	694.29	149.37	9.99	56.29	53.53
5	湖北	815.58	179.80	10.58	59.27	54.46
6	辽宁	712.95	154.95	10.39	55.32	57.86
7	广东	932.18	203.78	9.23	55.12	49.77
8	陕西	890.27	184.21	10.95	59.96	52.33
9	黑龙江	855.55	203.43	8.76	52.00	63.60
10	天津	694.72	154.26	10.32	53.55	55.02
11	湖南	746.22	169.95	10.51	55.93	58.52
12	山东	705.04	146.41	8.37	52.76	62.41
13	浙江	593.59	124.61	10.00	51.94	56.72

续表

序号	区域	作者总人数/位	作者所属机构数量/个	高被引作者占比/%	高被引机构占比/%	高级职称编辑占比/%
14	河南	755.77	163.65	9.57	55.55	56.24
15	河北	928.27	223.64	8.21	52.06	57.83
16	吉林	957.79	199.79	8.94	57.84	61.89
17	安徽	878.38	194.39	8.80	56.44	56.28
18	山西	922.28	237.62	6.89	44.87	43.82
19	重庆	1301.46	281.37	10.73	57.41	44.12
20	福建	457.89	112.10	7.99	45.60	61.20
21	广西	723.04	148.95	7.85	50.86	52.62
22	江西	745.30	195.13	6.82	45.96	53.39
23	甘肃	608.06	127.68	11.82	56.31	62.00
24	云南	620.68	138.87	7.79	47.36	59.98
25	内蒙古	632.71	162.35	6.49	41.96	58.33
26	新疆	466.96	89.74	9.43	44.87	61.13
27	贵州	714.13	146.87	8.73	48.21	58.56
28	青海	232.87	49.00	4.89	36.29	62.48
29	海南	1587.55	287.64	9.71	52.88	47.95
30	宁夏	731.10	135.60	4.97	45.43	65.33
31	新疆生产建设兵团	413.00	81.83	6.57	44.38	70.23
32	西藏	416.50	97.50	5.58	45.80	59.76

在作者权威度方面，北京市、江苏省、甘肃省所属科技期刊的高被引作者及高被引机构占比较高。北京市科技期刊的高被引作者占比均值达到了 12.41%，江苏省和甘肃省则分别为 11.93% 和 11.82%；陕西省科技期刊的刊均高被引机构占比达到了 59.96%，湖北省和江苏省则分别为 59.27% 和 58.06%。

在编辑专业度方面，新疆生产建设兵团、宁夏、黑龙江、青海、山东、甘肃、吉林、福建等省级行政区的高级职称编辑占比均超过 60%。

三、各区域科技期刊传播内容数据分析

表 2-54 展示了 32 个区域传播内容维度下属的 B1～B4 各三级指标均值（0 值

表 2-54　各区域科技期刊传播内容指标刊均数值

序号	区域	刊均文章总量/篇	国家级基金论文比/%	近3年高 PCSI 论文比/%	近3年高使用论文比/%
1	北京	320.66	32.35	2.71	2.26
2	上海	196.64	27.61	1.96	1.89
3	江苏	191.07	32.43	2.28	1.38
4	四川	215.82	27.97	1.86	1.78
5	湖北	272.51	30.16	2.17	1.34
6	辽宁	248.39	28.40	2.41	1.88
7	广东	334.49	22.86	1.55	1.13
8	陕西	283.53	31.65	1.77	1.21
9	黑龙江	368.18	23.12	1.21	0.78
10	天津	239.72	24.47	1.50	1.06
11	湖南	226.54	24.57	2.08	1.15
12	山东	238.82	29.33	1.49	1.32
13	浙江	174.13	27.40	1.07	1.78
14	河南	263.70	26.89	1.59	1.37
15	河北	439.87	20.71	1.56	1.08
16	吉林	319.96	30.53	2.05	1.60
17	安徽	286.88	23.75	1.25	0.81
18	山西	433.03	15.34	1.07	1.31
19	重庆	394.18	31.53	1.83	1.37
20	福建	211.25	20.00	0.92	0.71
21	广西	238.84	19.41	0.80	0.79
22	江西	367.33	20.65	0.55	0.61
23	甘肃	209.10	33.61	1.49	1.07
24	云南	209.33	28.78	0.95	0.63
25	内蒙古	373.09	17.77	1.92	0.77
26	新疆	164.67	23.40	2.75	1.14
27	贵州	213.97	19.98	0.84	0.80
28	青海	92.21	21.79	1.05	0.78
29	海南	473.64	24.55	1.19	0.78
30	宁夏	273.10	12.03	0.23	0.26
31	新疆生产建设兵团	158.83	28.05	0.00	0.43
32	西藏	180.75	13.78	0.00	0.30

不计入统计）。在发文规模方面，海南省的刊均文章总量较高，因此作者总人数和作者所属机构数量两个指标均值较高。其他区域的刊均文章总量基本分布在 200 篇到 400 篇的区间。

在论文质量方面，甘肃、江苏、北京、陕西、重庆、吉林、湖北 7 个区域科技期刊的刊均国家级基金论文比达到 30%以上；新疆、北京、辽宁、江苏、湖北、湖南、吉林 7 个区域的科技期刊刊均近 3 年高 PCSI 论文比均高于 2%；北京市科技期刊近 3 年高使用论文比的均值达到 2.26%，在 32 个区域中位列第一，其次为上海（1.89%）和辽宁（1.88%）。

四、各区域科技期刊传播渠道数据分析

在传播渠道维度，着重分析各区域科技期刊的新媒体渠道建设情况。表 2-55 统计了各区域开通新媒体账号的期刊数量以及占区域内期刊总数的比重，以及期刊的新媒体平台数量和新媒体文章数量。

表 2-55　各区域科技期刊新媒体传播渠道数据分析

序号	区域	开通新媒体账号期刊数量/个	开通新媒体账号期刊占比/%	刊均新媒体平台数量/种	刊均新媒体文章数量/篇
1	北京	903.00	65.06	1.31	220.20
2	上海	149.00	48.22	1.21	173.58
3	江苏	141.00	60.26	1.17	128.95
4	四川	113.00	59.16	1.10	122.42
5	湖北	120.00	60.91	1.18	146.91
6	辽宁	98.00	57.31	1.24	133.89
7	广东	95.00	58.64	1.19	136.78
8	陕西	108.00	71.05	1.24	153.87
9	黑龙江	66.00	45.52	1.09	73.79
10	天津	74.00	56.49	1.15	190.55
11	湖南	71.00	62.28	1.10	85.38
12	山东	70.00	58.33	1.07	106.09
13	浙江	62.00	54.87	1.11	118.08

序号	区域	开通新媒体账号期刊数量/个	开通新媒体账号期刊占比/%	刊均新媒体平台数量/种	刊均新媒体文章数量/篇
14	河南	61.00	60.40	1.11	107.68
15	河北	40.00	43.48	1.13	74.29
16	吉林	38.00	43.18	1.18	217.16
17	安徽	37.00	43.53	1.16	119.10
18	山西	41.00	53.25	1.17	103.40
19	重庆	44.00	65.67	1.27	123.16
20	福建	29.00	44.62	1.10	19.41
21	广西	29.00	50.00	1.24	159.04
22	江西	28.00	45.16	1.11	81.11
23	甘肃	36.00	57.14	1.08	42.65
24	云南	15.00	36.59	1.13	34.33
25	内蒙古	14.00	36.84	1.29	44.22
26	新疆	6.00	18.75	1.00	15.60
27	贵州	13.00	41.94	1.08	78.43
28	青海	3.00	20.00	1.00	27.00
29	海南	7.00	63.64	1.00	41.00
30	宁夏	2.00	20.00	1.00	27.00
31	新疆生产建设兵团	1.00	14.29	1.00	0.00
32	西藏	1.00	20.00	1.00	92.00

陕西省、重庆市、北京市科技期刊新媒体渠道建设情况较好，开通新媒体账号期刊占比分别达到了 71.05%、65.67% 和 65.06%。总体而言，绝大多数期刊仅在一种平台开通了新媒体账号。在新媒体传播渠道活跃度方面，北京市科技期刊新媒体账号活跃度较高，刊均新媒体渠道文章总量为 220.20 篇，其次是吉林省和天津市，刊均新媒体渠道文章总量分别为 217.16 篇和 190.55 篇。

五、各区域科技期刊受众数据分析

表 2-56 展示了 32 个区域受众维度下属的 D1、D2 两项三级指标均值（0 值不计入统计）情况。

表 2-56　各区域科技期刊受众指标刊均数值

序号	区域	刊均国内外使用总频次/次	刊均新媒体渠道关注总人数/人
1	北京	66 452.51	58 574.64
2	上海	39 921.44	33 975.25
3	江苏	42 043.92	19 859.03
4	四川	45 205.65	19 807.08
5	湖北	55 696.49	38 169.02
6	辽宁	55 591.60	24 212.85
7	广东	59 135.03	19 619.70
8	陕西	62 638.84	22 340.47
9	黑龙江	61 364.79	13 926.67
10	天津	54 029.64	21 219.26
11	湖南	52 122.75	14 030.59
12	山东	47 146.66	97 507.55
13	浙江	35 132.41	16 275.11
14	河南	50 945.96	12 352.42
15	河北	67 261.33	23 309.50
16	吉林	65 307.07	97 318.65
17	安徽	54 810.25	20 089.29
18	山西	78 650.96	9 959.86
19	重庆	94 315.53	20 058.80
20	福建	34 877.33	8 743.93
21	广西	44 726.26	22 075.04
22	江西	55 233.80	15 092.57
23	甘肃	38 638.27	12 125.77
24	云南	38 027.18	142 923.25
25	内蒙古	48 258.60	9 886.45
26	新疆	26 997.41	14 172.17
27	贵州	43 792.40	9 951.00
28	青海	10 301.13	20 210.00
29	海南	114 144.00	9 173.50
30	宁夏	43 600.80	2 459.00
31	新疆生产建设兵团	24 009.00	0.00
32	西藏	18 362.75	28 397.00

海南省、重庆市、山西省是刊均国内外使用总频次最高的 3 个区域，刊均国内外使用总频次达到 7 万次以上。云南、山东、吉林的刊均新媒体渠道关注总人数位居前列，分别达到 142 923.25 人、97 507.55 人、97 318.65 人。

六、各区域科技期刊传播效果数据分析

表 2-57 展示了 32 个区域传播效果维度下属的 E2、E4～E6 四项三级指标均值（0 值不计入统计）情况，由于年纸本发行量（E1）指标与期刊类型高度相关，因此此处不进行刊均情况分析，被科技新闻提及次数（E3）指标涉及期刊数量较少，同样不进行刊均情况分析。

表 2-57　各区域科技期刊传播效果指标刊均数值

序号	区域	国内外被引频次/次	新媒体渠道总阅读量/次	新媒体渠道总点赞量/次	新媒体渠道总转发量/次
1	北京	3 676.50	186 201.73	896.37	609.86
2	上海	2 293.85	188 331.35	933.07	557.19
3	江苏	2 369.41	85 879.05	435.57	265.16
4	四川	2 163.52	51 220.74	236.46	145.13
5	湖北	3 010.61	154 228.42	794.36	655.43
6	辽宁	3 046.68	107 668.12	531.80	358.30
7	广东	2 075.68	54 660.96	300.43	199.23
8	陕西	2 900.27	51 619.30	316.48	178.26
9	黑龙江	2 344.45	9 250.55	55.40	39.27
10	天津	2 299.66	154 333.68	584.75	458.25
11	湖南	2 428.31	39 646.48	232.13	124.05
12	山东	1 784.05	32 686.89	754.12	194.00
13	浙江	1 695.99	182 944.28	552.58	357.51
14	河南	2 098.85	31 765.42	222.46	124.86
15	河北	2 257.83	32 101.48	196.11	122.37
16	吉林	2 983.20	311 537.03	3 207.03	2 527.13
17	安徽	2 247.23	171 353.10	408.14	455.59
18	山西	1 757.93	35 563.55	178.19	115.09

续表

序号	区域	国内外被引频次/次	总阅读量/次	总点赞量/次	总转发量/次
19	重庆	3 706.26	86 482.62	474.68	273.57
20	福建	978.63	6 019.77	44.26	32.83
21	广西	1 438.40	59 323.26	276.00	213.40
22	江西	1 211.10	13 958.55	126.73	68.47
23	甘肃	2 483.74	21 362.96	164.81	90.50
24	云南	1 370.22	8003.50	77.00	28.64
25	内蒙古	1 796.14	12 721.33	151.78	68.22
26	新疆	1 470.43	4738.20	38.00	15.00
27	贵州	1 982.97	24 343.86	147.29	81.33
28	青海	612.00	7047.33	95.67	56.00
29	海南	3 121.27	10 565.75	31.75	9.00
30	宁夏	921.70	5411.00	47.00	15.00
31	新疆生产建设兵团	535.67	0.00	0.00	0.00
32	西藏	223.80	46 503.00	488.00	245.00

统计结果可见，重庆市和北京市科技期刊的传播效果普遍较强，其中国内外被引频次刊均分别达到 3706.26 次和 3676.50 次。吉林省科技期刊在新媒体渠道上产生了较好的传播效果，新媒体渠道总阅读量、新媒体渠道总点赞量、新媒体渠道总转发量的刊均数值分别为 311 537.03 次、3207.03 次和 2527.13 次，在 32 个区域中均位列第一。此外，上海市和北京市的科技期刊在传播效果方面也有突出表现。

致谢

汤丽云、林丹丹、翟巧灵、曹红玉、郭皇。

参考文献

[1] Lasswell H D. The structure and function of communication in society[J]. The Communication of Ideas, 1948, 37(1): 136-139.

[2] 蒋学东."5W"传播模式下科技期刊传播的"变"与"应变"——基于媒体融合背景[J]. 出版科学, 2018, 26(3): 78-81.

[3] 高存玲, 庞峰伟, 苏静怡. 动互联网背景下科技期刊传播力提升策略: 基于 5W 模式的研究[J]. 中国科技期刊研究, 2020, 31(5): 506-512.

[4] 邵培仁. 传播学[M]. 北京: 高等教育出版社, 2000: 1-289.

[5] 刘建明, 王泰玄, 谷长岭, 等. 宣传舆论学大辞典[M]. 北京: 经济日报出版社, 1993.

[6] 段京肃. 传播学基础理论[M]. 北京: 新华出版社, 2003.

[7] 关卫屏, 刘斌, 游苏宁. 科技期刊"受众即市场"理论初探[J]. 编辑学报, 2011, 23(1): 5-7.

[8] 胡先砚. 基于传播学视点的学术期刊受众分析[J]. 孝感学院学报, 2012, 32(2): 114-118.

[9] 胡正荣, 张磊, 段鹏. 传播学总论(第二版)[M]. 北京: 清华大学出版社, 2008.

[10] 林坚. 论科技传播中的信息选择[D]. 北京: 中国人民大学博士学位论文, 2000.

[11] 王荣兵. 提升我国科技期刊传播效果的对策[J]. 东南传播, 2010(7): 91-94.

[12] 王跃飞. 学术期刊深层传播效果初探[J]. 中国出版, 2004(9): 57-58.

第三章　我国科技期刊传播要素分析①

第一节　科技期刊传播者分析

一、科技期刊传播者的现状及问题

（一）作者的现状及问题

1. 作者发文的动力

作为科技期刊核心的生产者及传播者，作者投稿科技期刊受到了自身工作需求、职级晋升需求、自身成长需求等多方面因素的影响，这些因素也成为作者发文的动力。随着自媒体的兴起，作者还可以通过自媒体、学术社区等渠道传播自己的研究成果，更加方便快捷地参与学术交流。

2. 作者发文的现状及问题

我国在部分科研领域已经走在了国际前列，但是我国科技期刊的整体水平，尤其是高水平的科技期刊仍然无法满足我国作者的发文需求。这也使得我国大量优秀科研论文外流。与此同时，个别作者出于各种压力，在发表科技论文时，也会在学术道德和出版道德方面存在问题。2022年2月，211家中国科学技术协会全国学会联合发布《中国科协全国学会学术出版道德公约》，要求作者恪守出版伦理道德，确保论文撰写诚信规范，不抄袭、不剽窃，不通过第三方购买、代写、代投论文等。

---

① 第三章执笔：刘建华、韩丽、梁永霞、韩婧、张义川。

（二）编辑的现状及问题

1. 期刊编辑的职责

作为沟通作者、审稿人、编委会、读者等相关人员的桥梁和纽带，科技期刊编辑承担着重要职责。期刊编辑日常需要完成初审、复审、终审等论文审理工作，以及编辑加工及校对工作，此外，期刊编辑在日常工作的同时，需要搜集和研究有关学科的科研动态，编辑出版领域的行业信息，针对最新的研究领域完成选题和组稿策划，面向专家学者实施组稿约稿。这方面的工作是保障期刊质量、提升期刊内容价值的重中之重，需要花费大量的时间和精力。此外在期刊内容宣传方面，除了传统的全文宣传推广以外，编辑还需要对文章内容进行解构，析出更多的知识服务产品进行多渠道、多形态的产品传播。

2. 期刊编辑的现状及问题

随着科研产出量的不断提高，期刊编辑工作面临着巨大挑战。一方面，由于长期脱离一线科研工作，期刊编辑在把握科学前沿方面仍然需要持续不断地学习。另一方面，在媒体融合发展的当下，文章在出版后还需要开展大量的宣传推广工作，这也是期刊编辑以往不太重视的地方。在编辑出版领域发展日新月异的今天，大量的 AI、增强现实(augmented reality，AR)、VR 等高科技产品应用到期刊出版传播领域，这就要求期刊编辑必须与时俱进，保持终身学习的状态，持续了解最新的技术和理念，培养新型媒体传播的能力，并逐步应用于日常的工作中。

（三）编委及审稿人的现状及问题

1. 编委及审稿人的组成

科技期刊出版有其独特性，就是科技期刊的作者与编委或审稿人高度重合，也就是说一个作者同时可能是期刊的编委、期刊的审稿人、期刊的读者。身份的重叠也就造就了科技期刊传播者高度重合、高度统一的特性。从同行评议的角度来看，全部参与同行评议的人都可以认定为期刊的审稿人，其中科研能力较强、与期刊研究范围更为契合、对期刊的发展做出更多贡献的人会成为期刊的编委。

2. 参与同行评议的现状及问题

在传统的同行评议过程中，科技期刊论文需经过三审三校。主编或者编辑指定审稿人，审稿人参与同行评议，包含初审、复审、终审。随着开放科学的发展，开放评审、透明评审等新型同行评议模式促进期刊同行评议的流程更加透明、开放。编委、审稿人参与同行评议的过程，本身就是学术交流、学术传播过程，在同行评议发展的过程中，审稿人的作用至关重要，是决定同行评议能否顺利进行的关键。因此，期刊选择的审稿专家的权威性、审稿人与论文的研究领域的契合度、审稿人审稿的客观性、审稿人参与同行评议的意愿和经验，以及同行评议审理结果的可信度等都会对同行评议的结果造成一定影响。

（四）媒体融合发展下的其他传播者

媒体融合发展下的科技期刊的传播者范围不断扩大，从作者、审稿专家、编辑等拓展到了每一位读者、自媒体编辑等。而媒体融合发展的环境下，作者与读者的身份高度重合，一方面作者成为自媒体人，传播自己的研究成果。另一方面，读者、自媒体人在传播成果的过程中，对成果进行点评、二次创作等，也使得他们成为了新的作者。不断扩大的传播者范围使得内容经过多次加工和创作，内容的版权问题逐渐显现，内容的真实可靠性经受多重考验。

二、提升传播者传播能力的策略

（一）提升作者的生产力

作者作为科技期刊传播者之一，是内容生产的核心力量。因此，提升传播者生产力，尤其是作者的生产力显得尤为重要。

1. 培育作者

科技期刊需要广泛地培育作者，给作者提供科学写作方面的培训。大多数作者十分擅长学术研究和知识创新，但将学术研究和知识创新转化为科技期刊可以传播的论文，仍然需要作者掌握科技语言的用法与标准，准确地表达语言，较好地组织实验素材，将试验结果合理地呈现。

首先，需要编辑在期刊的须知中给出规范模板，在投稿和返修的过程中，不断地与作者沟通，同时也要经常性地举行线上、线下的培训班来不断地培养作者的科技写作能力。其次，培育作者的创新能力。作者通过投稿与科技期刊产生联系，期刊编辑通过送审稿件，就稿件的学术水平和存在的问题给予作者反馈。在反馈与作者修改的过程中，作者学习了大量的相关知识及改进方法，从而促进自身打开科研思路，完善科研论文。最后，编辑还需要强化作者的学术伦理和学术道德意识。

2. 调动作者的积极性

加大期刊的宣传力度，尤其在当下融媒体出版、新媒体传播渠道全面发展的环境中，期刊应通过品牌建设和影响力提升，吸引更多的读者转变为作者，调动作者投稿的积极性。通过组织多样化的学术直播会议、科研思路训练、科技写作培训等活动，提升作者参与期刊活动及参与办刊的积极性。作者在参与传播的过程中，通过角色转变成审稿人、读者、二次创作者等，承担了不同的传播任务，只有调动作者的积极性，才能更好地提升期刊的传播力。

3. 提升作者的参与度

科技期刊也可以在办刊过程中有意识地提升作者的参与度。一些资深作者可以参与期刊的同行评议，一方面让作者更深入地参与办刊工作，另一方面也是培育作者不断成长为审稿人的过程。期刊通过期刊网站、微信公众号等平台以多种形式发布已发表文章以后，作者作为论文生产者既可以帮助期刊宣传自己的文章，也可以通过期刊网站、公众号以及其他平台参与文章的留言、回评等活动，通过这些举措来拉近文章作者与读者之间的距离，提升作者的参与度。

（二）提升编辑的生产力

随着出版技术的发展与出版模式的创新，期刊不再仅仅是科技论文发表的载体，越来越多样化、多元化、科技化的期刊产品应运而生。期刊编辑除了完成传统的组稿约稿、编辑审校等日常工作以外，还需要参与期刊的市场运营、新媒体传播等工作，这对期刊编辑的素质和能力提出了更高要求。

在专业领域，随着组稿约稿的需求不断攀升，编辑应跟踪科技前沿，对专业领域的创新成果保持敏感性，从而抓到更多的优质稿件。

在传播领域，编辑也应该跳出传统纸媒传播、电子版传播的单一格局，更多地关注包括视频、音频在内的多种传播形式，在更广阔的传播渠道中找到期刊独特的存在方式。

此外，科技期刊编辑还需要着重提升沟通能力。一方面，编辑需要准确清晰地向作者传达期刊的办刊理念、期刊的审稿原则、期刊的质量标准等信息；另一方面，良好的沟通能力可以帮助编辑挖掘更多的作者，找到更合适的审稿人，帮助更多的读者成为作者、审稿人，从而推动期刊的交流、传播功能。

第二节　科技期刊传播内容分析

一、科技期刊内容的类型与特点

（一）科技期刊内容的类型

根据 1991 年发布的《科学技术期刊管理办法》第二章第五条[1]，科学技术期刊包括以下 5 种。①综合性期刊，指以刊登党和国家的科技方针、政策和科技法律、法规，科技发展动态和科技管理为主要内容的期刊。②学术性期刊，指以刊登研究报告、学术论文、综合评述为主要内容的期刊。③技术性期刊，指以刊登新的技术、工艺、设计、设备、材料为主要内容的期刊。④检索性期刊，指以刊登对原始科技文献经过加工、浓缩，按照一定的著录规则编辑而成的目录、文摘、索引为主要内容的期刊。⑤科普性期刊，指以刊登科普知识为主要内容的期刊。因此，学界根据国家出台的《科学技术期刊管理办法》，一般把科技期刊划分为五类：学术类期刊、技术类期刊、科普期刊、检索类期刊、综合类期刊。

（二）不同类型科技期刊的特点

本书重点讨论学术类期刊、技术类期刊及科普期刊的内容特点。

1. 学术类期刊的内容特点

学术类期刊，是一种经过同行评审的期刊，发表在学术类期刊上的文章通常涉及特定的学科。学术类期刊展示了研究领域的成果，并起到了公示的作用，其内容主要以学术论文、原创研究、综述文章、研究报告、书评等形式的文章为主。这些内容要求科学性、原创性、前沿性、规范性，尤其以创新性为最高目标。

2. 技术类期刊的内容特点

技术类期刊，指以刊登新的技术、工艺、设计、设备、材料为主要内容的期刊，发表在技术类期刊上的文章通常与某一特定行业、产业相关，与企业创新相关，其定位一般都是促进工业技术进步、为产业升级与产业可持续发展服务。技术类期刊的内容也要求有技术性、创新性、前瞻性、完整性，但更加突出实用性、经济性。

3. 科普期刊的内容特点

科普期刊是专门宣传普及科学知识的刊物，主要任务是普及全民的科学文化意识，提升民众的科学文化素质。科普期刊内容的主要特点是科学性、通俗性、趣味性，有些科普期刊还有很强的可读性和收藏价值。

二、科技期刊内容的现状及问题

（一）国外科技期刊内容

国外科技期刊包含的内容很丰富，并无明确的学术类期刊、技术类期刊、科普期刊之分。国外科技期刊除了包含学术内容外，还有许多非学术文章及栏目。本节以《自然》为例来说明。

《自然》是一份国际周刊，根据其原创性、重要性、跨学科、及时性、可访问性和令人惊讶的结论，发表所有科学和技术领域经过同行评审的最好研究成果。《自然》由多个栏目组成，除常规学术论文栏目（Brief Communication、Review、Article、Letter）外，还有多个非学术论文栏目。这些栏目发表了大量科普文章。《自然》在办刊宗旨中明确指出"同时提供及时、权威和有深度的新闻，以及对科学、科学家和大众有影响力的专题和未来趋势分析"，承认自身的科普性质，被认为是学术和科普的两栖期刊。从 1869 年创刊以来，《自然》就有非常丰富的栏目及内容。百年来，其内容一直创新发展。伴随新技术的发展，其网站包含了更多的衍生内容，如 Research Articles、News、Opinion、Research Analysis、Careers、Books & Culture、Podcasts、Videos、Current issue、Browse issues、Collections、Subjects 等[2]。

非学术文章包含由科学家、期刊编辑、专业撰稿人等撰写的新闻性、评论性报道，内容可包含科技新闻（内容可以涉及或不涉及近期发表的学术文章）、科教政策评论、人物报道等科研工作者关注的方面，但不包含由科学家撰写的学术性短文。有学者[3]研究，国外综述类高水平期刊的非学术栏目大致可分为 4 类：Perspectives、News and Analysis、Research Highlight 和 Correspondence。与综述类高水平期刊相比，高水平研究类科技期刊的非学术栏目种类多且杂，大致分为 Editorial/Perspectives、Comment/Commentary、Research Highlight、News and Views 和 Correspondence 5 类。

当然也有专门的科普期刊，如《科学美国人》（*Scientific American*）。《科学美国人》经过百年的历练和洗礼一直处于科普期刊的领先地位，这与其自身明确的定位与办刊宗旨是分不开的。其创始人对该刊的定位就是消遣和指导。一百多年来办刊人秉承这个宗旨，持续报道科学技术上的突破事件，为普通民众提供权威和主要的科学技术信息和政策，满足普通大众的需求。《科学美国人》在内容和形式上都积极践行这样的宗旨。在内容上，《科学美国人》报道最新的科学技术进展，甚至预知最新的科学技术发展趋势，正是由于把握最先进的知识和进展，才能引起科学爱好者及公众的兴趣，持续处于时代前沿。在形式上，《科学美国人》也不拘一格，为了满足普通大众对科学知识的需求，尽可能用最平实的语言，最富于表达的图片，最具有吸引力的广告，最能接受的出版形式把杂志呈现在公众面前，从而达到最大的发行量和最广泛的传播效果[4]。

另外，随着新技术的发展，开放科学日益成为潮流，一些新的因素与元素不断融入科技期刊，科技期刊出现了很多新的内容。例如，新媒体的出现，促使编辑部对原期刊内容进行再创作，产生了不同形式的微文。《实验视频期刊》《教育教学视频期刊》（*Video Journal of Education and Pedagogy*）等视频期刊的出现，使得视频成为期刊的内容之一。数据论文是大数据时代一种新兴的学术论文出版类型，它旨在描述科学数据本身，意在推动科学数据共享。国际上数据论文发展迅速，不但有期刊开通了数据论文发表通道，还涌现出了一批数据期刊[5]。数据论文及数据期刊的出现也极大丰富了科技期刊的内容。

（二）中国科技期刊内容

随着我国科学研究水平的快速提高和科研产出的大幅增加，我国科技期刊也加速发展，尤其是 2019 年中国科学技术协会等七部门联合实施"中国科技期刊卓越行动计划"以来，部分中英文科技期刊开始以"世界一流期刊"为目标快速发展，学术质量和影响力都有显著提高。本节以部分卓越行动计划期刊为例来简要归纳我国科技期刊的内容。

1. 学术类期刊的内容

以卓越行动计划 22 种领军期刊为例，对我国学术类期刊的内容进行了简要梳理。学术类期刊设置的主要栏目有：Original Articles、Review Articles、Research Articles、Reviews & Analysis、News & Comment、Research Highlights、Letters 等。当然，也有少数几种期刊没有设置明确栏目。另外，我国越来越多的英文科技期刊开始重视非学术栏目的设置与建设，在学术论文之外，刊发新闻类、评论类、访谈类等多种类型的文章，为读者提供更为丰富的信息[6]。例如，《国家科学评论（英文）》设置了 Editorial（社论）、Reviews（综述）、Perspectives、Research Highlights、Letters & Commentaries（短评）、Interviews（访谈）、Forum（论坛）、Special Topic（专题报道）等栏目。此外，部分期刊也设置了特色栏目，如《细胞研究（英文）》的封面故事，《中华医学杂志（英文版）》的 Technical Notes、Consensus Statement、Meta Analysis、Clinical Observation 等。

2. 技术类期刊的内容

同样对卓越行动计划中的部分技术类期刊（主要是中文刊）进行调研与分析，

结果发现，技术类期刊的内容也主要是综述、研究论文、研究简报，还有一些是专题报告、试验研究、标准规范、技术动态。与学术类期刊不同的是，技术类期刊非常欢迎扩试报告、中试报告、技术在行业推广和应用类的文章。

技术类期刊在栏目设置上比较细致，如有该行业材料、技术、工程、产品的详细分支，且优先刊登来自企业和院所结合的文章。技术类期刊作为企业与科研院所之间的桥梁，搭建了非常好的平台，其内容与企业创新有着非常密切的关系，促进了整个行业链或者产业链的创新，协助传播了企业创新成果。一些高端的技术类期刊，如《工程（英文）》主要刊登工程科技领域战略咨询研究成果。与人民生命健康相关的护理类期刊，如《中华护理杂志》主要刊登与护理相关的专科实践与研究、政策理论研究、管理教育、护理工具革新等技术内容。

3. 科普期刊的内容

卓越行动计划支持的期刊中，科普期刊仅有 5 种。我国科普期刊宣传的内容主要包括 4 个方面：一是科学常识和当代科学新发现；二是工农业生产的实用科技；三是衣、食、住、行、玩、健身等生活知识；四是科学幻想小说等科学文艺作品。以《知识就是力量》为例，该刊创刊于 1956 年，以"特别策划""探索发现""学海新知"等栏目向青少年普及国家重大科技热点和专业系统的科学知识。"科学有料""非遗专栏""学海新知"等栏目寓教于乐，传递最新的科学知识。2014 年 1月，《知识就是力量》改刊后开始了传统媒体与新媒体融合发展的新征程。以纸刊为核心进行内容结构再造，着力开发融媒体科普产品，成功搭建了移动刊、互联刊、数字刊和微刊多刊联动，中文版、英文版、藏文版、盲文版多语种版本互通，微平台、网站、线上线下科普活动互动，为公众提供"有知、有趣、有用、有益"的科普知识[7]。

（三）国内外科技期刊对比分析

1. 栏目设置

期刊栏目设置反映了一本期刊的办刊宗旨，是其文章内容、性质、特色、风格的集中体现，栏目设计是否科学、合理及有特色关系到期刊的整体形象及质量。期刊栏目可以发挥导引作用，直接、快捷地引导读者去读其感兴趣的文章。期刊栏目越清晰、越明确、越新颖，读者阅读的兴趣越大，目的性越强。从前文分析可见，以《自然》为代表的国外顶尖综合性期刊的栏目设置非常丰富。虽然我国的科技期刊也有设置部分非学术栏目，但还是有一定差距。根据赵维杰和任胜利[5]的研究，卓越行动计划支持的英文期刊中，常设科技新闻类栏目的仅有《工程（英文）》和《国家科学评论（英文）》。常设人物报道类栏目的期刊包括《国家科学评论（英文）》《中国科学：生命科学（英文版）》（*Science China Life Sciences*）和《蛋白质与细胞》（*Protein & Cell*），但这些栏目的内容和形式均与《自然》和《科学》的相应栏目有显著不同。与国外相比，中国科技期刊普遍存在栏目设置不够丰富、非学术类发文量较少等问题。

2. 作者来源

从作者属性来看，《自然》的非学术栏目文章作者主要包括以下 3 类：①期刊编辑，主要负责编写短篇报道，包括短篇新闻、短篇论文介绍等；②专业撰稿人，主要负责撰写中篇、长篇的新闻报道和人物报道；③科学家，主要提供观点评论性和论文介绍类文章，也分享自身职业经历与感受[2]。《科学美国人》有强大的科普创作队伍，多数撰稿者都是某一学术领域甚有建树的杰出科学家，甚至若干诺贝尔奖得主。除了顶级科学家外，还有一些固定的核心作者为《科学美国人》撰稿[4]。反观我国的科技期刊，除了少数文章是外籍专业撰稿人撰写外，大多数作者都是科学家，而非编辑或专业撰稿人[6]。《知识就是力量》的作者来源相对多元，据统计，先后累计 5700 余位科学家、科技工作者、科普作家成为杂志的创作者[7]。

3. 内容表现形式

科技期刊的四封、栏目设置、图表、网站、广告、融媒体等都是其内容的延续及表现。科技期刊的封面是展现期刊内容的窗口，优秀的期刊封面不仅能够引起作者与读者的共鸣，而且可以激发读者连续关注该期刊内容的兴趣。研究表明，封面对于期刊的影响力不可低估，科技期刊的封面故事图片兼备科学美和艺术美，对于科技成果的传播起到重要作用。与《自然》《科学》《细胞》等国际顶级科技期刊的封面故事数量相比，我国科技期刊普遍有一定差距，与我国蒸蒸日上的科研水平形成反差[8]。我国的科技期刊编辑部在封面设计方面，还处于比较被动的、简单的延续状态。在期刊网站服务方面也如此，研究发现，国外林业期刊网站服务具备全面化、全程性和侧重性等特点，相比之下，国内林业期刊网站的服务逊色许多，栏目设置及内容单一，对作者的专项服务有待加强，论文增值服务还需更加全面和细致[9]。

（四）中国科技期刊内容结构存在的问题

1. 内容体系不完备

从前文的分析可以看出，即使是卓越行动计划期刊，仍然存在内容类型单一、非学术栏目较少甚至没有的问题。科技期刊作为学术交流与传播的重要媒介，不仅应当发表和宣传学术文章，达到发布和交流研究成果的目的，也应当通过发表各类非学术文章促进科技工作者所关注的其他各类信息的交流。科技期刊的学术栏目与非学术栏目应相辅相成，为科研工作者构建一个信息发布与交流平台。我国的科学家需要一个能够向世界准确传达自身观点的平台，我国科技期刊也应当自主建设高质量、有国际影响力的非学术栏目体系，向世界准确传达中国科学家的声音[6]。

2. 作者来源单一

从前文的分析可以看出，我国科技期刊的作者基本上就是科学家与科研人员，缺乏专门的撰稿人。对于不同的栏目与受众，还是应该有明确的职责分工。诚然，有些科学家也许能把一些科普文章写的通俗易懂，但是对于大多数科学家来说，他们的主要精力还是要放在其专门的研究上去，科普文章还是交给科普作家撰写为宜。

3. 内容规模及形式不完善

许多卓越行动计划期刊借船出海，大多使用国外的出版传播平台，可以享受到国外出版传播平台较为完善和细致的服务。但国内期刊网站建设程度不一，有的已经达到与国外期刊传播平台同等水平，但大部分还处于初级阶段。即使可以针对期刊内容进行增强服务，但服务的精细化程度各不相同。大多数期刊网站内容表现形式单一，研究表明，即使已经按期更新封面的期刊，多数也未及时更新网站图片，网站形式单一固化，图片展示内容匮乏[10]。此外，国内期刊网站也很少应用多媒体，内容时效性上也有待加强。

三、新时代促进科技期刊内容创新的路径

（一）提升内容质量

1. 提升对内容生产者的知识服务

科技期刊应进一步加强对内容生产者的服务，针对内容生产者的特点提供政策解读、专业指导、资源和工具推荐、最新科研信息和行业消息推送等更全面、全程化的细致服务；努力提高作者服务内容的广度和深度，提供丰富、精细的学习资源和精准、专业的个人服务[9]。例如，积极主动了解科学家的撰写计划、撰写难点和其他需要编辑协助的情况。

2. 开发多种类型的作者

科技期刊的非学术论文尤其需要开发不同类型的作者，这就需要编辑部拓宽视野，发掘、培养可以撰写科普文章、科技新闻的作者。在作者队伍的建设上，科技期刊一方面可以培训内部的工作人员，提高其科普文章和科技新闻写作的能力；另一方面，拓展对外征稿途径和范围，以具有自然科学背景、掌握丰富科学知识的科研人员为首要约稿对象，确保科普文章和科技新闻中相关科学知识的准确性。也可以适当增加对人文学者的约稿，与科技人员形成互补，更全面地传播科学知识与科学文化。

3. 全流程深入挖掘内容

媒体融合背景下，有条件的期刊可针对同一篇有广泛传播价值的学术论文编写一系列非学术文章，以不同的篇幅、从不同的角度、在不同的时间、于不同的媒介

（如纸刊、网刊、微信、微博）对其进行宣传。例如，《知识就是力量》就是以纸刊为核心，创新"音频+视频+数字刊"阅读模式，打造"知识就是力量"多形态科普产品矩阵[7]。

（二）创新内容表达形式

1. 内容延伸或碎片化

开放科学时代，一切可为内容。科技期刊原来是以论文为主要内容，现在只要与论文相关的要素，都可以进行分解、整合、延伸、改写等，形成新的内容。例如，可以把论文碎片化，其摘要、图片、数据都可以作为独立的内容进行制作。发展到元宇宙空间里，视频型科技期刊应在内容表达上进一步发展，内容由平面变为立体，由二维、三维转变为多维，由抽象发展到具象。

2. 增强出版

增强出版是构建语义出版物的另一种思路，以帮助读者阅读和理解论文内容为目标，通过关联外部资源，借助语义标签、实体链接、可视化等多种语义增强方式，丰富论文内容的表现形式[11]。增强出版广泛运用音频、视频、可视化、动态图像、超链接、关联数据集、二维码等多媒体技术和手段丰富论文内容的表现形式。例如，《口腔医学研究》《世界地质》等多种期刊加入开放科学计划（open science identity，OSID），通过在文章添加 OSID 码，利用音频、视频介绍论文内容，实现作者与读者在线交流[12]。

3. 根据传播渠道精准制作不同形式的内容

如前所述，内容可以有多种表现形式，要根据不同的需求进行制作与发布。例如，纸刊上就刊登形式完整、包含论文各个要素的论文，有封面、有目次等。在官网上发布的期刊论文，就可以单独增加图文摘要、视频、音频、数据集等内容。而在微信、微博发布的内容就要简洁明了，适合碎片化阅读与转发分享。在其他社交平台上发布也要根据平台用户的特色制作不同时长的视频内容。与中华文化特色相关的论文，则可发布多语言版本。

（三）增大内容规模

1. 增加特色栏目

期刊可以根据各自优势设立适合的特色栏目，形成期刊内容的创新。例如，北京协和医院作为国内首屈一指的综合性医院，其多科会诊和大查房在国内享有很高的声誉，期刊可以设立多科会诊或大查房专栏，将其内容刊登出来，满足临床医生的需求，提升期刊的影响力[13]。

2. 开放数据共享

开放科学时代，开放共享数据是内容创新的又一个源泉。不同学科的研究者可能对相同的数据集做出不同的结果与解释，从而促进科学交流，成就颠覆式创新。通过数据共享的机制，也许会形成新的合作与交流，拓展期刊原有的内容，期刊搭建了新的内容产出的平台。

第三节　科技期刊传播渠道分析

为了适应互联网时代传播渠道的新变化，让科技论文和科技成果得到更有效的传播和应用，科技期刊在渠道融合方面不断进行探索，覆盖了基于不同媒介、不同终端、不同互联网应用平台的各种传播渠道，给科技期刊的传播在广泛性、时效性、精准性方面带来了前所未有的进步。

一、我国科技期刊传播渠道基本情况

传统媒体和新兴媒体的深度融合发展是出版业的发展方向，推动媒体融合，首先就是渠道的融合。伴随着信息技术的发展，在相关政策文件的指引和推动下，我国科技期刊积极开展传播渠道方面的探索。

（一）内容分发渠道

随着出版数字化的推进，出版的形态已经发生了重要的变化，科技期刊在传播过程中，"刊"的概念逐渐被"篇"所取代。科技期刊实现数字化出版，为科研人员提供了更方便的检索形式和更丰富的相关数据。

1. 纸质期刊

纸质期刊依然是当下我国科技期刊的主要传播渠道。科技期刊与大众期刊不同，科技期刊是小众媒体，内容形式和体裁比较单一，写作和版式都有比较规范的标准，更适合纸本介质。此外，纸质期刊的刊物特色、专栏结构、专题策划等的呈现，一定程度上可以体现出单一传播渠道的内容集聚效应。然而，参加 2020 年检的 4931 种科技期刊中，25.63%的期刊平均期印数在 1000～1500 册，只有 5.70%的期刊平均期印数在 1 万册及以上；55.11%的科技期刊发行量在 1500 册以下[14]。纸质期刊是传统的物理传播渠道，2014～2020 年，科技期刊在平均期印数和发行量方面连续下降，纸质期刊渠道对于科技期刊传播信息的贡献度不高，正面临着"渠道失灵"的局面。

2. 单刊网站

目前大多数科技期刊都开通了期刊官方网站，与移动媒体平台相比，网站数字化建设相对完备。科技期刊网站功能主要集中在期刊内容的发布、稿件在线处理、行业服务、互动交流等方面。其中，电子版论文内容和期刊相关信息的展示是网站的核心功能。单刊网站传播的集中性，可以帮助读者更精准地获取信息。行业服务功能内容包括行业资讯、学术活动信息等。互动交流方面除了期刊联系方式外，大多是读者关于投稿的咨询，与网站浏览者的交互程度远远不够。参加 2020 年检的 4931 种科技期刊中，57.21%的期刊填报了期刊网站年点击量，16.41%的网站年点击量在 1 万次（不含）以下，网站年点击量在 1000 万次以上的期刊仅占 1.10%[14]。由此可以看出，单刊网站未能充分发挥互联网优势，建立有效的学术交流和传播平台。

3. 期刊群网站

近年来，中国科技期刊正在通过组建期刊群、出版集团等形式改变传统的单刊运营模式，实现出版方式的集群化和规模化[15]。我国科技期刊群网站建设主体主要是高校、研究院所、学会、协会等，相比单刊网站，期刊群网站更容易实现专业领域的资源整合，覆盖更广泛的受众，发挥集群效应，增强传播效果。例如，中华医学期刊网、中国光学期刊网、中国地学期刊网等期刊群网站。

4. 学术文献数据库

在科技期刊的传播过程中，学术文献数据库相较于其他新媒体渠道而言传播效果是最为明显的，积累了广泛的社会认可。数据库因其文献检索便捷、实现文献资源的二次开发利用，可以扩大科技期刊的传播半径。一些超大型数据库更是具有强大的资源整合优势，其所显示的数字化传播能力和效果是任何单刊都难以企及的。近年来，基于数据库的优先数字出版逐渐得到科技期刊的重视，这种模式既缩短了科技期刊出版时滞、又加快了科技成果传播与交流。我国科技期刊加入的国内数据库主要有中国知网等全文数据库和中国科学引文索引（CSCD）等引文索引数据库；我国英文科技期刊更多地通过 WoS 等国际数据库进行传播。学术文献数据库尽管具有资源整合的优势，在科技期刊传播渠道中传播效果最为明显，但其核心业务实际上还是固守学术期刊的内容优势，将纸质期刊的内容经过数字化处理呈现在网络上。我们已经看到科技期刊的传播渠道在不断地从单向传播向双向传播转变，但其互动交流功能的作用不明显，仍以单向传播为主。

5. 第三方专业推介平台

为了提高我国科技期刊的国际显示度、提升国际影响，科技期刊往往借助国际性的第三方专业推介平台扩大期刊的海外传播。应用比较广泛的如：Trend MD 是一个专门为学术出版提供服务的内容推荐平台，科技期刊可以通过其"跨平台相关文章推荐服务"使得期刊内容得到个性化、精准化的推荐，进而提升科技期刊的国际传播力。此外，科技期刊也通过学术资讯分享平台发布与学术研究、学术成果、学术活动相关的资讯。例如，EurekAlert!是由美国科学促进会（American Association for the Advancement of Science，AAAS）主办的一项全球的互联网新闻服务，其平台每月访问量逾百万。科技期刊将期刊内容编辑为新闻资讯后可在此平台发布，网站帮助其找到最有价值的资讯。

（二）新媒体社交渠道

随着移动设备和技术的革新、社交媒体平台的发展，大众的阅读方式正在发生着翻天覆地的变化，学术成果的传播和获取渠道也随之多样化。科技期刊逐渐开始通过社交媒体平台发布和传播学术成果，社交媒体平台也成为了科研人员获取学术信息的重要渠道，因此，科技期刊利用社交媒体着力增强读者、作者的黏性，对于期刊内容的传播会起到非常积极的作用。"两微一端"已经成为当下媒体传播渠道的标配，但通过课题组所收集的数据：我国 395 种中文科技期刊开设了新浪微博账号，其中 41.01% 的期刊在 2021 年更新过微博；2428 种中文科技期刊开设了微信公众号，其中 82.91% 的期刊在 2021 年更新过微信公众号。由此可见，科技期刊对微博平台的利用率较低，开设微博的科技期刊的微博账号一半以上为"僵尸账号"，普遍存在长时间不更新的情况。相比于微博平台，科技期刊更喜欢通过开设微信公众号传播和扩散学术信息。而由于人力、财力所限，独立开发移动端 APP 的科技期刊更是少之又少。此外，头条号等主流社交媒体平台也是我国科技期刊选择的传播渠道。我国英文科技期刊除了使用国内的主流传播渠道外，也在使用国外的 Facebook、Twitter 等社交媒体。此处主要选择科技期刊使用比较普遍的微信公众号和具有强劲势头的短视频两类传播渠道进行分析。

1. 微信公众号

通过微信公众号传播信息具有快速、动态、实时互动、受众多等特点，微信公众号具有较强的社群传播性，因此，科技期刊纷纷选择利用微信公众号作为新媒体传播的主要途径。根据本课题组统计，在参与传播力指数测算的 4375 种科技期刊中，55.50% 的期刊（2428 种）开设了微信公众号。科技期刊在微信公众号上主要围绕学术论文、学术活动、学者动态等发布内容进行推送。其中，尤以学术论文推送为主，该类内容主要是推广本刊发表的论文，有全文推送、摘要推送、目录推送等形式。医学科技期刊在内容推送方面的灵活性表现突出，除了对本刊学术论文进行推送外，更偏向于分享和传播医学知识普及，传播效果明显好于其他学科期刊。此外，还有部分科技期刊推送内容涉及如"论文写作提高班"等增值服务，但数量较少。公众号的内容设置极大地增强了科技期刊的传播效率，且微信公众号基本都设置了菜单栏，通过不同媒介的链接，形成了流畅的融媒体互动平台，在传播学术信息、服务科研群体方面发挥了良好的作用。然而，从可以反映用户的互动和认可情况的推文阅读量、点赞数、评论数、在看数等指标[16]来看，科技期刊微信公众号多为用户的阅读和在看标记行为，点赞和评论数普遍较少，即使有阅读量的体现，在 2020 年检填报了篇均阅读量的 2440 种期刊中，仅有 1.53% 的期刊篇均阅读量在 1 万次及以上，59.88% 的期刊篇均阅读量在 500 次以下，可见用户的认可程度和知识交流效果均有很大的提升空间。

2. 短视频

随着我国移动网络基础设施突飞猛进的发展，各类短视频平台纷纷涌入了社交平台。短视频正在流行，并日益成为互联网上的一种主导性媒介[17]。艾媒咨询发布的数据显示：2021 年中国短视频用户最常使用的短视频平台 TOP5 分别为抖音、快手、B站、西瓜视频、微视[18]。此外，微信视频号自 2020 年推出后，不断完善产品功能和内容生态构建，截至 2022 年 6 月，微信视频号月活跃用户规模超过抖音、快手，突破 8 亿，微信视频号中抖音、快手的用户渗透率分别为 59.2%、30.8%[19]。本课题组调研结果显示，参与传播力指数测算的 4375 种科技期刊中，截至 2022 年 10 月，已入驻抖音的期刊有 103 种，入驻 B 站的有 44 种，入驻快手的有 4 种。以抖音为例，19.23% 入驻抖音的科技期刊粉丝数量超过 1 万，3.41% 的粉丝数量超百万，视频点赞数和评论数量偏少，缺乏与用户的互动。科技期刊短视频平台发布的内容类型基本与微信公众号一致——学术论文、学术活动、学者动态，但视频的表现形式更为丰富多样、节奏简洁明了，尤其在传播科普知识方面的表现更为显著。此外，部分科技期刊充分利用了短视频的细分领域，如直播功能组织相关学术活动和学术会议，在新型冠状病毒感染疫情期间，为科技期刊的传播提供了有效的传播渠道。目前，保持稳定更新频率的账号只有少数，大部分更新频率不稳定，甚至有些账号自创建以来从没更新过。短视频对人力、经费等方面的要求远远高于其他新媒体渠道，对于我国科技期刊而言，无论是账号开通还是日常运营，均处于起步阶段。

二、我国科技期刊传播渠道特征及不足

（一）特征

20 世纪与 21 世纪之交是中国当代学术传播史上一个重要的时间节点。它不仅是新千年的开始，更是纸本时代与互联网时代交替的开始[20]。传统纸媒时代，传播渠道只是内容传播的载体，功能单一；而互联网时代，传播渠道已经拓展成为拥有多终端多应用的综合服务平台。因此，单一的、孤立的渠道是很难得到有效的传播效果的，"融合"趋势不可逆转。

首先，自国家提出推动传统媒体与新兴媒体融合发展以来，科技期刊主动融入新媒体战场，在技术、组织、设施等维度探索融合发展之路，其中渠道融合是媒体融合发展进程中辨识度最高的一个环节，融合发展的理念、部署、形态均在传播渠道的变化过程中得到鲜明体现，取得了初步成果。

其次，面对纸质期刊在传统传播渠道的"失灵"，科技期刊积极扩展传统媒体渠道，向"全媒体"进行转型和布局。我国绝大多数科技期刊已经通过与数据库的合作和自建网站实现了传播渠道的数字化，得到了最广泛的传播；一半的科技期刊通过以"微信公众号"为代表的社交媒体更加多样化地传播学术成果、服务读者和作者、开展学术活动，大幅提升了科技期刊在新媒体平台的传播能力。

最后，科技期刊作为学术出版的一部分，与大众出版相比，在传播渠道扩展与创新的逻辑上相对清晰。科技期刊将其纸质内容转化为资源数据库，通过自建网站、集群网站、数据库、第三方推介平台等进行推广，通过新媒体社交渠道开展知识分享、信息服务、增值服务等内容。

（二）不足

我国科技期刊虽主动尝试传统媒体和新兴媒体在渠道方面的融合，取得了一定进展，但依然存在对新技术利用不够、传播内容与渠道特点不匹配、缺乏用户思维等问题。

首先，传播渠道建设的节点是技术的掌握，我国科技期刊运用新媒体渠道的时

间不长，囿于人才缺乏、体制机制制约等客观因素，科技期刊编辑对新媒体技术的掌握不够娴熟和充分，难以对各传播渠道的优势进行深度开发，因此会出现如微信公众平台建设盲目跟风等问题。

其次，不同的传播渠道有不同的定位和表达形式，但很多科技期刊仅仅是把纸质内容简单移植到其他传播渠道，进行"物理组合"的简单加法，在传播渠道建设中没有考虑内容与渠道的适配性。

最后，科技期刊的特殊定位与功能使得其读者和作者"角色互换"的可能性很大，利用新媒体社交渠道加强与用户的联系日趋重要。但是我国科技期刊在渠道运营过程中，更多地遵循传统媒体的渠道思维，从传播者角度出发，未能较好地树立用户服务理念；因此新媒体社交渠道与用户互动和交流的表现不尽如人意。

三、我国科技期刊传播渠道提升策略

中国科技期刊在传统渠道扩展、新媒体渠道创新方面的尝试已较为丰富，但距离传统媒体和新兴媒体的深度融合还有不小的距离，深度融合不仅仅是通过入驻或者开通账号的形式进行转型，而是要切实找到二者真正共享资源、协同发展的模式。

（一）构建多元立体的渠道格局

"在互联网时代，学术期刊的传播正迅速从静态结构向多元化的动态结构转变，新的学术传播体系与传播秩序正在形成。"[21]科技期刊应强化各类信息传播渠道的多元化、立体化融合。目前，仍有相当一部分科技期刊存在传播渠道较窄的问题。因此，科技期刊首先应完善传播渠道，积极入驻主流信息和社交平台；科技期刊在扩宽传播渠道的同时，也要延展面向，纸质期刊和各类新媒体平台应该优势互补、联动融合。当然，融合发展是趋势和方向，但并不是让科技期刊匆匆进场、盲目跟风，传播渠道融合的基本前提就是"适合"，科技期刊在充分利用新媒体带来的便利条件的同时，一定要结合自身内外部的资源优势，选择切实可行的多元化、立体化的渠道策略。

（二）强化"关系法则"的渠道思维

"关系法则是互联网渠道构建和维系的关键,传统媒体的互联网转型就不能仅仅简单地做'传媒+互联网'加法,而是要以关系思维去洞悉用户,进而抓住用户,构建一个全新有效的渠道体系,走出原有运作模式的窠臼。"[22]不同用户、内容、渠道之间构成不同性质的关系,科技期刊在传播过程中应重新整合文献资源、精准满足用户需求、正确认识资源与用户需求的映射关系,要借助大数据优势,分析用户接受信息的特点、探索热点、研究方向,在此基础上制定个性化的渠道延伸策略,坚持"内容+服务",吸收用户共同参与信息生产,密切用户和科技期刊之间的联系,增强渠道活力,为科技期刊的精准化内容传播与推送奠定基础。

（三）打造协同运作的渠道新生态

"中央厨房"建设是当前媒体正在进行的一项系统而复杂的变革,有不少媒体集团的中央厨房建设采取打造全媒体平台的路径,即围绕全媒体平台,媒体集团将新闻客户端、微博账号、微信公众号、手机报、移动电视、网络电台等新媒介与传统媒介统一起来,进行资源整合、系统重构[23]。我国科技期刊当下最广泛且有效的传播渠道就是依靠大型数据库实现学术成果的网络化传播,但也造成了编辑主体和数据库各自独立而非聚合,数字化发展具有强烈的平台化趋势,因此,科技期刊应该在渠道与内容的良性互动中加速平台化发展。以《人民日报》的"中央厨房"为鉴,打通科技期刊的传播渠道,集发表、集成、存储、服务于一体,集作者、编辑、读者共享一个协同发展的渠道,最终实现一种泛在化的科技期刊传播渠道新生态。当然,这种渠道新生态需要国家层面的顶层设计和协同运作,创建一个拥有多用户、多资源、功能强大的学术平台。

第四节　科技期刊传播受众分析

科技期刊作为科技信息的主要载体和传播平台,是传播创新成果、促进学术交流、培育创新人才的重要阵地,其传播流程的终端是受众,他们既是科技信息的接受者和消费者，也是科技信息传播的最终检验者，关系科技期刊为谁服务和办刊目标的问题，也影响科技期刊传播的范围、效果和可持续性。在市场化运营和开放科学背景下，科技期刊已加速进入受众选择时代，可以说科技期刊没有受众就不能生存和发展，科技期刊之间的竞争本质上就是争夺受众，而其关键是目标受众对期刊的选择，主要表现为作为期刊消费者的受众对期刊的认可度。因此，我们要认真研究科技期刊传播的要素和特征，尤其是加强对科技期刊的受众分类及其需求特征、受众选择行为及其影响因素的研究，以增强科技期刊传播能力建设工作的针对性和有效性。

一、科技期刊受众的分类及特征

（一）科技期刊的受众分类

个体受众因具有不同的文化背景、政治立场、审美情趣，在对媒介的选择和使用程度、认知和理解水平及信息素养等方面均具有不同的表现。在传播学中，受众普遍具有人数众多、分布广泛、隐性匿名、内部差异显著等特征。但是，受众作为现实中的社会人群，必然会形成不同的受众群体，同一受众群体对信息的解读具有大致相同的方式和接近的评价标准。

科技期刊的受众总体上可分为专业人员、教师学生及社会公众3类不同的社会群体。①专业人员。在科技期刊提供专业交流的过程中，专业人员既是受众又是传播者，他们需要通过科技期刊从其他专业人员那里获得某些本专业的、可用的知识和信息。与此同时，专业人员也会成为科技期刊提供科学知识普及的对象，他们需要通过科技期刊从其他专业人员那里获得某些跨领域的、可用的知识和信息，这是现代科学越来越专业化、分科化发展的一个结果。②教师学生。教师学生是科技期刊传播的一个庞大的受众群体。从阅读科普期刊的中小学生到参考学术期刊的大学生以及教师，都属于这一群体，他们会通过科技期刊这一传播媒介获取科技信息，以满足其传授和学习科技知识的需求。③社会公众。这是数量最大的科技期刊受众，主要是指社会中对科学技术所知不多（相对专业人员而言）的普通民众。他们可能是从事某种专业活动的技术人员，也可能是企业等应用组织的从业人员，需要通过科技期刊学习新知识、引进新技术、打造新产品。

（二）科技期刊受众的主要共性特征

由于科技期刊本身具有学术交流、科研成果发布的平台和媒介的特殊属性，其受众群体与完全面向市场的大众媒体有所不同。对于整个科技期刊而言，其受众主要具有小众化、主动性和传受互换融合3个明显的共性特征。

1. 科技期刊受众的小众化特征

科技期刊作为信息传播的一种媒介，是整个科技传播事业的子系统。从这个角度来看，科技期刊的受众是相当广泛的，也应当具有大众传播媒介受众所共有的众多、混杂、分散、流动、隐匿等特点。但总体来看，科技期刊并不属于大众传播的范畴。科技期刊拥有比较特殊、专业的作者群和读者群，并重点服务于相关的专业领域，其社会效益至上的特点决定了受众群体的小规模性、精英性、高水平性、圈层性。尤其是对于专业或学术性期刊来说，其发行对象就决定了受众群体的分布，一般只针对某个学科领域的专家学者、科研人员、教师学生及相关学科的关注者。因此，科技期刊的受众群体范围较为明确、消费者市场需求弹性狭小，开拓空间十分有限，即小众化特征[24]。

2. 科技期刊受众的主动性特征

科技期刊受众知识结构的专业性使得他们接受科技信息的能力相对较强，在寻求和甄别有效科技信息上具有主观能动性。受众是否接受科技期刊传播的信息内容、接受程度如何，主要取决于受众自身的意愿和心理需求，主要包括如下三方面。①认知心理。这是科技期刊在受众服务过程中的基本工作，受众需要通过科技期刊实现对同专业方向及不同专业方向知识的学习和交流。②创新心理。学者专家在研究的过程中，总希望是独辟蹊径、特立独行的。作为受众之一的作者，也需要科技期刊积极认可其创新，并展现在其他受众前，实现学术传播。③学术争鸣心理。受众需要通过科技期刊了解不同作者针对同一内容的不同观点，满足其对知识的学习、辨别及探索争鸣心理[25]。

3. 科技期刊受众的传受互换融合特征

科技期刊的传播方式是交互式的，科技期刊的受众也是多角色的，信息的提供者与接受者之间经常性地进行身份角色的互换。这种角色互换现象普遍存在于每一种科技期刊中，包括作者与读者之间的互换，读者与审稿者之间的互换，甚至是编辑与作者之间的互换。特别是在互联网时代，科技期刊的受众群体中，人人都是传播者，人人也都是受传者。例如，作者也需要阅读期刊论文，就成了受众。读者在阅读论文后，也可以进行研究、写作和发表论文，就又成为传播者。与此同时，信息的传播过程可以是讨论式的，也可以是争鸣式的，真正体现了"学术面前人人平等"，讨论或者争鸣的结果，开阔了视野，拓宽了思路，启迪了智慧，激发了灵感[26]。

（三）各类科技期刊受众的差异化特征

除了科技期刊受众的共性特征，不同类型科技期刊的传播受众侧重群体不同，受众对信息传播的需求也有所不同，因此存在差异化特征。对各类科技期刊的目标受众进行分析和总结，将有助于了解和辨别不同目标受众之间的特征差异，认识和把握受众群体和个体的传播规律，探索和掌握特定受众群体的结构特点，进而实现面向不同受众的精准传播。

1. 学术类期刊

与其他类型期刊不同，学术类期刊一般只针对特定受众群体，主要面向专业研究人员（专家学者）、高校师生、相关学科专业人员，读者群和作者群更加接近甚至几乎相同，传受互换融合的特征更为明显。这些受众一般具有较高的学术水平和专业能力，对于媒介的认知态度和使用动机也有别于其他社会群体。在媒介使用动机上，他们主要将科技期刊作为创新研究成果的表达载体；从使用满足的角度出发，他们主要通过科技期刊获取和交流科研信息；从媒介的传播效果而言，他们对科技期刊传播的信息有一个选择、归纳、取舍、评判的过程，对媒介本身的学术性提出了更高要求；从信息的反馈而言，他们不再是单一维度被动的信息接受者，更是信息的提供者,这种双向的信息反馈活动很大程度上决定了科技期刊的办刊方向和编辑方针,特色和质量成为科技期刊的生命[27]。

2. 技术类期刊

作为科技期刊的重要组成部分,技术类期刊是传播工程技术前沿信息、交流工程技术创新成果、促进科技成果转化应用的重要平台,肩负着推动技术创新、产业发展和应用型人才培养的主要责任。技术类期刊一般刊登在生产和科研过程中的新经验、新工艺、新技术、新材料、新设备等方面的研究成果,其受众主要是各行业的专业技术人员、大中专院校师生、相关行业从业人员。这些受众群体的分布范围很广,几乎渗透到行业的各个角落,且往往与国民经济直接相关,真正决定了科技成果的现场实施、转化和完善[28]。他们主要通过科技期刊获取所需的行业信息和技术研发进展,并应用在日常工作中,为引领产业发展提供方向、为改进生产技术提供思路、为解决实际问题提供参考,以提高生产效率、节约生产成本为最终目的。此外,这些受众群体一般以生产任务为主,并不经常撰写和发表论文,科技期刊的信息传播效果需要转化为实际应用后才能充分显现。

3. 科普期刊

科普期刊以其传播速度快、覆盖面广、时效性强、信息量大、形象直观、方便阅读等优势,在科技传播中扮演着十分重要的角色,主要担负着科技期刊面向社会公众普及科学知识、倡导科学方法、传播科学思想、弘扬科学精神、提高科学素养的社会责任。与其他科技期刊相比,科普期刊的最大特点在于其受众对象是在某些领域并不具备较全面专业知识的社会大众,包括某一专业的业余爱好者和部分专业人员。受众主要通过科普期刊获取各学科的多方面知识,以满足其日常工作、生活和学习的信息需求,更关注内容的科学性、趣味性和知识性,具有数量庞大、需求多样、难以准确定位等特点。受众的经济地位、受教育程度、科普理念以及获取信息的方式等都会影响其对科普期刊的阅读和消费[29],也对科普期刊做好精准传播提出了更高的要求,只有在其与受众的关切度和知识接受程度相匹配时,才能收到最好的传播效果。

二、科技期刊受众接受的影响因素

（一）受众接受的相关理论

科技期刊的传播活动不是静态的，而是一个循环往复的动态过程，其中受众对科技期刊的接受是关键。接受是指受众对信息的"接纳、吸收，即认知认同"[30]，不仅包括对科技期刊的购买和获得，更重要的是对科技期刊的"体验"，即对科技期刊传播内容的解释、理解和整合。在对受众接受的相关研究中，以文艺美学的"接受美学"理论和斯图亚特·霍尔的"编码—解码"理论最具代表性。

"接受美学"又称接受理论，是一种强调读者在作品阅读中的积极能动作用的文艺理论体系。强调研究读者的重要性，确定读者的中心地位，是"接受美学"的重要主张[31]。该理论认为读者在阅读中不是被动地感知，而是充分调动主体能动性，激发自己的想象力、直观能力、体验能力和感悟力，在对作品的艺术形象、思想内涵进行解读时，以个人的思想、知识、生活经验对作品进行开拓、补充、再创，甚至能从作品中发掘出作者意想不到的意义来，是开放性的接受过程。接受美学虽然是一种文学理论，但它的许多观点同样适用于科技期刊。从某种意义上而言，科技期刊的传播活动同文学传播活动一样，都是语言艺术，都是以生活为源头、以语言为媒介、以写作为起点、以接受为目的信息传播活动[32]。在数字出版背景下，接受美学作为研究受众接受状况的核心理论给科技期刊传播力研究提供了理论指导。科技期刊的学术交流、信息传播功能必须经过受众的阅读接受才是一个完整有效的过程，因此应注重受众的主体性和个性化，并积极进行引导，实现传播力的整体上升。

斯图亚特·霍尔用"编码"和"解码"两个名词来形容媒介传播者与受众之间的传播关系[33]。该理论认为，受众对媒介信息进行"解码"时有 3 种解读形态：一是同向式解读或优先式解读、一致性解读，即受众处于被动位置，完全按照媒介赋予的意义来理解信息；二是妥协式解读或部分理解性解读，即受众内心充满了矛盾，部分基于媒介提示的意义、部分基于自己的社会背景来理解信息；三是反向解读或对抗式解读，即受众站在排斥的立场，对媒介提示的意义做出完全相反的理解。

科技期刊的传播过程是学术信息双向流通的过程，学术信息源经传播者"编码"后到达受众，如果传而不通或通而不受就是无效传播。在不同传播阶段、不同传播形式下，有效传播行为依赖于传播者与受众对科技期刊内容的共同理解，即实现受众在其知识结构和文化背景下顺利"解码"学术信息，达到编码与解码的同一性，进而打通学术信息双向流通的通道，形成良好的传播效果。

（二）影响科技期刊受众接受的因素分析

从传播学的视角来看，受众选择信息，受选择性定律（选择性接收、选择性理解、选择性记忆、选择性实践）的支配，按照最小努力原则，具有个性化特征。受众在对传媒产品的接受中，会受到各种因素的影响，包括经济的与非经济的因素。经济因素主要影响受众对传媒产品的获得与购买，包括消费者收入水平、地区经济总量、宏观经济政策等；非经济因素主要影响受众对传媒产品的解释、理解和整合这一接受过程，包括政治的、文化的、心理的、人口统计特征等[34]。

受众对科技期刊选择和接受的影响因素可以归纳为外部因素和内部因素两个方面。外部因素主要包括受众所处的社会经济地位、社会环境、文化背景等群体特征。例如，经济水平、支付能力制约着受众对科技期刊的获取和购买等消费决策，互联网技术发展和开放获取趋势等社会环境的变更会影响受众接触和接受科技期刊信息的途径和方法等阅读选择，不同的教育水平、工作和生活习惯、文化生活方式等文化背景的差异也影响着受众对科技期刊内容的理解、认可和反馈等行为表现。内部因素主要包括受众自身的个性差异、心理因素等个体特征。例如，受众会根据自身的价值观念、思维方式、学术观点偏好等个性差异对科技期刊传播内容进行理解和接受；受众各自独特的知识需求、情感经历和兴趣爱好，以及因同行对期刊的认可度、学术评价标准等所产生的求同和从众心理因素，也会影响其对科技期刊的消费选择。此外，国内外受众的语言表达、历史习惯、价值标准、意识形态、宗教信仰等文化差异也决定他们对科技期刊的态度、需求、选择和反应方式。总之，科技期刊的受众选择会受到各种内部、外部因素的影响，而且这些影响因素是交错的、复杂的、动态演化的，这就造成了受众选择的复杂性和能动主体性[35]。因此，科技期刊如何做好受众定位、影响受众选择、拓展受众范围是提升传播效果、获得可持续发展的关键。

三、科技期刊拓展受众的措施和建议

（一）强化受众意识，明确受众定位

受众选择时代，面对国内外的激烈竞争，科技期刊传播力建设必须从强化受众意识、明确受众定位开始。传播的目的是让受众接受传播者所传播的信息，离开了受众，传播活动就会无的放矢，传播效果更是无从谈起。科技期刊的传播活动成功与否，本质上取决于是否"找准"受众及是否具有服务受众的意识[36]。科技期刊应从根本上树立并强化受众意识，既要通过积极开展受众调查、增加与受众互动等方式充分了解受众特征和需求，还要具有超前思维，努力培养在校学生等潜在受众，更要通过精心策划选题、用心经营品牌栏目、专心确立期刊独特风格等工作留住目标受众，使其成为忠实受众。而受众定位是科技期刊定位的基石，只有在明确受众后，才能有针对性地确定科技期刊的传播内容、传播方式、传播技巧，有效开展传播活动。

（二）细分受众市场，拓展受众范围

随着互联网尤其是移动互联网的飞速发展，数字出版模式潜移默化地改变着人们的阅读习惯和获取信息的方式，传统的受众群体也在不断分化。因此，在科技期刊的小众化市场中，受众仍然需要进一步"细分"。科技期刊要主动适应各类受众的兴趣、需求和阅读习惯特征及其变化规律，适度细分受众群体、做好市场定位，让目标受众更加明确化、具体化，进而找到市场空白点并提供差异化和个性化服务，以突出期刊特色、建立期刊品牌，避免同质化办刊，最大限度地吸引目标受众。在获得固定受众的同时，科技期刊也要通过多种方式积极拓展受众范围，实现国内外专业人员、教师学生、社会公众等受众类型的跨学科、跨地域覆盖，稳步提高受众的数量和规模，提升期刊的传播力和竞争力。

（三）针对不同目标受众制定个性化传播方案

新媒体环境下，受众的主体意识和多样化、个性化、精准化的信息需求日益增强，对科技期刊的内容质量、传播渠道、传播时效性也提出了更高的要求[37]。因此，科技期刊应秉承以受众为中心、以内容为王的办刊准则，借鉴互联网思维和媒体深度融合成功经验，创新数字出版和网络传播方式，增强内容聚合、深度加工、多元发布、知识增值的服务理念，为不同目标受众提供个性化的学术信息服务，提高科技期刊的传播质量和传播效率。此外，在国际传播方面，科技期刊应厘清国际受众的信息接触习惯与内容选择习惯，掌握国际传播规则、方法，针对国际上不同区域、不同群体的目标受众实施相应的传播活动，尽量避免形成"传而不通"或"通而不受"的无效传播。总之，科技期刊应站在受众的角度思考传播问题，以不同目标受众的兴趣、心理、文化习惯、社会适应等各方面需求为依据选择传播内容，以提高不同目标受众接触和获得期刊的便利性为目标整合传播渠道，以不同目标受众的行为数据和反馈信息为参照来衡量和改进传播效果，有针对性地制定传播方案，实现高效传播、精准传播、垂直传播。

第五节　科技期刊传播效果分析

传播效果的研究一直是传播学研究的核心所在，是传播实践的最终目标。在科技期刊的传播要素中，传播效果是科技期刊传播活动的重要目的，传播不仅是科技期刊自身价值的重要体现，也是衡量和评价传播者劳动质量的一个重要依据。因此，深入分析科技期刊传播效果的影响因素及其作用机理，科学合理评价科技期刊的传播效果，并针对性地提出科技期刊传播效果提升的方法和策略就显得十分必要。

一、科技期刊实现传播效果的制约因素

（一）我国科技期刊传播效果现状及不足

随着互联网时代的到来，科技期刊传播迎来了新的机遇和挑战，数字化、网络化出版为科技期刊高效快捷地传播提供了现代化手段。我国科技期刊的传播效果主

要有以下几个特点。①针对性强。科技期刊因其内容的特殊性，主要针对各学术领域内的特定受众群体进行传播，专业性强、范围有限。②交流互动性强。科技期刊是一个科技信息双向交流讨论的平台，传播者与受众之间经常需要交流互动或者角色互换。③创新时效性强。科技期刊刊载内容最强调创新性，要确保创新成果的时效性，及时出版传播。④有一定的局限性。因传播受众有限，所以其传播模式也相对简单，一定程度上限制了科技期刊传播的范围和广度[38]。

我国科技期刊整体传播效果尚不理想。主要表现在两大方面。①学术影响力方面，科技期刊大而不强、多而不优。国内影响力与关注度较为分散，传播内容存在低水平重复问题。国际影响力和认可度有限，数字化和集约化出版水平及市场运营能力不足，尤其缺乏有影响力的世界一流科技期刊，在全球科技期刊竞争中存在明显劣势。②社会认知度方面，科技期刊因专业性强，长期以来在大众心目中缺乏吸引力。本课题组统计结果显示，2021 年科技期刊刊均"论文转化为科技新闻数量"仅为 2.61 次，说明大多数科技期刊缺乏主动与其他媒体开展合作、广泛传播与公众利益相关的重要科技知识和研究成果的意识，追求新闻敏感度和实效性的新闻媒体也没有将科技期刊当作重要的新闻来源，严重限制了科技期刊传播效果的实现。

（二）我国科技期刊实现传播效果的制约因素

科技期刊传播过程中所涉及的传播者、传播渠道、传播内容、受众等传播要素会在不同层面、不同角度对传播效果产生影响。其中的制约性因素主要有以下几个方面。

1. 传播理念存有偏差，专业人才严重缺乏

在传播者方面，一是科技期刊发展理念滞后。科技期刊传播者的办刊模式有所固化、传播理念存有偏差，尚未跳出传统传播模式的束缚，对新媒体时代期刊出版传播的新理念重视不足，往往重内容而轻传播。二是缺乏专业的期刊传播团队。提升科技期刊传播效果的根本动力在于人才。一直以来，科技期刊普遍重视文字编辑人才，不重视技术编辑、出版营销人才，专业的传播型人才特别是复合型人才相对匮乏。而原有编辑人员因出版任务较重、缺乏互联网相关传播经验，难以有效开展

新媒体运营工作，这是制约科技期刊传播力提升的重要原因。

2. 传播内容参差不齐，表现形式相对单一

在传播内容方面，一是传播内容参差不齐，缺乏创新性。传播内容是决定科技期刊传播效果的关键性因素，目前我国高水平科技论文外流严重，科技期刊同质化竞争、低水平重复内容较多，真正具有开拓性的创新成果较少。此外，内容过于专业化和过于大众化等极端化情况也影响了新媒体时代受众对科技期刊的认同度，直接限制了期刊传播力的提升。二是内容表现形式单一，缺少多样性。多数科技期刊只是将传统的纸质版内容直接照搬到互联网媒体中，并没有对传播形态和表现形式进行本质性的多元化创新，且信息更新缓慢、活跃程度较低，缺乏具有创新意义的知识服务内容。

3. 传播渠道拓展不力，媒体融合程度较低

在传播渠道方面，我国科技期刊传播路径相对单一，还远未达到真正意义上的媒体深度融合发展。虽然新媒体的出现为科技期刊传播方式的丰富和优化提供了支持，但由于科技期刊缺乏媒介融合意识，与其他媒体互动较少，媒体融合程度较低，受众很少能通过其他媒介即时接受和分享期刊的"新"信息，即使有高质量的传播内容也无法形成实际的传播效果，直接限制了传播渠道的拓展和传播效果的提升，进而造成信息传播辐射力小、科研成果转化率不高，难以高效发挥科技期刊在加强学术交流、促进科技发展中的专业媒介作用。同时，科技期刊在大众传播方面也缺乏积极、主动的态度，导致社会传播效果欠佳。

4. 受众主体意识不强，传播对象范围有限

在受众方面，科技期刊的传播效果主要取决于受众素养和受众行为，在一定程度上也会受到受众认知和受众情感的影响。但我国科技期刊普遍缺乏受众主体意识：在期刊定位上，存在因目标受众定位模糊、细分不足、特性不明等问题，造成期刊之间的同质化竞争现象；在传播过程中，更多的还是传播者本位思想，没有真正实现从传播者本位向受众本位的转变，市场竞争意识不足。此外，科技期刊尚未形成传受互动机制，不重视受众反馈，很难满足受众在知识、价值、情感等层面的多元诉求，在受众关系管理与维护上也基本处于缺位状态，导致整体的受众规模较小、传播范围广度受限，致使传播效果不佳，也制约了科技期刊的长远发展。

5. 优质品牌期刊不多，学术评价导向异化

品牌是用户选择产品的重要指标，科技期刊的品牌形象好坏直接影响受众对期刊的选择。随着我国科技水平的不断提升，科技期刊面临国内外两个重要市场的激烈竞争，要想吸引国内外受众、实现内容传播的目的，积极打造和培育具有国际竞争力的科技期刊品牌显得非常重要。但我国真正形成优质品牌的科技期刊还不够多，这在很大程度上制约了传播效果的进一步提升[39]。此外，在学术评价导向方面，现有的科技期刊评价体系过于关注影响因子、被引频次等学术影响力方面的传统文献计量指标，忽略了对科技期刊传播能力和传播效果的测度；科研评价过于看重论文数量、期刊层次等信息，未将面向大众的科学传播纳入科研绩效考核体系中，也不利于调动科技期刊和科研人员向大众传播科学知识的积极性[40]。

二、如何评价科技期刊的传播效果

新闻出版署早在 2001 年印发的《建设"中国期刊方阵"工作方案》中就提出了"双效"期刊的概念，强调学术期刊应该在遵循国家政策方针的大前提下，兼顾社会效益和经济效益两个方面，这也是学术期刊传播效果的具体体现[41]。社会效益是指产出达到所期望的社会效果或对社会的影响程度。科技期刊传播的本质是加速知识扩散、引领科技创新、培养科技人才、提高科技素质，促进科技成果转化、推动经济社会发展。就科技期刊本质蕴含及存在的意义而言，社会效益是衡量其存在价值的最高标准。经济效益是指通过商品和劳动的对外交换所取得的社会劳动节约，即以尽量少的劳动耗费取得尽量多的经营成果，或者以同等的劳动耗费取得更多的经营成果，是资金占用、成本支出与有用生产成果之间的比较。科技期刊作为一种以传播科学思想、普及科学知识、弘扬科学精神为主要目的传播媒体，也是一种具有特殊身份的商品，既然是商品，那么经济效益就是一个必须考量的指标。在以商品经济为主导的社会大环境中,科技期刊作为其中的一份子,也必须要遵循相应的经济规律的市场价值,来逐渐适应市场对科技期刊的要求[42]。社会效益是经济效益的前提,经济效益是社会效益实现的保障,新时代科技期刊要同时兼顾社会效益和经济效益,且不同定位、不同类型科技期刊的侧重点有所不同,因此应基于社会效益和经济效益二元评价视角,以受众反馈为依据,科学、合理地评价各类科技期刊的传播效果。

(一)社会效益评价

科技期刊的社会效益主要侧重于科技期刊的社会影响力,包括科技期刊的文章质量、科技期刊的推广力度、科技期刊阅读影响力、科技期刊的号召力和影响力等。评价科技期刊的传播效果,就是评价科技期刊被受众认识、接受及利用的情况。结合受众层面传播效果发生的逻辑顺序和层次深度,可以从认知效果、态度效果、行为效果3个层面开展科技期刊传播的社会效益评价[43]。①认知效果。认知效果对应科技期刊传播的浅层效果,主要考量受众对科技期刊传播内容的知晓度,包括科技期刊的纸本发行、网络浏览和下载、新媒体关注和阅读等维度。②态度效果。态度效果对应科技期刊传播的中层效果,主要考量受众对期刊传播内容的理解度和赞同度,即受众对内容和思路的清楚度、对观点和结论的认同度、对论据及其真实性和权威性的信任度,期刊内容对读者需要的满足度,包括期刊发表基金项目论文、高影响力论文及被国内外检索系统收录等维度。③行为效果。行为效果对应科技期刊传播的深层效果,主要考量受众对期刊传播内容的支持度,包括在期刊发表论文及引用、点赞、转发和转化应用等维度。受众在对科技期刊认识、认可的基础上,所采取的学术行为均属于行为效果。该层面的传播效果往往能够促进生产力的发展,转变人们的观念,产生较大的社会效益。

(二)经济效益评价

经济效益是科技期刊可持续发展的必要条件,科技期刊传播效果的经济效益评价主要考量期刊的经营收入、利润等方面,既包括科技期刊的经营收入(常见的有纸本或电子版发行收入,广告收入,微信、微博、客户端等新媒体收入,数据库合作、国际版权合作方面的收入，市场性专题活动项目收入）、其他收入（如发表服务费、审稿费）及利润等绝对指标，也包括期刊人均产值（即期刊总收入与期刊编辑部从业人员总数的比值）、期刊人均贡献比（即期刊人均产值与区域人均生产总值的比值）等相对指标，可以从多方面来反映科技期刊的经济效益状况[7]。本书主要侧重于从社会效益评价科技期刊的传播效果，因此暂未涉及经济效益相关评价指标。

三、我国科技期刊传播效果提升的方略

（一）加强传播团队建设

传播者是传播过程的起点，是整个传播活动的发起者，也是传播内容的生产者和传播渠道的选择者，对传播效果的影响十分重大。科技期刊应尽快树立主动传播意识，加强传播团队建设，努力培养和建设一支高素质、业务精、专业化的"复合型"编辑人才队伍。科技期刊要培养既懂得科技期刊出版理论，又精通科技期刊传播实践的人才。要从培训现有人员和引进新媒体专业人员两个角度着手，提升编辑人员的传播能力，增强编辑人员的传播素养。同时，面对国际受众，科技期刊也需要培养和引进一批具有国际视野、懂国际出版经营之道的高素质人才队伍，增强国际传播力、提升国际传播效果。

（二）提高内容质量水平

内容传播是科技期刊传播的本质所在，内容质量水平是影响科技期刊传播效果的最重要因素。一是提高内容的学术水平。科技期刊应首要保证稿件内容质量，既要通过有针对性的约稿、组稿等方式，积极发掘具有创新价值的高质量研究成果，还要通过创办特色刊物、特色栏目、特色专题等方法，生产、传播差异化内容，提高期刊的专业辨识度。二是拓展内容的传播形态。要在科学分析期刊特色定位和准确把握目标受众特征的基础上，明确不同载体和受众对内容的多样化需求，做好内容分类和深度开发，不断丰富、拓展内容传播形态和表现形式，增强内容的可读性，提高科技期刊的社会认知度。

（三）构建多元传播渠道

随着新媒体、新平台、新技术的蓬勃发展，受众获取信息和知识的渠道、方式发生了根本性变化。因此，结合不同受众需求特征，转变科技期刊传播模式，构建多元化传播渠道，是提升科技期刊传播效果的关键。科技期刊要紧紧围绕全媒体时代语境，以受众的需求和兴趣点为导向，整合内容资源，灵活选择和科学使用线上、线下等各种传播渠道，广泛运用纸媒、网站、移动端等多终端展示，统筹利用文字、图像、微视频、网络直播等多角度呈现，强化各类信息传播渠道的联动和融合，打造全媒体传播平台、形成立体化传播格局，为受众提供高效、便捷的信息获取环境和个性化增值服务，从而增强科技期刊的传播效果。

（四）精准定位目标受众

作为一种专业化的媒介，科技期刊有其独特和针对性的受众群体，面对激烈的市场竞争，科技期刊必须精准细分目标受众、准确定位目标市场，明确为谁生产、为谁服务的问题。科技期刊要深入研究各类受众特征和需求，明确目标受众的喜好和倾向，采取差异化传播策略，提供特色内容、打造期刊品牌，进而实现从无目的的"大众传播"转变为有目的的"小众传播"和"分众传播"，即以"定向""个性化"为特色的精准内容传播。此外，科技期刊还要处理好国内市场和国际市场的关系，在对国内市场进行准确定位、为国内学术界服务的基础上，吸引国际受众关注，逐步走出去，实现国际传播。

（五）完善期刊评价体系

目前我国科技期刊的评价体系仍建立在传统的纸质出版基础上，主要按照被引频次、影响因子等学术影响力指标进行统计和评价，尚未综合考量科技期刊的传播能力建设水平，也未能充分揭示科技期刊的传播效果。应在现有评价体系的基础上，将传播学传播效果评价理论融入科技期刊评价中，从新的角度探索评价科技期刊的新方法。建议增加科技期刊的数字化水平及网络传播效果和新媒体传播效果等方面的评价指标，以受众反馈为依据，统计相关数据，并采用定性与定量相结合的方式，科学、合理地评估各类科技期刊的传播效果，以引导科技期刊从多维度重视传播效果，提升我国科技期刊的传播能力建设。

参考文献

[1] 科学技术期刊管理办法[EB/OL]. (1961-06-05). [2023-04-17]. http://fgcx.bjcourt.gov.cn:4601/law?fn=chl025s066.txt.

[2] 翟万银. Nature 非学术栏目研究及对我国科技期刊的启示[J]. 中国科技期刊研究, 2018, 29(12): 1183-1191.

[3] 翟万银. 国际高水平科技期刊非学术栏目的特征分析[J]. 中国科技期刊研究, 2020, 31(8): 859-866.

[4] 梁永霞, 田宏. Scientific American 的成功之道[J]. 中国科技期刊研究, 2013, 24(1): 158-162.

[5] 刘凤红, 崔金钟, 韩芳桥, 等. 数据论文: 大数据时代新兴学术论文出版类型探讨[J]. 中国科技期刊研究, 2014, 25(12): 1451-1456.

[6] 赵维杰, 任胜利. 英文科技期刊中的非学术栏目: 中外对比与发展思考[J]. 中国科技期刊研究, 2022, 33(9): 1260-1267.

[7] 中国科学技术协会. 中国科技期刊产业发展报告(2021)[M]. 北京: 科学出版社, 2022.

[8] 王国燕, 程曦, 姚雨婷. Nature、Science、Cell 封面故事的国际比较研究[J]. 中国科技期刊研究, 2014, 25(9): 1181-1185.

[9] 田杰, 张菁, 石文川. 融媒体背景下国内外林业期刊网站服务功能调研分析[J]. 中国科技期刊研究, 2022, 33(5): 629-637.

[10] 白小晶, 谢珊珊, 刘畅, 等. 我国科技期刊封面特点及问题建议——以中国科学院主管主办科技期刊为例[J]. 中国科技期刊研究, 2021, 32(3): 390-396.

[11] 宋宁远, 王晓光. 增强型出版物模型比较分析[J]. 中国科技期刊研究, 2017, 28(7): 587-592.

[12] 盖双双, 马峥. 开放科学趋势下科技期刊的特征及评价研究[J]. 中国科技期刊研究, 2022, 33(7): 973-979.

[13] 高雪山, 钟紫红. 国际著名四大医学周刊栏目设置及对我国医学期刊的启示[J]. 中国科技期刊研究, 2015, 26(8): 846-850.

[14] 中国科学技术协会. 中国科技期刊发展蓝皮书(2021)[M]. 北京: 科学出版社, 2021: 22-23, 29.

[15] 张维, 汪勤俭, 王维朗, 等. 中外对比视角下中国科技期刊集群化发展路径分析[J]. 科技与出版, 2021(11): 52-61.

[16] 任季寒. 学术期刊社交媒体影响力与学术影响力相关性研究[D]. 武汉: 华中师范大学硕士学位论文, 2022.

[17] 潘祥辉. "无名者"的出场: 短视频媒介的历史社会学考察[J]. 国际新闻界, 2020, 42(6): 40-54.

[18] 艾媒咨询. 2021 年中国短视频用户最常使用的短视频平台 TOP5 [EB/OL]. [2022-11-10]. https://data.iimedia.cn/data-classification/detail/44276467.html.

[19] QuestMobile2022 中国移动互联网半年大报告: 流量分发底层逻辑巨变, 各家变阵应对, 月活破亿应用 58 个、企业 38 家[EB/OL]. (2022-07-26) [2022-11-10]. https://mp.weixin.qq.com/s/3LwB1_eQFMYHbKRO_AO4Tw.

[20] 朱剑. 构建互联网时代学术传播的新秩序: 以高校学术期刊发展战略为中心[J]. 武汉大学学报(人文科学版), 2016, 69(2): 66-80.

[21] 朱剑. 传播技术的变革与学术传播秩序的重构[J]. 北京联合大学学报(人文社会科学版), 2017, 15(3): 36-51.

[22] 喻国明, 弋利佳, 梁霄. 破解"渠道失灵"的传媒困局: "关系法则"详解——兼论传统媒体转型的路径与关键[J]. 现代传播(中国传媒大学学报), 2015, 37(11): 1-4.

[23] 国秋华. 价值链重构: 媒体中央厨房建设路径与模式创新[J]. 现代传播, 2019, 41(9): 136-140.

[24] 张慧民, 王平军. 科技期刊信息传播的受众分析[J]. 情报杂志, 2007(12): 154-156.

[25] 王晓燕. 新媒体下基于受众分析的学术期刊发展研究[J]. 传播与版权, 2017(3): 24-26.

[26] 杜利民, 陶立方. 科技学术期刊传播特点研究[J]. 编辑学报, 2006, 18(3): 164-166.

[27] 胡先砚. 基于传播学视点的学术期刊受众分析[J]. 孝感学院学报, 2012, 32(2): 114-118.

[28] 张朝军. 读者群落: 学术期刊面向对象的科学传播[J]. 编辑学报, 2018, 30(5): 454-458.

[29] 周国清, 王小椒. 农业科普期刊的发展困境及其原因[J]. 长江大学学报(社会科学版), 2012(1): 152-155.

[30] 王海平. 军队思想政治教育接受论[M]. 北京: 军事科学出版社, 2002.

[31] 贺香梅, 唐林轩, 宋耕春. 从接受美学角度看期刊编辑的审稿[J]. 云梦学刊, 2009, 30(5): 148-150.

[32] 史海英, 孙协胜, 高凌杰. 接受美学视角下编辑、读者和作者的关系及其优化[J]. 天津科技, 2020, 47(11): 89-92.

[33] 张安琪. 基于霍尔"编码与解码"理论对传播与接受主体的行为研究[J]. 新闻传播, 2022(19): 36-38.

[34] 刘建华. 传媒国际贸易与文化差异规避: 马克思社会生产总过程视阈下的文化产品输出[M]. 昆明: 云南大学出版社, 2012.

[35] 张青. 受众选择时代的期刊发展策略[J]. 出版发行研究, 2012(5): 78-80.

[36] 许莲华. 论学术期刊的受众意识培养[J]. 广州大学学报(社会科学版), 2012, 11(6): 69-72.

[37] 蒋晓, 谢暄, 叶芳, 等. 科技期刊的个性化推荐策略[J]. 编辑学报, 2017, 29(1): 67-69.

[38] 张锦莹. 学术期刊的传播效果现状及其调查方法[J]. 传播与版权, 2018(9): 23-25.

[39] 段艳文, 秦洁雯. 强化传播能力, 扩大传播效力——"互联网+"时代的学术期刊发展之路
[J]. 出版广角, 2016(3): 12-14.

[40] 王亚辉, 黄卫. 科技期刊社会化、大众化传播的策略及路径选择[J]. 科技与出版, 2018(8):
80-84.

[41] 张树武, 徐铭瞳. 论学术期刊的有效传播及发展策略[J]. 延边大学学报(社会科学版), 2012,
45(6): 151-154.

[42] 白威, 时冰陵, 雷鑫宇. 浅谈科技期刊的两大效益[J]. 内江科技, 2021, 42(12): 141-142.

[43] 尹达. 基于 Open Access 出版模式的学术期刊传播效果研究[D]. 重庆: 西南大学硕士学位论
文, 2008: 57.

第四章 科技期刊及集群典型传播案例分析①

本章采集精选了一批国内外一流科技期刊传播典型案例，按照传播学要素进行拆解、重组，从传播者、传播内容、传播渠道、受众等不同角度总结归纳科技期刊传播的先进经验、发展路径、共性规律，为后续对策建议的提出提供支撑，为科技期刊多方位展现真实可感、易借鉴、可操作的传播经验。

第一节 以传播者为中心的科技期刊传播案例

一、总编辑是期刊的"掌舵者"，制定总体传播规划

总编辑是期刊的灵魂，多为某一学术领域的领袖级人物，以其前瞻性的视野、敏锐的洞察力、超前的预见性，带领编委会队伍及编辑部人员，制定期刊总体发展方针和规划，在组建编委团队、策划前沿内容、遴选优质文章、促进高效传播方面发挥着至关重要的作用，为期刊标定前行的航向。

（一）强化总编辑职责，发挥核心作用

总编辑是期刊的总设计师和决策人，在科技期刊的传播中发挥着举足轻重的作用，因此必须具有明确的工作职责，该职责应由期刊主办单位、编委会全体成员共同讨论制定，以此督促总编辑切实履行其职责使命。学术期刊的总编辑不仅应具有超强的学术能力，开阔的学术视野，高屋建瓴地为期刊发展指明方向，更重要的是要身体力行，促进学术成果的扩大传播，进而促进科学的进步和发展，从而对社会变革起到推动作用。

---

① 第四章执笔：刘冰、魏佩芳、张彤、柴钊、陈晓峰、祝叶华。

我国科技期刊的总编辑多为业界领军人物，身兼数职，常因工作忙碌而较少顾及期刊事务。2019年6~9月，朱琳等[1]采用问卷星系统针对中国科学院284种科技期刊进行问卷调查，共回收149份有效问卷。参与调查的期刊中，53.02%认为总编辑对期刊发挥了很大的作用，真正推动了期刊的发展；33.56%认为总编辑起到了一定的作用，但还有13.42%认为总编辑未起到应有的作用。具体来看，71.81%的期刊认为总编辑起到了主导办刊方向的作用，其次为稿件终审，占55.03%，而认为总编辑在约稿荐稿、宣传及推广期刊、专题策划及组织专辑等方面发挥作用的均略高于40%，说明总编辑虽然在这些方面有所贡献，但仍未充分发挥作用。为保证总编辑工作的专注度和高效性，国际上一些出版高影响力学术期刊的机构会聘请科学家担任专职总编辑。例如，Magdalena Skipper是一位遗传学家，现任《自然》的专职总编辑，负责期刊的内容编辑、运营管理和质量把控。专职总编辑的主业就是期刊建设，除保证期刊的学术质量外，还可以有较多的时间精力来思考和参与期刊的传播工作，保证期刊的良好运转。

为强化总编辑职责，中华医学会系列期刊对总编辑的职责进行了详细界定，其中包括制定期刊的办刊宗旨、指导思想、长远规划，审定年度选题计划，把握期刊学术方向，审核签发拟用稿件，积极扩大杂志影响。总编辑会在编委会成立大会上宣读任职责任书，在任职期间接受全体编委成员的监督，对其认真履行总编辑职责起到了良好的促进作用。

与国内许多期刊的"长任期"总编制不同，很多国外知名出版集团采用了"短任期"总编辑聘用机制，任期通常是3年，最多2届[2]。有些国外机构如美国计算机协会旗下期刊出台了清晰完整的《总编考核业绩标准》，从编辑组稿、期刊运营推广、期刊创新发展等方面对总编辑提出了具体要求[3]。此外，国外一些高影响力学术期刊，如《科学》《自然》聘请了科学家担任专职总编辑，专心从事期刊事业。这些机制在一定程度上加强了总编辑的责任主体意识，有利于期刊工作的有序推进，发挥其核心领导作用。

（二）把握前沿热点，邀约重磅文章

在内容为王的时代，富含创新元素的优质内容是传播链条上的关键环节。总编辑是领域内的资深专家，对学科有着深入的研究和前瞻性的认识，也拥有丰富的人脉资源，由其领导编委会组织热点专题内容是提升期刊学术质量的有效途径。

《中国激光》杂志社有限公司于 2013 年创办了《光子学研究（英文）》，其创刊总编周治平教授凭借深厚的学术造诣、执着的探索精神和热情诚恳的为人，为《光子学研究（英文）》在光子学领域形成了强大的学术凝聚力。在周总编的带领下，编委们全方位参与了内容策划、同行评议、国际宣传等工作，积极向全球知名光子学专家约稿，最终为创刊卷邀约到 15 篇高质量文章。这些优质文章的出版，迅速得到了国际学术界的认同和肯定，为《光子学研究（英文）》形成并提高国际影响力奠定了坚实的基础。《光子学研究（英文）》2015 年被 SCI 收录，期刊被引用超过 7000 次，单篇最高被引 434 次，2021 年影响因子已达到 7.254。其中周总编邀约美国两院院士、斯坦福大学教授 David Miller 的论文，由于观点新颖，引起了学术界的广泛兴趣，成为杂志的"明星"文章。他还主动联系领域内活跃的中青年专家围绕热点问题组织专刊，邀请到了英国帝国理工学院、美国加州大学圣芭芭拉分校、波兰弗罗茨瓦技术大会的顶级科学团队为《光子学研究（英文）》撰写综述文章，大大提高了期刊的国际影响力[2]。

《细胞研究（英文）》的第一任总编姚鑫院士从 1990 年创刊起就确定了国际化的办刊方向，十数年亲力亲为，呕心沥血，探索和实践中国创办高水平学术期刊的道路，为期刊向高起点、高标准的国际化目标发展奠定了基础。姚总编带领整个编辑团队，调动国内外科学家和编委们的积极性，邀请他们根据国际学术研究动态走向，为杂志撰稿、荐稿、审稿，并在国外积极开展期刊宣传、组织专刊论文等工作，经过同心协力、坚持不懈的奋斗，终于使《细胞研究（英文）》克服了重重困难，并不断取得长足进步，逐步成为细胞生物学领域的国际顶级期刊[4]。

2020 年新冠疫情暴发初期，《中华医学杂志（英文版）》编辑部在总编辑王辰院士的带领下，第一时间与身在抗疫前线的专家取得联系，邀约了关于新冠肺炎病原学、临床表现、影像学及实验室检查特征、诊断治疗等方面的一系列文章，为新冠肺炎的救治工作提供了宝贵的第一手资料，在提高疫情防控的科学性和有效性及助力科研攻关方面发挥了重要作用。同时，积极推广我国新冠肺炎防治经验，促进信息交流和分享，助力世界各国科学抗疫，彰显百年老刊的济世情怀。这一系列新冠肺炎相关文章在 WoS 中被引频次超过 150 次的文章已达 5 篇，总被引频次 3600 多次，得到国内外科研与临床工作者的广泛关注与高度认可。

（三）严把质量内核，遴选优质稿件

学术质量是期刊的生命线，也是影响期刊传播力的决定因素，因此，从源头上把好质量关是总编义不容辞的责任。国内外许多优秀期刊的总编深度参与稿件的评审工作，本着宁缺毋滥的原则，从稿件初筛开始即进行严格的质量监管。例如，《高分子学报》的总编提出将稿件处理流程中的由编辑送审变为总编/副总编送审，并由他们根据同行评审意见决定是否录用稿件。期刊的初审退稿率由原来编辑处理时的 20%增加到总编会审理的 60%以上，待审稿件数量大大减少，稿件审理周期也明显缩短[5]。同时，严格的评审流程有效保障了录用稿件的学术水平和质量。

《光子学研究（英文）》从创刊起，就采取总编初审、编委送审的稿件处理方式。每一篇稿件都经过周治平总编的严格初审，再分配到编委手中进行同行评议。同时，周总编也会送审自己专业范围内的稿件，确保同行评议更加快速、精准。对于编委们的稿件处理情况，周总编会定期进行总结，发邮件或者打电话提醒审稿时间过长、录用标准较低的编委。他还与出版机构邀请业内专家对《光子学研究（英文）》发表的文章进行质量评定，从国际审稿比例、审稿意见质量、稿件创新性、英文写作水平等方面全方位评估期刊文章，对后续同行评议的开展具有重大的指导意义，保证期刊学术内容的高品质、高水平[2]。

（四）注重宣传推广，提升品牌形象

期刊的总编在学术界一般都具有崇高的学术地位，充当着期刊"品牌代言人"的角色，如能在期刊传播过程中充分地发挥积极作用，则能起到事半功倍的宣传效果。

《新英格兰医学杂志》现任总编 Eric Rubin 是哈佛大学陈曾熙公共卫生学院免

疫学和传染病学系教授，结核病与传染病研究领域的知名专家学者。COVID-19 疫情暴发初期，Eric Rubin 以《新英格兰医学杂志》总编和传染病学专家的身份，联合《新英格兰医学杂志》副总编、丹娜法伯癌症研究院传染病系主任 Lindsey Baden 等在 2020 年 2 月 7 日至 3 月 25 日不到 50 天的时间里，7 次通过音频讨论的形式对于公众及医学界关心的诸多疫情问题发表了意见，内容涉及 SARS-CoV-2 与 COVID-19、如何为 COVID-19 疫情扩散做好准备、COVID-19 诊断治疗应知事项、患者检测和治疗策略制订、治疗方面研究新进展等[6]。

　　《柳叶刀》现任总编 Richard Horton 是世界医学编辑协会的第一任主席，也是美国科学编辑委员会的前任主席，是英国医学科学院及皇家内科医学院的院士。Richard Horton 一直致力于改善全球健康问题，对于医疗政策等领域的各种问题亦具有个性鲜明的主张，在他的领导下，《柳叶刀》长期聚焦全球公共健康领域，自 2003 年以来发布了 100 多个 Global Health 系列。在 COVID-19 疫情早期阶段，Richard Horton 即通过撰文、视频访谈形式多次发声，在《柳叶刀》期刊网站平台已发表 35 篇关于新型冠状病毒肺炎的评论文章（Comment）。另外 Richard Horton 和我国媒体也进行了密切互动，如 2020 年 5 月 1 日，Richard Horton 接受央视《新闻 1+1》专访，与白岩松进行对话，回应公众关切的问题，并对 "病毒起源阴谋论" 进行批驳。访谈中，Richard Horton 还对中国医生和科学家选择在《柳叶刀》发表研究结果表示感谢，因为这能够让世界更好地获取有益的信息[6]。

　　《美国医学会杂志》（*The Journal of the American Medical Association*，*JAMA*）现任总编 Howard Bauchner 是波士顿大学医学院儿科学教授，2015 年当选美国国家科学院院士。COVID-19 疫情暴发后，Howard Bauchner 与美国国立卫生研究院院长、疾病预防与控制中心负责人、公共卫生领域专家、医院负责人等进行视频对话，就疫情进展、疫苗研发、公共卫生、医疗服务模式等方面进行广泛交流。例如，2020 年 1 月 27 日、2 月 6 日、3 月 6 日，Howard Bauchner 与长安东尼·福奇博士（Anthony Fauci）进行了多次密集视频对话，并于 2 月 14 日与中国疾病预防控制中心首席流行病学家吴尊友进行视频对话，就疫情初期大众关心的问题进行了交流和信息发布[6]。

《英国医学杂志》前任总编 Fiona Godlee 于 1985 年获得剑桥大学医学博士学位，是英国皇家医师学会会员。Fiona Godlee 曾于《英国医学杂志》网站在线发表 20 多篇署名评论文章（Editor's Choice），如 2020 年 3 月 19 日发表的评论文章《燃烧的大厦》，呼吁政府应当尽快开展抗体检测，确保曾有新冠症状但已产生抗体的医务人员及时开始工作，同时应给予一线医护人员足够的支持。此外，Fiona Godlee 还发表了多篇单独署名或联合署名的社论文章（Editorial），就疫情相关的重大议题发表意见[6]。

国际四大医学期刊的总编在重大公共卫生事件中，敏锐地洞察到学科的热点，预判研究发展趋势，组织发表了一系列重磅研究，同时还在系列报道中亲自参与、持续、高频地发声，不仅促进了优质内容的广泛传播，也凸显了科技期刊的社会责任与使命担当，有助于塑造和维护品牌形象，进一步聚拢优势学术资源。

二、编委是期刊的"主心骨"，引导期刊学术方向

期刊的编委都是相关学科领域的知名专家学者，是主导期刊实现高质量发展的骨干力量。充分发挥编委的专业判断力和学术号召力，对于扩大期刊影响、提升传播效力至关重要。

（一）制定工作章程，明确核心职责

期刊在遴选编委时，不仅应评估其学术成就、行业地位，更应关注其履职意愿和履职能力，制定具体细化的编委岗位职责说明书，确实热爱期刊事业、愿意付出时间精力的专家方可获得聘任。

为有效发挥编委在稿件评审、选题策划、期刊宣传工作中的作用，国内部分优秀期刊建立了完善的编委会管理制度或工作章程，赋予编委深度融入办刊流程的权限和职责。根据编委们的意愿、研究领域、擅长工作等因素，对约稿组稿、审稿、定稿、国际合作、宣传推介等工作给予清晰的界定，对于有成效、有前景、有突破的工作，予以物质奖励和荣誉表彰[7]。

依靠中国科学院长春光学精密机械与物理研究所（以下简称"中国科学院长春光机所"）多年开展国际合作积累的国际专家资源，《光：科学与应用（英文）》

编辑部组建了一支国际化编委会，并制定了编委章程与工作指南。由原科技部副部长、光学专家曹健林，美国罗切斯特大学光学所原所长、太赫兹领域专家张希成教授担任主编，美国明尼苏达大学崔天宏教授和德国汉诺威激光加工中心 Stefan Kaieler 主任担任首任执行主编，中国科学院长春光机所所长贾平研究员、清华大学孙洪波教授、瑞士洛桑联邦理工学院 Luc Thévenaz 教授、德国弗朗霍夫 IOF 研究所所长 Andreas Tünnermann 教授、中国香港大学张霜教授担任现任执行主编。2021 年，《光：科学与应用（英文）》拥有来自中国、美国、德国、英国、澳大利亚、加拿大、瑞士、荷兰、奥地利等 19 个国家的 64 位国际一流光学专家担任期刊编委，国际编委占 61%，编委中院士占 25%。主编在明确办刊定位、选题策划、约请顶尖稿源、提升期刊传播与影响力方面发挥了重要作用。编委不仅为期刊组稿、约稿、审稿或直接供稿，还在世界范围内对《光：科学与应用（英文）》进行有力的宣传[8]。

（二）深度融入办刊，组约优质内容

编委是期刊发展的智囊团和生力军，他们大多数具有深厚的学术积淀和权威的学术地位，人际关系较为广阔，对于聚合优质内容、提升学术质量具有重要作用。

《国家科学评论（英文）》主编由白春礼院士担任，执行主编由蒲慕明院士担任。编委会由 198 名国际知名科学家组成，其中诺贝尔奖得主 4 名、国际编委占 37%，中国科学院院士占 58%。《国家科学评论（英文）》编委在选题组稿、组织评审、编辑出版等方面投入了大量的时间和精力，确保了《国家科学评论（英文）》学术内容的高质量。《国家科学评论（英文）》初期阶段以编委约稿为主，由学科编委会讨论，并由编委担任客座编辑，邀请领域内具有代表性和开创性的原创性成果，后续逐步开放了自由投稿。近年来，我国很多代表性成果在《国家科学评论（英文）》首发。例如，2021 年 10 月，《国家科学评论（英文）》发表了中国科学院国家天文台李春来研究员等关于嫦娥五号月球样品的研究论文，被人民网、新华社客户端、央视新闻客户端、新闻联播、朝闻天下、中国科学院网站、科学网等媒体报道。该论文作为代表性成果之一入选"中国科学院 2021 年度科技创新亮点"和"2021 年中国十大科技进展新闻"[9]。

《运动与健康科学（英文）》（*Journal of Sport and Health Science，JSHS*）创刊于 2012 年 5 月，2014 年 1 月（创刊时间不足 2 年）即被 SCI 和 SSCI 同时收录，2017 年进入 SCI、SSCI 体育学术期刊的 Q1 区，迈入国际一流体育学术期刊行列，这与其编委会的群策群力、鼎力支持是密不可分的。编委 David C Nieman 任国际运动免疫学学会主席，是该研究领域的领军人物，他为《运动与健康科学（英文）》创刊号贡献了一篇题为《运动免疫学的临床意义》的综述文章。该综述自刊登以来就受到广泛关注，下载量在一年半内一直居首位，并被世界各地的研究人员数次引用，为《运动与健康科学（英文）》的 SCI 影响因子做出重要贡献，充分体现出编委的"名人效应"。《运动与健康科学（英文）》的编委还为其出版专题期刊积极筹谋，献智献力。例如，2012 年的"运动损伤"，2013 年的"运动与青少年健康""健康步入老年""运动电子游戏在体育教育中的作用"，2014 年的"太极拳""赤脚跑""老年女性和运动""足球运动"等特刊，客座主编分别来自美国、英国、加拿大、芬兰等国，有些是由编委担任，有些是编委邀请其他专家担任，还有些是编委和其他专家共同担任。这些专题特刊各具特色，所关注的都是各个学科中的热门话题或前沿课题，大多以健康为主旨，贴近生活；邀请到的作者都来自各国的重要研究机构，因此每期专题特刊都能够吸引到全世界范围内对该主题感兴趣的研究人员。《运动与健康科学（英文）》作为承载这些优秀研究成果的载体，也在较短时期内被国际专家学者所了解、认可和接受，迅速跻身体育学术强刊之列[10, 11]。

（三）发挥学术优势，提升传播效能

编委多为国内外享有盛誉的专家学者，在学术界具有强大的影响力和号召力，本身就自带流量和关注度，由其亲自宣传和推广杂志内容必能使传播效果倍增。

例如，编委经常参加各种国际学术会议，但由于经费限制，大多数国内期刊无法派遣编辑部人员出国参会，因而错失很多宣传机会。《中国免疫学杂志（英文版）》通过减免编委论文版面费等方式鼓励编委在参加国际学术会议的同时，附带宣传期刊，在近几年国际会议上散发期刊数百册、宣传彩页上千份[12]。《中华医学杂志（英文版）》为编委定制了期刊的宣传海报和 PPT，供编委在做学术报告时推介期刊使用，还鼓励国外编委在其社交平台 Facebook、Twitter 转发分享杂志的优秀文章，增加期刊的国际曝光度和传播力。

（四）拓宽宣传渠道，丰富推广形式

编委会成员大多是活跃在学术领域的科学家，经常参加学术会议等社交活动，与媒体尤其是科技媒体保持着良好的关系。有的编委所在学（协）会、科研院所、实验室拥有宣传网页、微信、微博，甚至自己就是微博大 V，这些都为期刊宣传推广提供了得天独厚的条件。

《中华医学杂志（英文版）》十分注重发挥编委的媒体资源优势。编辑部组织撰写的《人血白蛋白在危重症患者应用专家共识》一经出版，便由杂志编委、共识牵头人，同时担任中华医学会重症医学分会候任主任委员的陈德昌教授推荐到重症领域的"顶流"微信公众号平台"重症之声"发表，阅读量达 1 万多人次，此后还得到"医学界外科频道""围术期医学论坛""急重症世界""医学界急诊与重症频道"等颇有影响力的微信公众号引用或转发，呈现出指数级的裂变传播效应。

三、编辑是期刊的"引擎器"，促进高效生产传播

编辑作为期刊学术内容的加工者与传播者，其社会角色决定其职业任务是宏大与精细的高度统一。学术编辑既肩负着对稿件精细的加工整理职责，也肩负着遴选高价值学术内容、促进科技和社会进步的社会责任，因此，要求编辑要具备统筹全局的能力，开拓创新的思维，发挥促进学术内容高效生产和传播的作用。《地下空间（英文）》（*Underground Space*）杂志高度重视编辑部履职能力建设，明确提出编辑部要创造性执行期刊发展战略，解决期刊运行中的技术问题，与作者、审稿人、编委、主编建立积极向上的工作关系，敏锐识别高水平作者和科研成果，打造有利于期刊和学科发展的学术生态环境，对期刊发展状态进行监测，提出改进建议，注重学习，不断提高业务能力，及时总结经验、建立期刊规章制度等。这些强有力的

编辑部建设措施为期刊的战略落实和可持续健康发展提供了可靠保障。

（一）加快生产流程，提升传播速度

科研成果都有其保鲜期，抢占首发权的机会转瞬即逝，因此编辑应加强服务意识，在收到来稿之后迅速响应，确保创新性研究成果能够在第一时间面世，从而获得快速应用和转化。这就要求编辑部未雨绸缪，开辟重大原创成果发布的绿色通道，从而吸引优质稿件，增强社会关注度，形成"以优促优"的良性循环。

《科学通报（英文版）》建立了快速规范的审稿与出版流程，学科编辑在收到投稿之后 2 天内就会安排预审。2021 年，随着投稿量的增加及稿件质量的提升，期刊采取了学科编辑或编委共同组织的"多人双盲"的小同行初审制度，使稿件的初审时间明显缩短，达不到外审标准的稿件基本一周内就可以退回给作者。对于符合外审标准的稿件，快速找到接受评审邀请的审稿专家。《科学通报（英文版）》学科编辑会每天关注稿件的评审进度，及时提醒，尽可能保证每轮外审不超过 1 个月。一旦超期，学科编辑就会与作者及时沟通，取得作者的谅解。稿件录用后，为了缩短出版时间，《科学通报（英文版）》采取录用即出版的模式，确保稿件录用后一周内就获得 DOI 号，正式在线发布。此外，期刊还为重大突破性科研成果设立了"快速通道"，也就是 1 周左右完成所有审稿流程。稿件一旦录用，2 天内在线发表，对于"快速通道"稿件的处理同样需要严格按照"三审三校"的原则。近几年，各学科通过"快速通道"出版了多项重大突破性成果。例如，2016 年清华大学薛其坤教授研究团队在铜氧化物高温超导研究中取得重大进展，该工作从投稿到在线出版历时仅 6 天；2017 年北京大学王恩哥教授及其合作者关于米量级单晶石墨烯工业化制备的重大成果，仅 4 天就实现了在线出版。这 2 篇凝聚态物理领域的文章出版之后，很快获得了国内外同行的关注，EurekAlert！、Phys.org、Cherm Europe、Nanowerk、Asian Scientist、材料人、纳米人等媒体都进行了报道。设立"快速通道"不仅最大限度地为作者争取了国际首发权，而且期刊的关注度及认可度也得到了显著提升，有助于增强内容传播的效力[13]。

《中国航空学报（英文版）》在副总编吴子牛教授倡导下创办了 Fast Track 栏

目，旨在快速审理、快速发表一些创新性突出的短文，内容主要包括新发现、新方法、新模型或者航空航天领域重大问题的解决方案。为了保证 Fast Track 论文的高质量，编辑部在其审理流程上采取更加严格的审稿方式，以保证该栏目稿件更具原创性与关注度。除了与正常稿件的审理流程严格保持一致，编辑部会全程监控每一个审稿环节，充分调动手上的专家资源，"编辑–青年编委–审稿专家–编委–主编"联动，从而保证稿件的快速审理。《中国航空学报（英文版）》创办 Fast Track 栏目至今，已发表多篇论文，平均审稿周期 14 天，内容涉及一系列航空航天领域的热点方向，助力我国航空航天技术的创新发展，主动服务国家重大战略需求①。

　　《细胞研究（英文）》也建立了论文发表的"绿色通道"和"快速通道"，旨在为国内外优秀的原创论文，以及在国外期刊评审时受到不公正待遇的优秀论文提供快速审理的服务，最快 72 小时就可将审稿意见返回给作者，论文经过一定的修改就可以在《细胞研究（英文）》上快速发表。由于《细胞研究（英文）》提供这种独特的优质服务，近几年来发表了一批具有高度创新性的原创成果，学术水平相当于《自然》《细胞》发表的文章。例如，2020 年 6 月 3 日，浙江大学医学院张岩课题组与华中科技大学生命科学与技术学院刘剑峰课题组联合在《细胞研究（英文）》发表了题为 Cnyo-EM Structures of Inactive and Active GABA Receptor 的文章，该研究在国际上首次报道了人源全长异源二聚体 $GABA_B$ 受体的精细三维空间结构，为今后靶向 $GABA_B$ 受体的药物研发奠定了基础。3 篇类似的研究成果 2~3 周之后发表在《自然》上。近年来，《细胞研究（英文）》已从国际学术潮流的追赶者向引领者迈进，能够超越国际顶级期刊而率先发表很多最新的研究成果①。

　　2020 年新型冠状病毒感染疫情暴发伊始，国际著名四大医学期刊即凭借极高的学术敏感性和敏锐的科学判断力，对 COVID-19 疫情进行了特别关注和报道。同时，凭借其对优质内容的较大吸引力、强大的内容加工能力和网络出版平台的快速发布能力，四大医学期刊率先对评审流程进行紧急调整，临时组建专门团队对 COVID-19 相关稿件进行审核，抢先在全球上线一批报道 COVID-19 疫情最新信息的文章，随后又发布了一系列有利于 COVID-19 相关文章快速评审和发表的政策，

---

① 中国科技期刊卓越行动计划领军期刊案例汇编. 中国科技期刊卓越行动计划办公室. 2021 年 4 月.

及时发布了大量第一手优质、权威的内容。例如，《美国医学会杂志》于 2020 年 1 月 23 日就在线发表了美国国立卫生研究院国家过敏症和传染病研究所所长安东尼·福奇博士（Anthony Fauci）为通信作者的观点文章（Viewpoint）《冠状病毒感染——不仅仅是普通的感冒》（Coronavirus Infections—More Than Just the Common Cold）。该文章呼吁，虽然这次暴发的轨迹无法预测，但需要从经典公共卫生策略的角度出发尽快采取有效的应对措施，并及时制定和实施有效的对策。截至 2022 年 9 月，该文章的浏览量已达 65 万次，被引频次达 1035 次，Altmetrics 分值高达 2654（《美国医学会杂志》网站文章页面显示的数据）。《新英格兰医学杂志》于 2020 年 1 月 24 日在线发表社论文章《新十年伊始，新型冠状病毒又现》及分析新型冠状病毒影响的观点文章（Perspective），并发表了 1 篇来自中国的关于新型冠状病毒分离的研究简报（Brief Report），截至 2022 年 10 月，该研究简报的被引频次已高达 14 009 次（数据来自 WoS 数据库）。国际著名四大医学期刊在新型冠状病毒感染疫情期间采取的一系列应急报道策略，有效地发挥了科技期刊记录、交流、传播学术内容的功能，推动了临床经验的共享，加快了科学研究的进程，并进一步巩固和扩大了自身的学术和社会影响力[6]。

（二）坚持内容为王，瞄准学科进展

学术期刊是科学研究第一手资料的发布者，因此编辑策划必须始终站在学术前沿，突出学科热点，彰显内容特色，才能够发挥引领作者研究、影响读者阅读、促进研究进步的作用，从而提升期刊质量水平及扩大影响力。

为了提升《光：科学与应用（英文）》引导科学热点的能力，《光：科学与应用（英文）》科学编辑瞄准学科前沿热点，组织了拓扑光子学专刊，促进拓扑光子学新兴学科的发展。同时，《光：科学与应用（英文）》科学编辑发掘光学交叉领域焕发生机的学科，围绕低维光电材料和微腔光子学组织专刊进行集中报道。此外，《光：科学与应用（英文）》科学编辑通过组织专题回顾了东南大学崔铁军院士团队的"数字编码超材料"系列工作，该方向的开山之作于 2014 年在《光：科学与应用（英文）》首发后，截至 2022 年 10 月，总被引频次已经超过 1400 次，开创了数字编码超材料领域，奠定了信息超材料系统的基础，该研究成果被《自然》等国际大刊跟进报道。《光：科学与应用（英文）》科学编辑通过在开拓性领域及新兴、交叉和热点学科邀请顶级科学家组织专栏和专题回顾，提高了《光：科学与应用（英文）》开拓性工作的传播与影响力，以及《光：科学与应用（英文）》发掘引导科学热点、引领科学研究的能力[14]。

《工程（英文）》致力于报道全球工程科学技术的重大进步和突破，尤其关注能够推动技术进步、产业发展，能够应对人类面临的重大挑战，能够改变人类生活的具有重大经济、社会意义和世界先进水平的工程科技原创性成果。《工程（英文）》参与承担中国工程院《全球工程前沿》项目研究，将大数据分析与专家研判结合，精选前沿组稿方向。创刊以来，《工程（英文）》已出版近50个专题，10个常设专题，内容涉及全球重大挑战、人工智能、清洁能源、智慧电网、深地物质、机器人、新一代核能技术、先进制造技术、稀土永磁材料、作物遗传育种、中医药国际化等工程科技前沿热点，专题稿件中有60%以上来自各国工程院科学院院士团队、国际顶尖研究团队和诺贝尔奖得主，引领工程科技各前沿领域的发展①。

《航空学报》以学科热点为中心，积极主动出击，通过有效的组稿策略，组织发表了一系列选题新颖、学术水平高、具有创新价值的优秀成果。编辑部通过参加学术会议，了解核心主题，结合最新研究动态，邀请学术会议主席担任执行主编约稿。例如，《航空学报》2015年就与IEEE中国制导、导航与控制学术会议合作出版了《CGNCC专栏》，2016年与北京航空航天大学主办的空中交通管理学术会议合作出版了Complexity Science in Air Transportation。编辑还积极"走出去"，走进科研院所、国家重点实验室组稿约稿。例如，其出版的《非定常流动专刊》，就是先走访了中国空气动力研究与发展中心，与该基地专家深入探讨空气动力学的热点问题，并开展科技论文撰写的培训讲座后，才邀请该基地总师担任执行主编组织专刊；《航空制导武器专栏》则是编辑部走访中国空空导弹研究院的成果；《直升机气动技术专栏》则依托于直升机旋翼动力学国防科技重点实验室而组建。编辑部发动编委会进行专刊/专栏组稿，邀请国内外权威学者撰写文章。同时，编辑将国家

---

① 中国科技期刊卓越行动计划领军期刊案例汇编. 中国科技期刊卓越行动计划办公室. 2021年4月.

重大专项列为专刊/专栏选题，如国家 973 项目、国家 863 项目、国家自然科学基金项目以及国际合作项目等，热点效应非常明显。编辑部根据学科热点关键词拟定专栏主题，邀请该领域的知名专家学者担任客座编辑进行组稿，同时发布专刊/专栏征稿启事，开辟了新的组稿途径，有效拓展了优质稿源[15]。

（三）建立沟通机制，促进多方联动

编辑是科技期刊出版链条中的核心环节，承担着将优秀科研成果以期刊为媒介传播给读者的重任，不仅要使稿件在编辑加工过程中实现提升和增值，还要努力调动编委、读者、作者等各方资源，保证优质内容的不断输入和扩大传播。

《中国科学：数学（英文版）》（*Science China Mathematics*）的编辑与主编通过月例会制度保持定期沟通，会上由编辑部汇报稿件收发情况，专辑专题专栏进展、重点稿件组稿情况，编委会工作进展以及重点工作推进情况，同时汇报平时工作中遇到的新问题，总编对各项工作提出意见和建议，及时指导编辑部工作①。

《科学通报（英文版）》的编辑也通过工作进展汇报、组织开展编委会议、面对面拜访等方式与编委保持良好互动。首先，《科学通报（英文版）》的学科编辑每个季度都会向各自的分编委会汇报工作。每年编辑部还会组织编写工作简报，汇总各学科的年度重点和亮点工作，发送给全体编委，让编委们了解期刊的总体进展及当前面临的困难，以便及时提出解决问题的方案和建议。其次，每年组织不同形式和类别的编委会议，如全体编委会议、执行主编会议、分学科编委会会议等。会上《科学通报（英文版）》学科编辑集中汇报上一年度的工作，探讨当前存在的问题，制定下一步工作目标和举措。每次会议结束后，以会议纪要的形式将会上讨论的内容汇总，发送给全体编委，并推动各项举措尽快落实。再次，面对面拜访也是非常有效的形式，一般安排在学术会议间隙，既不占用编委太多的时间，又很有实效。沉浸在学术会议的良好氛围中，编委往往会产生平常不容易想到的新想法，如组稿方向、约稿对象等。通过以上举措，《科学通报（英文版）》学科编辑加强了与编委的联系，并以"晒成绩"的方式激励编委多投入，效果显著。编委不仅习惯

---

① 中国科技期刊卓越行动计划领军期刊案例汇编. 中国科技期刊卓越行动计划办公室. 2021 年 4 月.

了在学术报告中宣讲期刊，还积极说服合作者及其他"小同行"将自己的代表性成果投给《科学通报（英文版）》，为期刊的蓬勃发展提供了有力的保障[13]。

　　为加强与作者的联系，构建近距离学术社区，《园艺研究（英文）》（*Horticulture Research*）自 2018 年来坚持举办作者分享会，邀请期刊的高水平作者团队，以"PI+青年教师+博士"的组合，在线上分享其发表在期刊上的高热度论文，或该论文研究方向的最新研究进展以及作者团队最新工作状况，旨在构建科研人员之间交流与合作的纯学术社区。2020 年起开始采用线上直播形式，每场参与人数平均超过 5000人，最高单场超过 1.1 万人次。通过活动，优秀的学术论文快速被大量科研人员了解，极大地增加了论文与作者团队的曝光度，也提升了期刊的整体知名度。期刊还建立了微信作者交流群 30 个，群内用户近 1 万人，用户为遍布全国各地的园艺学科研人员。群里会发送期刊的论文中文介绍、新闻、会议、活动和特刊通知，鼓励大家转发分享给合适的对象。科研人员提出科研中遇到的问题，大家进行交流和解答。编辑会解答作者关于英文期刊投稿的问题，并提供投稿相关的建议和资料。此外，编辑还会整理并推送科研人员密切关注的信息，如园艺领域期刊列表、期刊选择方法、每年国内外会议列表，通过各种周到的服务增加作者与期刊之间的黏性，从而吸引更多优质的稿源①。

　　《昆虫科学（英文版）》（*Insect Science*）编辑会跟踪已发表论文的被引用情况，定期向作者发送文章引用报告。对于引用情况好的作者，会激发他们转发宣传文章的热情，且吸引他们继续投稿；如果引用情况不理想，则报告是对作者的温馨提示，希望作者未来关注文章引用情况，加强宣传推广①。

　　《纳米研究（英文版）》非常注重通过移动社交平台加强与读者的互动交流。期刊微信公众号持续更新，7 个 500 人微信群及 1 个 300 人学生群十分活跃。期刊微信公众号推出每月亮点合辑和顶刊速报等行业新闻栏目。同时，还建立了 Twitter、Facebook 和科学网平台宣传期刊。《纳米研究（英文版）》视频号于 2020 年 12月开通，旨在以短视频形式为读者提供纳米领域前沿学术报告、热点科研领域分析和最新科研进展。通过移动媒体，期刊还组织了小型抽奖、纳米研究主题相关的"纳

---

① 中国科技期刊卓越行动计划领军期刊案例汇编. 中国科技期刊卓越行动计划办公室. 2021 年 4 月.

米图片"大赛、期刊最美封面评选等营销活动，以吸引读者的关注。这些活动不但增进了期刊与读者的互动，也为期刊进行了广泛的宣传。

（四）创新宣传模式，构建传播矩阵

伴随着"互联网+"时代的到来，知识获取和信息传播的渠道更为多元化，这就要求编辑与时俱进，树立融媒体传播思维，构建立体化学术传播网络，提升期刊的国际传播能力。

《中华医学杂志（英文版）》制定了"一种内容、多元发布、复合出版"的传播策略，建立了独立的微信、微博、Facebook、Twitter、LinkedIn、YouTube、B 站账号，挑选重要文章撰写简练易懂的新闻稿，并配合信息图及视频摘要，在自媒体平台定期发布。2020 年 1 月 25 日收到第一篇关于新冠病毒鉴定的原创论文后，即刻启动绿色快速通道，于 1 月 29 日实现在线预出版，此后编辑提炼文章要义，制作信息图和视频，在微信、Facebook、Twitter、YouTube、EurekAlert！同步在线发表，其中微信点击量达 2.1 万次，文章在 WoS 被引达 191 次。期刊除将新冠相关文章在国家抗疫平台上单篇快速发表之外，还将所有文章及周边信息图、视频等资源集结成电子专辑，所有资源均可免费获取并不断更新，旨在更集中、及时地展示新型冠状病毒感染肺炎（Corona Virus Disease 2019，COVID-19）科研成果、诊治防控经验，促进了学术成果的开放共享和交流推广。对于重磅约稿文章，如由国家癌症中心陈万青教授团队撰写的一项基于国际癌症研究署最新发布的肿瘤负担数据分析研究，杂志还制作了精美的短视频摘要和播客文件，增加了信息获取的直观性和便捷性，通过引人入胜的视（听）觉效果吸引读者关注，加大杂志内容的推广力度。此外，杂志还从科睿唯安数据库、Ovid 平台、杂志自有读者和作者数据库中精准匹配目标读者，进行邮件推广，进一步提升期刊内容的国际显示度。杂志利用跨平台推送（TrendMD）应用大数据分析、人工智能算法，将杂志已发表文章以链接方式跨平台精准投放到已经合作的 5500 多本国际期刊相关文章页面上，吸引目标读者阅读全文内容。

《光：科学与应用（英文）》编辑通过在全球范围建设区域办公室，打造全

媒体矩阵，创新宣传模式，扩展宣传渠道，提升期刊传播力与影响力。《光：科学与应用（英文）》编辑部已在中国的北京、上海、南京、长沙、成都、台南、香港，国外的新加坡、巴黎、悉尼、伦敦等地建立 16 个区域办公室。通过在国内外一流科研机构建立区域办公室，深入科学一线，挖掘重大创新工作，争取一流研究成果，开拓国际化传播渠道。《光：科学与应用（英文）》编辑建立了以 EurekAlert!、科学网、两江科技评论为代表的科技媒体传播网络，以 Facebook、Twitter、Instagram、微信、微博为代表的社交媒体网络，以科睿唯安、TrendMD、AMiner 为代表的定向推送资源网络，对所发表的科研成果进行全方位、多层次的报道，充分发挥全媒体矩阵在科技期刊传播科学成果中的作用。除了通过科技媒体广泛传播科技成果之外，《光：科学与应用（英文）》还受到了汤森路透、施普林格·自然（Springer Nature）、凤凰网、科学网、新华网、中国科学院网站、《半月谈》、《科技日报》、《中国科学报》、《传媒》等主流媒体的重点报道，加速了其提升影响力、扩大科学传播的步伐。《光：科学与应用（英文）》编辑着力打造了自主建设的旗舰级新媒体品牌"中国光学"微信公众号，孵化多项原创内容，包括顶刊进展解读、顶刊综述解读、产业科技解读、课题组系列报道等。"中国光学"微信公众号现有活跃用户近 8 万人，推文篇均阅读量超过 3000 次，入选"2020 年度中国期刊公众号 TOP10"，发展成为光电领域新媒体头部品牌，为科学传播提供了有力支撑。与此同时，《光：科学与应用（英文）》编辑与亚洲通信与光子学国际会议、国际光通信与网络会议等多个国际光学大会开展合作，对《光：科学与应用（英文）》及其科研成果进行精准传播，积极争取前沿热点稿件，持续提升《光：科学与应用（英文）》传播与影响力[14]。

　　《分子植物（英文）》杂志通过举办"分子植物"系列国际学术会议、Molecular Plant 前沿论坛、MPlant 在线讲座和 MPlant 在线研讨会，加强了科学家与期刊编辑之间的联系，使得期刊可以第一时间邀约到优秀的稿件，也帮助科学家对《分子植物（英文）》的期刊定位、关注重点、稿件处理、审稿过程和发表流程等有了更深入的了解，从而让他们更愿意将阐释重大原创成果的优秀稿件投给《分子植物（英文）》，也愿意为期刊内容的传播做出贡献。同时，举办这些不同层次和规模的学术交流活动也大大加强了科学家之间的交流与合作，为青年科学家和研究生的发展提供了帮助和指引，无形中树立起良好的品牌形象①。

四、审稿人是期刊的"守门人"，把控内容传播源头

期刊审稿人被誉为"科学守门人"，其在学术出版中的作用不言而喻，捍卫着期刊的学术质量和科研诚信。期刊应加强审稿人队伍建设，不仅要发挥好其稿件审核把关的作用，对其推进学术争鸣、促进学术传播的作用应同样予以重视。

（一）创建标准化程序，完善评估机制

审稿是决定期刊学术质量的关键环节，但由于审稿人学术水平的参差不齐，评判标准的宽严不一，导致同行评议的衡量尺度存在不一致性。因此，要对同行评审的质量进行有效控制，必须建立标准化的评估程序，其中设计量化的审稿意见表是其中一项有力的举措。

《航空学报》就制定了可量化的审稿意见表，其中对文章的先进性、科学性、实用性以及其他（航空特色、信息量、写作水平、基金资助）等内容进行了明确规定。每一项内容下面都包含 3～6 项子因素，且对每一个因素的权重进行了说明，从而保证了各因素及权重的可靠性和客观性。该意见表在全体编委会上讨论通过并实施，使不同审稿人对不同论文作出的评价具有可比性，保证了期刊审稿的公正公允，为优质的内容脱颖而出创造了良好条件[16]。

此外，期刊应建立严格的审稿专家评价机制。一般的审稿系统，如玛格泰克等都嵌入了专家评价打分模块，从 5 个维度对专家审稿表现进行打分，编辑部可以在此基础上继续细化评价标准并结合后续文献计量分析或评审工具来评价专家的审稿表现[17]。Elsevier 的 Editorial Manager 投审稿系统嵌入了审稿专家打分模块，编辑可对审稿质量进行评估，通过这种监督机制加强审稿人对同行评议的重视程度，提高审稿质量。

---

① 中国科技期刊卓越行动计划领军期刊案例汇编. 中国科技期刊卓越行动计划办公室. 2021 年 4 月.

（二）细化专家标签，实现精准送审

随着学科细分程度不断加深，遴选合适的"小同行"审稿专家，成为提升同行评议效率及质量的关键。对期刊审稿专家库进行领域细分显得尤为重要[18]。

《中国化学快报（英文版）》经过长期的积累，建立了庞大的专家数据库（专家人数已达 1200 多人，涉及化学各研究领域；每年完成审稿的专家有 800 多人，其中外籍专家 200 多人），专家的研究方向和领域及其他相关信息都有详细记录。选择审稿专家时，编辑先利用研究方向进行初步筛选，如果筛选结果太多，利用专家研究领域关键词再次筛选。然后结合专家的审稿速度、审稿态度及目前在处理的稿件数目等，优先选送审稿速度快、审稿质量高的专家[19]。

为实现精准送审、有效送审，期刊可根据审稿专家研究方向加注"用户领域标签"，该"领域标签"的制定以期刊栏目的发文范围、学科领域划分等为依据，设立符合期刊自身特点的"一级标签（一级学科）""二级标签（二级学科）""三级标签（期刊自定义）"3 个级别。以"领域标签"为细分依据，形成目标审稿专家库，实现对用户信息不同规模的抓取，以实现后续稿件的精确送审[18]。

（三）扩充审稿队伍，引入国际资源

强大的审稿人资源库不仅可以保证稿件得到快速、高效地审理，而且有利于凝聚一批优秀的专家学者，不断增强办刊力量。

《国家科学评论（英文）》为确保所发表文章的高水准，采用严格的国际审稿机制。审稿专家库由近万名一流科学家组成，每篇稿件送 3～5 位专家评审，要求其中至少要有 1 位是海外一线高水平专家，并提请审稿人注意稿件的录用标准是"必须为突破性、重要性、广泛兴趣性的成果"。2022 年，期刊的国际审稿人占 50%，审稿和出版周期均控制在 2 个月左右，有效保证了审稿质量和速度。严格的学术质量控制和专业的出版服务使得《国家科学评论（英文）》的学术质量和影响力得到快速提升①。根据科睿唯安 2022 年度《期刊引证报告》，《国家科学评论（英文）》的影响因子在全球多学科综合类期刊中位列第 4 名。

---

① 中国科技期刊卓越行动计划领军期刊案例汇编. 中国科技期刊卓越行动计划办公室. 2021 年 4 月.

《摩擦（英文）》（*Friction*）采用国际化的投审稿平台 ScholarOne 稿件处理系统，实现了在线投稿、在线审稿、自动催审等功能。为提高稿件时效性，该刊不断扩充和优化审稿专家库，审稿专家由 2013 年创刊时的 0 人增加到 2020 年的 3746 人，国际审稿人占 72.3%，并且每篇稿件均采用单向匿名的同行评议制度，每篇至少 2 名审稿人，其中至少 1 名来自海外，2020 年拒稿率达 79%，从源头上保证了传播内容的高质量[①]。

（四）健全培训体系，促进同质等效

随着学术界对同行评议重要性认识的不断提高，同行评议培训的重要性也逐渐显现出来。国际上很多出版集团及机构开展同行评议培训，包括 Publons、Springer Nature、美国化学会（American Chemical Society，ACS）、Taylor & Francis 等。其中，Taylor & Francis 联合中国高校科技期刊研究会、中国科学技术信息研究所等机构在中国举办了一系列同行评议培训，帮助中国研究人员更加详细、全面、深入地了解同行评议。培训会议有线上直播和线下会议两种形式，专家可以自由选择以何种方式参会。培训针对同行评议的常见问题，邀请知名的期刊编辑、自身审稿人及作者，分别从各自的角度对学术出版和同行评议进行全方位、多角度的深度讲解和讨论[18]。

英国物理学会出版社（IOP 出版社）提供了一个专注物理领域同行评审的项目，其利用最新的学习技术，提供"始终在线"和全程互动的学习体验，让模块课程可以无缝地进行在线传输。青年研究人员可以按照自己的进度逐步提高同行评审的知识与专业能力。在完成课程并通过验证后，就有机会获得"IOP 可信赖审稿人"（IOP trusted reviewer）认证。通过系统培训，出版社希望能够提高审稿人的技能和自信心，并使审稿流程质量趋于标准化[20]。

（五）发挥协同作用，助力成果传播

审稿人是在某学科领域具有一定造诣的专家学者，也保持着较强的学术活力，

---

① 中国科技期刊卓越行动计划领军期刊案例汇编. 中国科技期刊卓越行动计划办公室. 2021 年 4 月.

在促进学术成果传播中具有独特的优势。

《中华医学杂志（英文版）》非常注重与审稿人的友好互动，通过邀请审稿人撰写 Editorial、转发分享优秀论文的方式，最大化地发挥审稿人的学术推广和带动作用。例如，杂志曾将一篇题为 Relationship Between Time in Range and Corneal Nerve Fiber Loss in Asymptomatic Patients with Type 2 Diabetes 的论文通过 Publons 审稿人筛选工具，送给英国曼彻斯特大学的 Rayaz A. Malik 教授审阅，其给出了非常详尽中肯、富有参考价值的审稿意见。因此，编辑抓住机会邀请其为该文撰写 Editorial，并在同一期发表，通过国际大咖的解读和推荐，大大增加了研究成果的国际关注度和曝光度。

五、出版机构是期刊的"放大器"，营造良好传播生态

出版机构拥有较为完善的出版管理体系和规模优势，在期刊传播中发挥着"放大器"的作用。出版机构通过搭建一体化的学术出版平台，促进期刊之间、媒体之间的深度融合发展，可营造良好的科技传播生态。

（一）打造优质平台，提高期刊显示度

出版集团为期刊提供展示平台和输出终端，因此其打造的出版平台是否优质高效，对于期刊是否能够获得良好的国际显示度影响重大。

例如，Elsevier 的 ScienceDirect 全文数据库平台上从全文期刊文章到权威著作，涵盖数以百万计的出版物。期刊由优秀的编辑委员会指导，文章一律经严苛的同行评审；图书涵盖 24 个学科门类。同时，它还拥有高效的在线检索工具，帮助用户轻松发现更具相关性的期刊文章和图书章节，让用户能够及时追踪自己研究领域的最新进展，将信息转化为知识，有效提升工作效率[21]。因此，在 ScienceDirect 平台上出版的期刊和文章具有得天独厚的优势，能够更为容易地被读者发现，从而获得更为广泛的传播覆盖面。

（二）有效整合资源，发挥集群效应

出版机构集聚了丰富的学术资源、人力资源和硬件资源，通过整合这些资源，

可充分发挥刊群优势，实现传播效果最大化。

《中华医学杂志》社有限责任公司是目前国内规模最大且最具影响力的医学专业杂志社。在新冠疫情暴发初期，其旗下中华医学期刊网于 2020 年 1 月 31 日开设了《新型冠状病毒肺炎防控和诊治》专栏（http://medjournals.cn/），集成优先发表文献提供专题信息服务。2 月，新冠肺炎患者数量不断增加，诊治成为主要工作，杂志社于 2020 年 2 月 12 日再次重点征集、发布临床研究型文章服务临床一线。为贯彻落实习近平总书记关于坚决打赢新冠疫情防控阻击战的重要指示精神，2020 年 2 月 22 日，基于前述专栏的基础，科学技术部、国家卫生健康委员会、中国科学技术协会、中华医学会联合共建的"新型冠状病毒肺炎科研成果学术交流平台"上线，发布科研成果、研究论文、实验数据、临床病例等重要进展，供广大同行开展共享交流。同时，组建了由钟南山、李兰娟、王辰、张伯礼 4 位院士领衔，汇聚相关学科的中华医学会专科分会主任委员和中华医学会系列期刊主编、副主编，以及中华预防医学会、中华中医药学会、中华护理学会专家组成学术指导委员会，保障平台文献的学术质量。2020 年 2 月 25 日中华医学会联合中国期刊协会向国内生物医药卫生期刊发出在该平台集中优先发布新冠肺炎相关论文的倡议。截至 2020 年 4 月 2 日，来自全国各地的作者通过 101 种期刊在平台优先发布 743 篇论文，网站（不含微信）总阅读量 2 534 611 次。截至 2020 年 4 月 5 日，PubMed 平台注册论文数 171 篇，增强了论文的国际显示度。截至 2020 年 3 月 10 日，平台共有 21 种期刊预发表的 134 篇文献被世界卫生组织（WHO）的新冠肺炎数据库收录。同期，对 12 篇重要文章制作了视频解读，实现了体验更直观、更丰富的交流模式[22]。

中国科学院长春光机所 *Light* 学术出版中心在集约协同管理模式下，立足国内，面向国际，充分发挥科技媒体在学术交流中的作用，构建具有中国特色和国际影响力的 *Light* 品牌期刊集群。2022 年领军期刊《光：科学与应用（英文）》获得 JCR 影响因子 20.257，连续八年稳居世界光学期刊榜前三；依托《光：科学与应用（英文）》创办的高水平子刊《光：快讯（英文）》（*eLight*）、《光：先进制造（英文版）》（*Light: Advanced Manufacturing*，*LAM*），跨界合办面向人民生命健康的《消化病学进展（英文）》（*eGastroenterology*），均入选中国科技期刊卓越行动计划高起点新刊项目；以《光：科学与应用（英文）》为主导，带动中文精品科技期刊《光学精密工程》《中国光学》《发光学报》《液晶与显示》持续发展，多次获评中国国际影响力优秀学术期刊和中国精品科技期刊[23]。

科学出版社逐步形成了以《中国科学》、《科学通报》和《国家科学评论（英文）》等为代表的一流中国科技期刊品牌，以 SciEngine 为支撑的期刊全流程数字出版与学术传播服务，以整合国际科技出版机构（收购法国 EDP Sciences 出版社）和国际合作（科爱公司）为纽带的科技期刊集群化发展平台。自 2014 年投入建设以来，SciEngine 经历了最初的试验型项目、期刊全流程平台各子系统模块阶段，2022 年已进入第三期集群化服务升级建设阶段。经过近几年的积累，SciEngine 平台技术建设和资源集聚初具规模，包含 300 多种期刊、29 万余篇论文，总下载量超过 3000 万次[24]。

（三）深挖内容价值，实现渠道融合

在当前数字化出版业态下，出版机构在内容资源的整合上具有先天优势，可通过深度挖掘旗下期刊的内容价值，融合多种媒体渠道，实现学术内容宣传的放大效应。

BMC 集团一方面吸纳新成员，创办新刊，在全球广泛寻找出版合作伙伴，另一方面主动加入更多的平台、数据库。例如，加入 Cases database，这是和 Springer、BMJ 出版集团合作的期刊数据库，能够免费获取最新的医学案例报告。BMC 还设立了 Facebook、Twitter、LinkedIn、YouTube 等账号，将同类主题的内容归类整理后，通过多渠道进行宣传推广[25]。Elsevier 也会对旗下期刊内容资源进行优化组合，整合为虚拟专辑后通过邮件推送到目标读者，通过强强联合实现资源互补，通过以强带弱达到共同发展。

（四）加强媒体联合，增进互联互通

出版机构因其体量较大，与其他媒体合作具有更强的话语权，能够为期刊宣传争取到更多的优势资源。出版机构应加强与各新闻媒体的联合，增进互联互通，助力期刊传播。

《自然》出版集团的杂志在其出版重磅文章前 1 周会向全球 1000 多位记者发布

一份新闻稿，供媒体在规定时间报道。此外，还要选一些稿件用于每周的新闻发布会，会上由杂志主编、业内著名专家对文章亮点进行介绍，并对其重大意义进行点评，使作者及其研究成果在国际上最重要的报纸、杂志、电台和电视台获得报道，从而赢得广泛的关注[26]。

综上案例可见，在围绕以传播者为中心的期刊建设中，国际学术期刊的高质量发展有其客观规律，旗帜鲜明的期刊定位、国际化的办刊机制和高水平的稿源，构建期刊生态化成长模式是实现国际学术期刊高质量发展的核心。瞄准学科前沿是实现期刊高质量发展的关键，准确把握和瞄准学科前沿，有助于期刊精准定位，凝聚高水平作者和科研机构。建立卓有成效的国际化办刊机制和获得高质量稿源是实现期刊高质量发展的关键。

第二节　围绕传播内容的科技期刊传播案例

随着时代的发展，科技期刊的内容传播已不仅限于纸媒载体，新媒体的出现使内容传播呈现了多种多样的方式与途径，传播内容也随之不断丰富与增值。因此内容的深耕就显得尤为重要，这将为后期的信息传递提供良好的传播基础。

不同类别的期刊在媒体融合发展的大潮中，根据各自内容特色不断探索融合发展的路径。他们在发挥自身内容优势的基础上，充分借助新媒体技术，锁定用户需求，实现精准传播。本节选取光学类、工程类、医学类和数据类 4 个领域的期刊为基础研究对象，分析其内容策划的特点，并各自选取了典型案例进行分析。

一、光学类期刊

光学类期刊是以刊载光学和相关学科研究成果等为主要内容的期刊。光学研究似乎与日常生活相距甚远，然而，科学研究与科学期刊肩负着用科研成果解决民生大事的重任，光学研究与光学期刊也不例外。光学期刊刊载着光学及其相关领域的基础科学研究、应用与光工程等方面的论文，刊载内容交叉性强且有很高的科学价值。

（一）光学类期刊的内容策划与特点

光学类期刊内容特点主要包括以下内容：一方面，光学类期刊内容有很强的专业性与理论性，离不开基础的科学研究工作；另一方面，光学类期刊内容有较强的交叉性，其刊载的光学工程方向是一门理工交叉的学科方向，这样就容易使期刊内容出现多学科紧密交叉、互相渗透。

（二）以《中国激光》杂志社为例的典型案例分析

《中国激光》杂志社（以下简称"杂志社"）是由中国科学院上海光学精密机械研究所和中国光学学会共同投资设立的出版机构，长期致力于光学科技期刊出版和专业光学知识服务。杂志社是中国科学院出版机构中首批转企改制的试点单位，以科技期刊"专业化、集群化、数字化、国际化"的办刊模式，以争创一流期刊、一流平台、一流队伍为目标，走出了一条我国专业学科期刊的独特发展之路。

1. 植根科研，坚守专业化的出版理念

杂志社2022年拥有9种高端光学专业学术期刊，其中6种英文刊、3种中文刊，并牵头组织了迄今有71种期刊加盟的"中国光学期刊联盟"，通过组成具有较高国际影响力的光学专业学术期刊集群，建设了我国光学学科走向国际的重要窗口。杂志社自主建设的3个出版平台——中国光学期刊网、科云出版、Researching为数字出版提供了保障。多年来，杂志社始终坚持以科研需求为工作目标，以服务客户为动力，通过出版期刊、组织学术会议、建设专业数据库、构建融媒体传播等方式为科研人员提供全方位多元化的信息服务，脚踏实地植根于光学专业领域的第一线，逐渐在专家心中形成了"要光学信息，上中国光学期刊网；要服务，找《中国激光》杂志社"的观念，杂志社的出版物及网站被专家们誉为"光学科研的风向标"。

2. 勇于创新，探索专业学科期刊集群化经营路径

2005年开始，杂志社尝试探索集约化的办刊模式，截至2022年9月，已组建了一个跨20多个省市，跨20多家主管、40多家主办单位的"中国光学期刊联盟"（以下简称"联盟"），共有加盟期刊71种，其中还包括来自美国、欧洲、新加

坡的 7 种期刊。

"联盟"开创了线上和线下组合互动的模式。线上模式通过中国光学期刊网数字出版平台（www.opticsjournal.net），把加盟期刊各自出版的论文数据全部汇聚到统一的数字出版平台。线下模式是每年召开光学期刊发展与合作研讨会。"联盟"突破了出版体制机制的限制，以专业为纽带的集约化运营，跨地域、跨主管主办单位，以其明显的竞争优势，成为国内专业学科期刊集群发展的领跑者。

自 2013 年起，随着中国科学技术协会牵头的"中国科技期刊国际影响力提升计划"的实施，杂志社陆续创办了 5 种高起点新刊，从光学全领域到细分方向，从发表原创论文到大综述，形成了清晰的发展路径。在自身快速发展的同时，杂志社把自身创办英文刊的经验，毫无保留地传授给加盟期刊，在中国光学期刊联盟中，先后推动中国科学院光电技术研究所和中国科学院西安光学精密机械研究所创办了 4 种新刊。光学学科是国内自然科学学科中创办英文刊最多、成长最快的学科之一。中国光学期刊联盟收录的英文刊，从 1992 年的 1 种，截至 2022 年 9 月，已有 16 种，加上联盟内早期被 SCI 收录的 2 种中文刊，截至 2022 年，共有 11 种刊被 SCI 收录，其中进入 Q1 区的已有 6 种，杂志社出版的有 3 种。

3. 面向全球，创办国际化一流期刊

自 1964 年出版我国第一本激光学术期刊以来，围绕着光学专业方向，杂志社陆续出版了《激光与光电子学进展》、《中国激光》、《光学学报》、《中国光学快报（英文版）》（*Chinese Optics Letters*，COL）、《高功率激光科学与工程》（*High Power Laser Science and Engineering*，HPL）、《光子学研究》、《先进光子学（英文）》（*Advanced Photonics*，AP）、《先进光子学通讯（英文）》（*Advanced Photonics Nexus*，APN）、《光子学评论（英文）》（*Photonics Insights*，PI）共 9 种高端学术期刊，大部分被 SCI、ESCI 和 EI 等国际知名数据库收录，学术质量及各项指标均在光学领域的各个专业学科名列前茅，成为引领我国光学学科发展的核心平台，杂志社也是我国目前最大的光学科技期刊出版单位。

在主办单位的支持下，杂志社突破了必须本单位专家担任主编的传统观念，精

心为每一本刊遴选最合适的主编和执行主编,组成一个有高影响力和强执行力的主编团队。在杂志社内部,给每种刊组建了一个小组,由每刊的编辑部主任和 2~3 位科学编辑组成,配合主编团队开展策划、组稿、审稿、宣传等系列工作。《激光与光电子进展》是我国最早创办的激光学术期刊,由于种种原因,该刊加盟杂志社之时,面临着无稿、无人、无钱的窘境。杂志社邀请了著名光学材料专家邱建荣教授担任执行主编,责任编辑也非常有热情和事业心,经过几年的艰苦奋斗,该刊年收稿量突破 3000 篇,录用率 30%左右,并由月刊提速为半月刊,继而又形成上半月主刊,下半月专题子刊的创新出版模式,陆续被几大中文核心数据库收录,并在 2020 年被 ESCI 收录,在光学界创造了"进展奇迹"。《先进光子学(英文)》是杂志社 2019 年创办的一本新刊,直接瞄准光学领域最前沿。创刊 2 年,即被 SCI 收录,2022 年的第一个影响因子就达 13.582,在全球 100 种被收录的期刊中,位列第 5 名,成为光学界一颗闪亮的新星。总结该刊的成功经验,最重要的一点,就是扎扎实实约稿,不辞辛苦地宣传。创刊 4 年中,中外共两位主编,敏锐探究最新研究进展,亲力亲为广泛向国内外作者约稿,并着重建立与有雄厚研究基础的大团队的长线联系。

4. 率先探索,打造一流数字化出版与学术交流平台

2002 年起,杂志社在国内率先走上数字化转型之路,经过 20 年的不懈努力,目前已形成了全链条数字化出版的系列平台,通过自建及合作的形式,已完成了投审稿–论文生产和管理–数据制作–在线发布的全流程数字化平台;并形成了以"中国激光杂志社"微信公众号领衔的,集合图文推送、音视频、直播、学科服务等多种形式在内的中国激光光学新媒体体系。在中国科技期刊卓越行动计划"集群化试点"项目的支持下,杂志社推出了多学科全英文期刊平台 Researching.cn,也是国内为数极少的自建的国产平台,2021 年已搭载了光学、物理和地理刊群的英文刊,实现了国产期刊在国产平台上扬帆出海。

期刊网在追求专业数据最大化的同时,凭借自身既为内容生产者又是技术提供者的双重身份,发挥植根科研和企业一线的优势,全方位分析用户需求,对入库的

文献数据进行解析、挖掘、多次利用。截至 2022 年 10 月，该数据库共有国内外文献约 50 万篇。在数据挖掘方面，杂志社于 2013 年开发了科研关系合作拓扑图谱，随着 XML 碎片化资源的积累，即将推出更多丰富的产品。

此外，杂志社还策划打造了国内外学者互通互联、线上线下为一体的学术平台，目前已形成以"光学前沿"为品牌的有国际影响力的系列学术会议、光学研究成果评选、学术培训和光电展会，初步形成清晰的产品线。

杂志社已办了 5 个大型学术会议和 3 个专业学术论坛。2020 年突发新型冠状病毒感染疫情之际，杂志社率先推出了系列线上学术交流，包括光学前沿直播、光学前沿会议、专业培训，并把高峰论坛、专家对话也搬到线上，并形成了报告人与听众之间的良性互动，单场用户参与人数在 4000～30 000 人，并积极与社会媒体配合，把艰深的基础学术研究以深入浅出的科普文字向更多的大众所推广。例如，"中国光学十大进展"评选已持续 15 年，入选成果得到科学家的高度认可，2020 年杂志社把发布会搬到线上，并同时邀请 80 家媒体同步报道，赢得了 50 多万读者的关注。

多年来，杂志社本着出版一流期刊，建设一流平台，培育一流团队的初心，沿着"专业化、集群化、数字化、国际化"的发展方向，不断拓展，获得了重要的社会影响力，提升了期刊的学术水平，推动了期刊的高质量发展。杂志社将继续发扬敏于探索、勇于创新、志于坚守的工作风格，向着专业知识服务提供者的目标不断前行。

（三）小结

光学类期刊在内容建设方面成绩显著，尤其在引导热点与重大事件、引领科学研究发展方面，许多国内的科技期刊都有不俗的表现。以《中国激光》杂志社等知名出版单位为代表的光学期刊群体通过各具特色的专题策划、多语种报道、科普宣传等措施，重视数字化时代的有效传播，通过形式多样的传播形式和学术活动并辅以不同的媒介载体，对所发表的科研成果进行了全方位、多层次的报道，充分发挥了新媒体技术在科技期刊传播科学成果中的作用，这些成功的办刊模式和经验对于整个科技期刊行业都是极具参考价值的。

二、工程类期刊

工程类期刊是以工程学和与工程学相关学科研究成果等为内容的期刊。工程类期刊内容范围几乎涵盖了工程技术领域的所有学科，包括机械工程、机电工程、船舶工程、制造技术等；矿业、冶金、材料工程、金属材料、有色金属、陶瓷、塑料及聚合物工程等；土木工程、建筑工程、结构工程、海洋工程、水利工程等；电气工程、电厂、电子工程、通信、自动控制、计算机、计算技术、软件、航空航天技术等；化学工程、石油化工、燃烧技术、生物技术、轻工纺织、食品工业；工程管理等。

（一）工程类期刊的内容策划与特点

工程类期刊内容特点主要包括：首先，工程类期刊尤其关注国家重大战略性工程难题成果，倾向刊载展示国家重点研发计划、国家科技重大专项、国家自然科学基金等解决国家工程难题的研究成果；其次，工程类期刊的出版内容与生产实际、工程应用紧密相关，如制造类期刊需要密切关注机械业实际生产，关注难以解决的技术壁垒、新技术在机械领域的应用等；再次，工程类期刊内容具有覆盖面广、实验性与创新性强等特点，其内容大多离不开技术创新与实践论证，是实践创新的成果。

工程类期刊内容策划要坚持"内容为王"，深入科研一线，密切追踪国家重大项目和基础研究项目，把握科技前沿动态，策划重点专栏和精品专辑，生产优质选题内容。在新媒体平台发展日趋成熟的背景下，应善于运用新技术、新手段来创新开发多形态的内容产品，如音频产品、视频直播，策划开发深度科普视频等，以弥补传统工程类期刊内容覆盖面狭窄的短板，增强优质内容的生命力。在纸媒与新媒体融合发展的今天，工程类期刊内容策划要整合多方资源，借助多种方式与用户建立良性互动，满足研究人员、行业从业者、学生群体等多方用户的需求，服务产学研一体化，打造自己的媒体生态系统，提升期刊凝聚能力，助力学科与行业发展。

（二）以《机械工程学报》编辑部为例的典型案例分析

《机械工程学报》编辑部始终秉持内容为王的出版理念，不仅在纸媒进行内容

深耕和追求特色，同时在融合出版内容方面也下苦功夫，以形式多样、丰富多彩的
JME 学院的品牌学术活动的内容见长，并一直致力于打造以服务学者为核心的全媒
体生态，联动提升期刊的传播力和影响力，从而形成了"纸媒+数字+活动+服务+
传播"的融合发展新业态。

近年来在坚持优质内容生产的同时，积极探索创新转型与融合发展，聚拢细分
领域的学术资源，努力为广大作者、读者打造一个有态度、有深度、有温度的学术
媒体。

《机械工程学报》（中文刊）作为我国机械工程领域顶级学术刊物，连获三届
国家期刊奖、第二届中国出版政府奖期刊奖、2020 年度"中国机械工业科学技术
奖"科技进步一等奖、百强报刊、百种中国杰出学术期刊等荣誉称号，入选了中国
科技期刊卓越行动计划梯队期刊项目；《中国机械工程学报（英文版）》先后荣获
百强报刊、中国最具国际影响力学术期刊等多项国家和省部级重要奖项，入选了中
国科技期刊卓越行动计划重点期刊项目。

编辑部在办刊过程中充分发挥创新引领排头兵的作用，通过高质量综述约请、
创新成果首发及精品专题策划，两刊密切追踪报道国家重大项目和基础研究项目，
关注领域前沿热点，助力行业科技进步。

**1. 始终坚持优质的选题内容生产，强化创新引领，以三类特色专题类型带动
期刊高质量发展**

选题策划是科技期刊从源头提升质量的有效途径。自 2005 年，《机械工程学
报》出版的第一个专栏开始，每年期刊编委会都会制定下一年度的重点刊登方向。
围绕重点刊登方向，编辑部与客座专家团队一起组织策划重点专栏和精品专辑，以
保障期刊的内容质量始终围绕"四个面向"服务。编辑部在编委和专家的指导和共
同参与下，形成了特色鲜明的 3 种类型专题：①追踪、预判前沿学科的选题内容，
如 4D 打印技术（中文刊，2020 年 15 期）、微纳能源与传感（中文刊，2020 年 13
期）；②侧面反映制造业发展与创新的选题内容，如中国天眼（FAST）（中文刊，
2017 年 17 期）、大国重器：复兴之路上的轨道交通技术（中文刊，2018 年 4 期）、

人本智造（中文刊，2022 年 18 期）；③多视角、多维度开展交叉领域的选题内容，如人工智能故障诊断技术专栏（英文刊，2021 年 3 期）、智能医疗器械专栏（英文刊，2022 年 3 期）。

其中，中文刊 2022 年 18 期出版的人本智造专辑作为国内第一个记录人本智造领域的专题，由杨华勇院士和王力翚院士担纲客座主编，整期内容以人–信息–物理系统（HCPS）作为理论基础，将以人为本的理念贯穿于智能制造系统与机器人的全生命周期（包括设计、制造、管理、销售、运维服务等），充分考虑人（包括设计者、生产者、管理者、用户等）的各种因素（生理、认知、组织、文化等），运用先进的数字化、网络化、智能化技术，充分发挥人与机器的各自优势和潜能，最大限度地达到提高生产效率和质量、确保人类安全、满足用户需求、促进社会可持续发展的目的，为新一代智能制造提供重要的技术支撑。

2. 重视 JME 学院的学术活动的内容设计，打造以服务学者为核心的全媒体生态系统，反哺多刊联动成长

除了专注于纸媒出版的内容深耕之外，编辑部还注重 JME 学院的品牌化学术活动的内容设计，通过内容丰富、形式多样的学术活动进行传播延展，科技信息的传播既广泛又深入。以陪伴青年科学家成长为宗旨的 JME 学院先后组织了《机械工程学报》编辑部高影响力论文发布会、大师讲堂、装备制造业发展系列学术会议、JME 学院青年科学家论坛等多场系列化学术活动，并通过精心的内容设计，形成了品牌化、系列化的学术活动。

（1）品牌活动 1：系列化的 JME 学院网络公开课

着力打造 JME 学院网络公开课品牌形象，形成了封面故事、热点专题等系列化线上活动，JME 学院网络公开课栏目自 2020 年 2 月开播以来，每年都会有近百位科研一线的专家参与报告分享，以此深化传播效果，拓宽传播渠道，促使各领域的深度融合与深入合作。

2021 年 7 月，为献礼建党百年，与 IFToMM 中国委员会联合举办了"机构与机器科学"线上分享会，共邀请机器人领域 13 位顶尖团队专家参与分享交流，收看人数累计超过 5 万人。

2022 年 1 月，编辑部与学界专家联合策划了"智能网联车关键技术青年学者论坛"。本次论坛以《中国机械工程学报（英文版）》2021 年 5 期出版的"智能网联电动汽车关键技术"特邀专栏为依托，特邀 14 位本领域青年学者共同参与，通过网络直播开展系列化学术交流与研讨，传播学界与业界关注的最新科研成果，助力智能网联汽车技术的创新发展。

2022 年 1 月 17～21 日，依托"基于人工智能的监测、诊断与预测技术"专栏，举办了"AI 赋能装备智能运维"线上分享会，该分享会由 5 场高水平线上学术报告组成，邀请了 15 位知名专家学者参与，极大提升了专栏的学术影响力。

（2）品牌活动 2：作为线上直播媒体，参与学术论坛直播活动

近两年来，编辑部先后承担了 2021 年智能车辆设计技术人才培养国际会议暨汽车技术青年学者国际论坛、首届人工自愈与装备自主健康学术论坛、高性能制造高端论坛、佛山市液压气动产业发展系列活动、智能机器人发展现状及典型应用等活动的线上直播。

（3）其他品牌活动

历经 6 届的《机械工程学报》编辑部高影响力论文暨年度重点刊登方向发布会，以及 2 届的 JME 学院青年科学家论坛，旨在鼓励科技创新，促进学科发展和人才成长，广泛交流学术思想，深化期刊的品牌影响力，使科研成果传播引起更多同行的关注。

此外，编辑部还精准聚焦粉丝需求，用心打造私域流量，转变"单向"输出思想观念，运营并拓展 JME 学院虚拟学术社群，重视与传播受众的互动交流，从互动反馈中不断修正传播内容、改进传播方式。借助微信小助理暖暖服务号，为粉丝提供暖心服务，利用自身优势和特点，整合现有资源和渠道，对目标群体进行专业性分析，树立"用户思维"，创新传播服务活动，助力学术期刊发展，以提升 JME 服务温度。

（三）小结

在新媒体时代，工程类期刊应注重内容建设，坚持质量第一，可以开辟特刊、

特稿、专栏，报道热点前沿及国家战略性科研成果，占领科研阵地的新高点，真正发挥服务学科与行业发展的能动作用。不应过分追求形式，而忽略内容。此外，工程类期刊还应抓住纸媒与新媒体融合发展这一机遇，整合现有资源和渠道，通过多种方式与用户互动，满足用户需求，增强用户黏性，反哺期刊发展，形成良性的工程类期刊媒体生态圈。

三、医学类期刊

医学类期刊是以医学和与医学相关学科为内容的情报载体，按卷与期和（或）年与期的顺序编号，意欲长期印行下去的连续出版物。医学类期刊汇集着医学工作者的医疗经验和工作成果，传播医疗科技知识、宣传医疗卫生政策，反映了医药学的进展及水平，是医药学研究的重要的情报来源，是交流学术思想，沟通情报信息的纽带和桥梁。

医学类期刊按内容可分为：①学术、技术性期刊，主要刊载科研、医疗、教学等方面的学术论文、研究报告、实验报告、临床报告等原始文献，是医学期刊的核心部分；②快报性期刊，专门刊载有关最新科研成果的论文，预报将要发表的论文摘要；③消息性期刊，一般刊载与学术机构、企业有关的新闻消息；④资料性期刊，主要刊载实验数据、统计资料和技术规范等方面的内容；⑤检索性期刊，主要用于查找文献；⑥译文、译报，介绍国外医学研究的刊物；⑦科普性期刊，旨在普及医药卫生知识。

（一）医学类期刊内容策划与特点

医学类期刊的内容策划是一项系统工程，是对期刊的读者定位、读者的消费水平、文化程度、期刊的选题、专栏、文风、版式设计、作者定位等诸多元素，进行可行性分析或设计，制定出行之有效的策略和措施，科学合理地进行操作。与其他科技期刊相比，医学类期刊具有较强的实践性与实操性，能获得较多的临床数据与临床病理，进而可以获得一些传统纸媒难以刊载的增值出版信息，如视频、语音等。

新媒体拥有资源信息承载、资源实时共享等优势，给医学类期刊带来了新的挑战，医学类期刊从传统的纸质出版向传统出版+新媒体融合出版的新模式改变。以纸媒形式来播报的医学类期刊，内容较为单一，其与新媒体出版融合发展后，内容的呈现方式也将随之发生改变。例如，除了以文字形式呈现外，医学类期刊开始注重新媒体技术的应用，通过医学期刊微信公众号、移动客户端等多种渠道，打造视频、语音、图片、动画等各种形式为一体的立体化可复制出版物，医学类期刊用户可以通过 PC 端、手机等进行在线阅览。

（二）以《中华心血管病杂志（网络版）》为例的典型案例分析

2015 年 8 月，在国家开展网络连续型出版物规范管理、大力倡导媒体融合的背景下，国家新闻出版广电总局批准 10 家出版单位试点创办网络期刊，中华医学会杂志社获准在线出版《中华心血管病杂志（网络版）》（国内统一连续出版物号 CN 11-6031/R，国际标准连续出版物号 ISSN 2096-1588）。因此，《中华心血管病杂志（网络版）》的出版得益于国家出版领域的改革和创新。《中华心血管病杂志（网络版）》的办刊宗旨为：贯彻党和国家的卫生工作方针政策，贯彻理论与实践、普及与提高相结合的方针，以音频和视频等全媒体手段反映我国心血管病学临床、科研工作的重大进展，促进国内外心血管病学科的学术交流。以从事心血管病及相关领域的预防、医疗、科研工作者为读者对象，报道心血管病学领域领先的科研成果和临床心血管内科、外科的诊疗经验、技术创新，以及基础研究。

《中华心血管病杂志（网络版）》是一本致力于以视频和音频的展现方式报道专业领域研究成果的学术期刊，论文除以传统的文本形式展示外，其全新的基于视频和音频的出版方式，使得实验研究、手术操作更生动、可视化，能更有效地传递知识，尤其是复杂的操作可以三维动画的方式模拟手术过程，这是纸版期刊无法达到的。读者可通过 PC 端和手机端阅读，满足了读者随时随地在移动端阅读的需求。《中华心血管病杂志（网络版）》不仅仅是一本可看可听的高水平学术期刊，文章上线的同时，作者会出镜来介绍他们的研究内容、研究思路及主要结果和发现。

1. 内容呈现模式向视频转变，对知识普及和科学发展贡献突出

创刊最初的两年，《中华心血管病杂志（网络版）》内容主要来自纸版期刊

的病例报道，出版手段和展示形式较纸版期刊没有大的突破。在《中华心血管病杂志（网络版）》两年余时间探索的基础上，中华医学会及杂志社总结经验和教训，借鉴国内外出版形式的创新经验，提出了创办视频杂志的设想。为此，中华医学会杂志社组建新的编辑团队，不断更新理念，提升技术水平，加大支持力度，提供了办好视频杂志的条件。心脏病学很多的操作是动态的，而现行的纸质版不能反映这种动态的图像，尤其对某些介入操作及某些诊断操作，所以在线出版这种创新的方式必将对心脏病学知识的普及和科学的发展做出突出的贡献。经过与心血管专家反复论证，以及与技术团队探索出版形式和流程，最终决定将网络版期刊办成一本视频杂志。

2. 探索视频杂志出版流程，构建专业的医学视频杂志出版运维体系

为保障视频杂志的专业性及权威性，不断提升期刊的学术质量、学术水平和学术影响力，经中华医学会批准，《中华心血管病杂志（网络版）》第一届编委会于2018 年 4 月成立，编委会由来自全国的 110 位心血管及相关领域的专家组成。同年 4 月在银川召开了成立大会及第一届编委会工作会议，确立了《中华心血管病杂志（网络版）》的办刊宗旨、栏目设计、组稿计划及出版计划。

视频杂志设计了自己的网站和手机用户端，并不断进行优化，提升读者的阅读体验。根据每卷的重要报道内卷，设计期刊封面。每年发文量 35～45 篇，每篇即时出版，读者免费阅读。现已摸索出一套视频杂志标准出版流程，并逐步形成了视频杂志的出版特色。

3. 发挥传统出版+新媒体融合出版优势，搭建集互动交流、内容可复制于一体的多维度医学视频杂志传播平台

期刊设有卷首语、述评、观点、访谈、展望、综述、指南与共识、微共识、创新工场、临床研究、基础研究、病例研究、医学与艺术、历史·名家·记忆等栏目。其中"微共识"将聚焦某个临床具体问题，结合具体病例，根据最新文献及专家的临床经验，经专家讨论达成一致意见，提出对临床有指导意义的建议；"历史·名家·记忆"将报道对心血管领域开创和发展有重大贡献和影响的人物和事件，如在第一期报道了我国心血管领域的奠基人董承琅教授，并以此纪念董老 120 周年诞辰。新型冠状病毒感染疫情流行期间发表的《体外膜肺氧合在新型冠状病毒感染合并心血管急危重症患者中的使用专家共识》一文以视频呈现了体外膜肺氧合的原理和操作要点，该文阅读量位居总榜第三位。2022 年开辟了新的栏目"操作规范"，该栏目将系统介绍心血管临床操作技术的最新研究进展，并借助文字与多媒体结合的方式，图文并茂地介绍常用技术的规范化操作，以便于同行学习和掌握。

该刊总结推广心血管学科前沿理论与技术，不断提高期刊学术质量，力求办出特色与水平，在心血管界的影响力不断提升，得到了越来越多的关注和认可，已逐步形成自己的特色，成为心血管专业领域一个崭新的学术交流平台。

（三）小结

随着互联网、大数据等新技术的全面赋能，传播领域内新媒体发展已经势不可当，医学类期刊正在进行从传统的纸质出版向传统出版+新媒体融合出版的新模式的转变。医学类期刊内容的实践性较强，其有着充分的临床数据，具有丰富的增值出版信息，而新媒体为这些增值出版信息刊载提供了重要载体。新媒体背景下医学类期刊的内容策划是多方位、多元化、可复制的，对该理念的深化认识有助于编辑强化创新理念，提高全媒体信息化业务能力，积极探索医学期刊转型与创新发展路径，逐步构建医学期刊出版的融合新生态。

四、数据类期刊

数据类期刊是指出版以数据集为主体的数据论文，或出版整合数据集的研究型论文的期刊。主要分为两类：一类是以发表数据论文为主要特征的期刊，包含混合性数据期刊和纯粹数据期刊；另一类是采用学术论文与数据集集成出版模式的期刊，包括出版研究论文（数据作为补充）和出版数据论文。

（一）数据类期刊内容策划与特点

数据类期刊内容特点：一是应立足于出版机构自身的出版目标，把握数据期刊出版的核心价值。数据类期刊应坚持正确的舆论导向和出版方向，传播和积累有益于提高民族素质、经济发展和社会进步的科学技术和文化知识，立足自身出版特色，确立数据类期刊的核心价值与特色。二是数据类期刊主要包括研究论文与数据集整合出版，以及数据论文出版两种出版模式。研究论文与数据集整合出版以研究论文的形式出版数据集，以及与数据集相关的研究成果。数据论文出版则以数据论文的形式出版数据集，侧重数据集的描述性信息。数据论文是数据期刊的主要出版对象。三是体现传统纸媒与新媒体的特色融合。数据类期刊依赖于科学技术的发展，数据技术等新媒体技术的发展变革为数据论文、数据期刊的诞生提供了条件。而数据类期刊弥补了传统纸媒出版的原始数据遗失、学术监督不到位等缺点，是对传统纸媒的重要补充。

　　数据类期刊的内容策划体现了纸媒与新媒体的融合出版，主要体现在：首先，要坚定服务于我国科技创新的根本任务，坚持做有价值的科学数据，整合国家优质特色数据资源，聚焦国家重大战略需求、国家重大专项等热点前沿问题，策划出版具有中国特色的数据类期刊；其次，要打造专业的数据出版平台，集成传统纸媒与新媒体优势特点，提升数据出版平台国内国际影响力、推进数据出版共享和重用；再次，探索数据类期刊出版发展的新思路、新途径，利用网络出版快速发表等优势，创新数据类论文出版模式；最后，明确数据版权机制，统一数据类论文标识，规范的数据引用方式，保障数据有效流动与合法利用，提升数据安全保障能力。

（二）以《中国科学数据（中英文网络版）》为例的典型案例分析

　　《中国科学数据（中英文网络版）》编辑部，是我国首份专注于数据论文出版的数据期刊《中国科学数据（中英文网络版）》（*China Scientific Data*）（CN 11-6035/N，ISSN 2096-2223）的出版单位。该刊也是国家网络连续型出版物的首批试点之一，由中国科学院主管，中国科学院计算机网络信息中心主办。期刊的创办填补了我国在数据出版方面的空白，是目前我国唯一专门面向多学科领域开展科学数据出版的学术期刊。

《中国科学数据（中英文网络版）》在主管机构和主办单位的大力支持和正确领导下，根据科技发展的新规律、新业态，以及出版业发展的新形势、新条件，进一步明确定位、大胆实践、勇于创新。积极打造适应信息化趋势、面向未来的知识服务平台。通过数据出版及有效存储与传播，保障数据得到合法利用及有序流动，使数据持续处于安全有效状态。

1. 坚持精品数据出版，推动数据出版政策建设，为服务科研创新提供有力支撑

《中国科学数据（中英文网络版）》作为我国科学数据出版的先行队伍，始终坚持把有价值的科学数据成果作为自己的出版重点，积极制定数据出版政策和规范，做好各种优质数据资源以及特色数据资源的组织出版工作。多年来，结合国家重大战略需求、国家重大专项、热点前沿问题，组织策划出版了一批优质的国际化、中国特色的数据集，为国家宏观决策与重大科学发现提供有力支撑。截至 2020 年 9 月底，共计组织策划出版专题数据集 26 个，包括"地球大数据"专题、"高亚洲冰、雪和环境数据"、"中巴经济走廊专题数据"和"国之重器——子午工程"专题数据集等，得到多个国家重大项目的支持，如中国科学院"地球大数据科学工程"A 类战略性先导科技专项、作为国家创新体系的重要组成部分的中国生态系统研究网络（CERN），国家社科规划重大项目"丝绸之路历史地理信息"等。这些专题数据的出版，将众多当今国际上学术影响巨大的研究项目相关成果数据进行出版发布，对相关行业的数据共享与科技创新发展起到了促进作用。

2. 自主研发期刊出版和数据存储于一体的先进数据出版平台，打造可信共享的数据服务，提供数据安全保障

期刊主办单位积极践行网络出版与数据出版理念，自主研发了由《中国科学数据（中英文网络版）》期刊出版平台（www.csdata.org）和科学数据银行（ScienceDB）（www.scidb.cn）共同组成的集出版和数据存储于一体的科学数据出版平台，支持期刊收稿、审阅、采编发等全流程出版业务，以及数据的长期保存与访问。ScienceDB

面向全社会各学科领域提供稳定、可靠的数据存储服务保障，支持与期刊论文相互关联，已经达到国际服务水平。截至 2022 年，ScienceDB 已成为中国科学技术协会、中国科技期刊卓越行动计划、中国科学院主管期刊等推荐的数据存储库，同时被国际出版商 Springer Nature、Taylor & Francis、《细胞》出版社、Elsevier、Wiley、SAGE、美国地球物理学会（American Geophysical Union，AGU）、英国皇家化学会（Royal Society of Chemistry，RSC）和美国化学会等旗下期刊收录到其推荐的通用型数据存储库名单；获得 WoS 的 Data Citation Index、Google Dataset Search、Scopus、Mendeley Data、BASE、DataCite、Dimensions 和 OpenAIRE 收录索引。通过提供数据出版和数据存储等基础设施服务的稳定性保障，充分保护数据访问的安全性，打造可信共享的数据服务。包括以安全分级为前提，满足不同场景下的数据共享需求，数据实施分级安全管理、定期备份；提供数据完整性校验和防篡改机制，保存数据集版本迭代可信记录，论文版本及数据全流程可追溯等。有效促进我国科技创新服务与开放科学交流。

3. 创新网络在线数据论文出版模式，加快数据出版周期

期刊积极探索、实践网络数据出版新规律、新模式，大力探索新形势下期刊出版发展的新思路、新途径，充分发挥试点单位的先行先试作用。将出版模式创新为两阶段迭代出版，对处于不同审理阶段的稿件分级分区发布和出版，出版过程更加灵活高效。截至 2022 年 9 月 30 日，期刊统计收稿件首次发表的平均周期为 38.59 天，大大缩短了稿件的上线周期，体现了网络出版快速发表的优势，不断增强自身活力和综合竞争力。

4. 统一数据集、数据论文标识并明确数据版权机制，保障数据的合法利用及有序流动

《中国科学数据（中英文网络版）》为数据集和数据论文分别分配唯一、永久性的标识符 DOI（Digital Object Identifier）、PID 和 CSTR（Chinese Science and Technology Resource），数据的生产者、生产单位及发布机构等版权信息得以正式声明，并形成规范的数据引用方式，数据遵循 CC 4.0 BY 许可协议。从根本上保护了数据生产者的著作权、署名权等知识产权，保障数据得到有效保护和合法利用及有序流动。同时，数据的论文引用方式也可以显著提升论文的可信度与引用率，使数据作者受益，提供有效的评价及激励机制。

（三）小结

《中国科学数据（中英文网络版）》始终坚持将提升科学数据影响力、推进数据共享和重用，为我国科技创新提供支持作为根本任务，在数据出版方面做出很多有益的尝试和探索。相关工作在我国数据出版研究与实践，以及期刊出版创新等方面都处于行业领先地位，形成了鲜明的特色，得到业内的一致认可，该刊编辑部荣获第五届中国出版政府奖先进出版单位奖。

总而言之，随着科技的不断发展，融合出版的趋势势不可当。科技期刊在这个历史进程中必须与时俱进，精准把握学术热点和前沿问题，在深耕纸媒内容的同时，还要拓展传播渠道和视野，把内容建设始终放在首位，充分利用信息技术与手段，使科技信息的传播更为高效、精准和深远。作为文化产业的重要组成部分，科技期刊需要不断完善知识服务体系，促进科技的发展与文化的融合。

第三节　面向不同渠道的科技期刊传播案例

本部分案例重点展现一流科技期刊在融媒体时代如何利用不同渠道（如数字出版平台、索引平台、社交平台、新媒体平台等）进行传播，呈现不同渠道下的科技期刊传播模式。

一、数字出版平台促进科技期刊传播

信息时代背景下的出版产业、信息产业及传媒产业发展迅速，科技期刊已经不能仅仅依靠传统的印刷出版进行传播，依靠数字出版平台已经成为必然之举和主流模式。传统出版与数字平台出版已经在深度融合中。一个能充分发挥数字媒体优势、协调好传统出版和数字出版各流程的传播平台，能够促进科技期刊的有效传播。数字出版平台对科技期刊的信息资源整合、满足自主性需求、增进学术交流等方面产生的作用不容忽视，出版理念上的网络化、标准化、规范化和法治化不断推动着出版平台的建设与发展。经过数十年的发展，目前已形成了若干有一定规模和品牌影响力的数字出版平台，其中著名的大型出版平台包括荷兰的 ScienceDirect、德国的 SpringerLink 和中国知网，本小节将通过这 3 个数字出版平台来分析数字出版平台促进科技期刊传播的方式方法和效果。

（一）ScienceDirect：以内容全面和平台易用性促进传播

ScienceDirect 作为 Elsevier 旗下学术资源的顶级学术出版平台，承载着 Elsevier 出版以及与 Elsevier 合作的各类科技期刊、图书、丛书、专利等文献。官方数据显示，在 ScienceDirect 上每年有 13 亿（2020 年数据）阅读量和下载量。自 2011 年以来，Elsevier 与几所大学在辅助技术和网页可访问性方面开展了可访问性和可用性合作。Elsevier 致力于使其平台和产品完全适用于所有用户，突破物理界限，将可访问性的最佳实践应用于 ScienceDirect，以提高整个平台的可用性、可访问性和用户友好度。Elsevier 在其官网明确提出了旗下平台所提供的数字产品和服务标准[27]。

1）可被感知：所提供的信息和用户界面内容必须以用户能够感知的方式呈现给用户，这意味着用户必须能够理解所描述的信息。

2）可操作：所提供的接口必须是用户能进行互动的。

3）可被理解：用户必须能够理解信息以及用户界面的内容。

4）稳固和牢靠的：随着技术和用户的迭代发展，内容应该保持可访问性并与一系列辅助技术兼容。

以科爱公司在 ScienceDirect 上出版的期刊《生物活性材料（英文）》（*Bioactive Materials*）为例，在 ScienceDirect 平台上检索该刊信息，结果如图 4-1 所示。

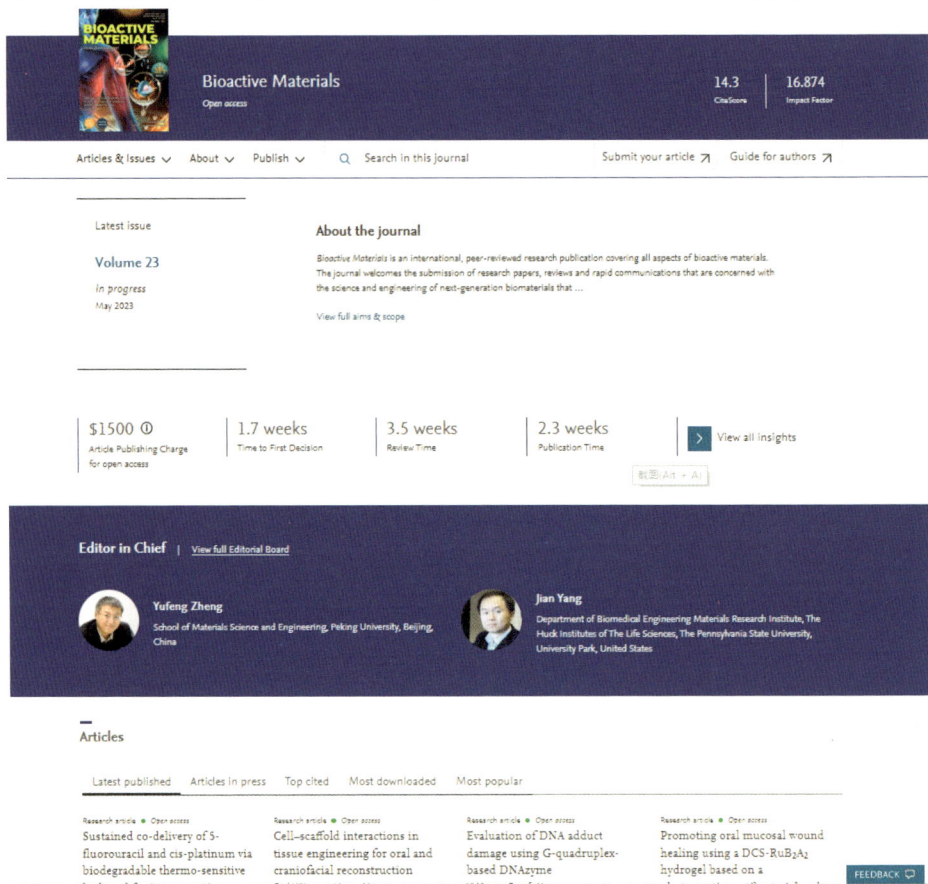

图 4-1　《生物活性材料（英文）》在 ScienceDirect 上的展示界面（查看时间：2023 年 5 月）①

图 4-1 清晰展示了《生物活性材料（英文）》的全部信息，包括期刊基本信息、各项指标、编委会、期刊政策、新闻、期刊目录和文章列表等。ScienceDirect 的设计理念是通过友好、易用的页面设计使得读者不断停留在 ScienceDirect 平台上。所以，用户不仅可以查找某本目标期刊，还会在期刊界面上发现"相关期刊"，在文章全文界面的右侧列举了此平台上与该文章相关的其他文章。Elsevier 丰富且权威的期刊集群也给读者群提供了不断点击和继续浏览的欲望。

《生物活性材料（英文）》2017～2021 年在 ScienceDirect 平台上的全文使用数量见表 4-1。该期刊在 ScienceDirect 平台上的全文使用量每年均有较大增幅，传

---

① 图片来源：https://www.sciencedirect.com/journal/bioactive-materials.

播效果提升显著。

表 4-1 《生物活性材料（英文）》2017～2021 年在 ScienceDirect 上的年度全文使用量

年份	2017	2018	2019	2020	2021
SD 使用量	58 108	171 251	214 187	534 486	1 463 921

（二）SpringerLink：借助数据分析服务促进传播

数字出版平台除了可以让用户快捷方便地阅读和获取所需的内容，同时，数据出版平台提供商也可以充分利用技术平台所独有的后台数据，充分分析和了解数字出版平台的读者群、用户阅读习惯、用户属性等丰富信息。这是传统出版模式所不能带来的益处。

以 SpringerLink 平台为例，通过调研发现，SpringerLink 平台在期刊界面上直接提供了该期刊年度下载量等网络传播指标，并且可与同类期刊进行对比[28]。经过对不同类型期刊在数字出版平台上的下载情况进行分析，可以发现，期刊在 SpringerLink 平台的出版传播情况与以下几个因素直接相关：①期刊是否开放获取出版，开放获取期刊的下载量高于订阅期刊下载量；②期刊所属学科领域；③期刊线上发布的总文章量；④期刊创刊年限。

（三）中国知网：通过出版模式创新促进传播

中国知网 2017 年推出网络首发平台——《中国学术期刊（网络版）》，并将网络首发与纸质版放在同等重要的位置，全面支持 APP 模式，为学术期刊实现网络优先出版提供了重要途径。通过直接在网上发布相关论文，能够大大缩短发表周期，实现录定稿快速与读者见面。截至 2022 年 11 月，我国已经有 1600 余种期刊采用网络首发模式，以出版模式创新推动科技期刊的快速传播。此外，中国知网还面向社会免费开放所有文献的题录摘要及检索系统。根据中国知网 2019 年发布的第 8 版 CNKI 导报公开数据的流量信息，知网用户覆盖了全球 56 个国家和地区的 3.3 万家机构，个人读者 2 亿人。中国知网网站日访问量 1600 万人次，全文年下载量高达 23.3 亿篇。

（四）数字出版平台传播的特点和总结

数字出版平台已经成为科技期刊最主流和最核心的传播渠道，正如上述 3 个平台的案例展示，单本期刊在数字出版平台上的流量已经达到百万级别。随着数字技术的不断发展，数字出版平台也在逐步推动着科技期刊传播形态的变化。以下简要论述数字出版平台给科技期刊传播带来的四大变化及特点。

1）内容生产数字化促使科技期刊关注如何将内容精准推送给用户，并吸引用户的关注度。内容数字化是数字出版最本质的特征，虽然数字出版是将内容通过各种数字化技术与手段来进行表现的，使用二进制数字编码的形式将内容信息记录在计算机等相应的存储设备上，但这并没有改变数字出版平台传播科技成果这一核心属性，只是呈现方式和传播方式有所改变。因此，将科研成果以数字方式准确传达给目标用户是逐步推进科技期刊发展的一个重要过程。

2）管理过程数字化让出版平台可以更加清晰地了解和分析受众，从而调整出版传播的内容和方式。例如，Elsevier 不再称呼自己为"出版商"，而是"信息服务提供商"。数字出版平台的经营管理者采用数字化的信息管理方式能够随时随地管理平台的出版流程、协调各个数字出版项目的进程、保证数字出版产品的质量。另外，也让科技期刊的出版管理更加数字化、标准化，便于不断提升传播效果、优化用户体验。

3）产品形态数字化使得科技期刊的内容载体发生了很大的变化。传统出版产品的载体是纸质出版物，以文字图表为主，主要致力于提高作者的纸质期刊阅读体验。而现在，数字出版平台经过几十年的发展，使得科技期刊的内容呈现形式不再仅仅局限于文字图表，通过光、磁、电等存储介质，再加上人工智能对于数字出版的加持，极大丰富了数字出版平台上的内容表现形式，图形、图像、动图、声音、语音、视频等多种多样，交互功能完善，极大提升了读者阅读体验。

4）搜索引擎优化的不断改善使得科技期刊内容架构产生变化。数字出版平台将科技期刊的文本信息转换成数字流，通过互联网系统进行传播，传播过程既便捷又迅速。为了让数字出版平台的内容更容易被搜索引擎发现和触达，科技期刊内容也进一步标准化和数字化。

二、索引平台促进科技期刊传播

除了期刊全文数字出版平台，期刊索引平台也是当前科技期刊传播不可忽视的核心渠道之一。入选期刊索引平台不仅是对科技期刊内容质量和品牌的认可，期刊索引平台更是提供了各类传播力和影响力分析工具与服务，让科技期刊能够实时了解自身的传播情况。本小节将以 3 个索引平台为例，简要分析科技期刊如何借助索引平台来了解和提升自身的传播力。

（一）WoS 的 AMR 接口功能：实时展现影响力数据

WoS 是国内外各大出版商办刊的重要参考工具，被 Springer、SAGE、Taylor & Francis、Wolters Kluwer、牛津大学出版社、科学出版社、高等教育出版社、清华大学出版社等多家国内外重点出版单位采用。通过 WoS 的 Article Match Retrieval（AMR）数据接口，可以将期刊文章的影响力数据实时展现出来，为期刊编辑部提供直观的参考数据。该功能对于服务读者、提升期刊品牌形象等都有直接帮助。

以《中国科学》杂志社的《国家科学评论（英文）》为例，在 SciEngine 平台的期刊主页进入一篇文章的主页，页面下方（图 4-2）展示了该文章在 WoS 核心合集中获得的引用数据。事实上，该引用数据就是通过 AMR 接口与 WoS 数据库实时连接的。同时，编辑部可以直接打开 WoS 数据库查询该篇文章的情况（图 4-3），可以发现：两者引用数据一致。

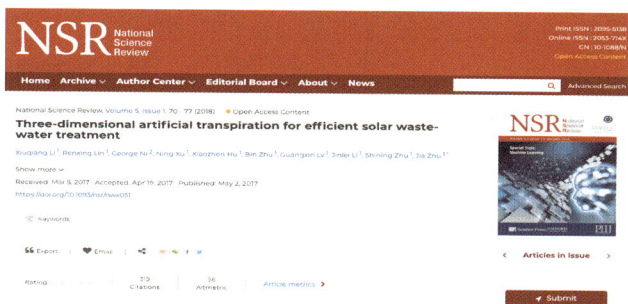

图 4-2 示例文章：下方显示该文章的实时引用数据（查看时间：2023 年 5 月）①

---

① 图片来源：http://engine.scichina.com/publisher/scp/journal/NSR/5/1/10.1093/nsr/nwx051?slug=fulltext.

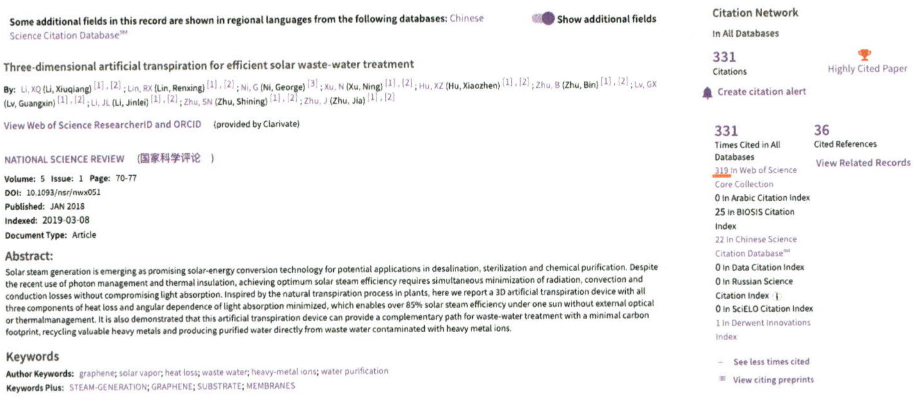

图4-3　示例文章：右侧显示 WoS 中该文章的实时引用数据（查看时间：2023 年 5 月）

此外，期刊编辑部还可以点击图 4-2 右侧的"Article metrics"超链接，更加详细地了解该篇文章的相关指标数据（图 4-4）。在图 4-4 页面，进一步点击"Source article"超链接，进入 WoS 中查询该文章的详细信息；同时，也可以点击"Related records"超链接，进入 WoS 中查询与该文章相关的其他文章。

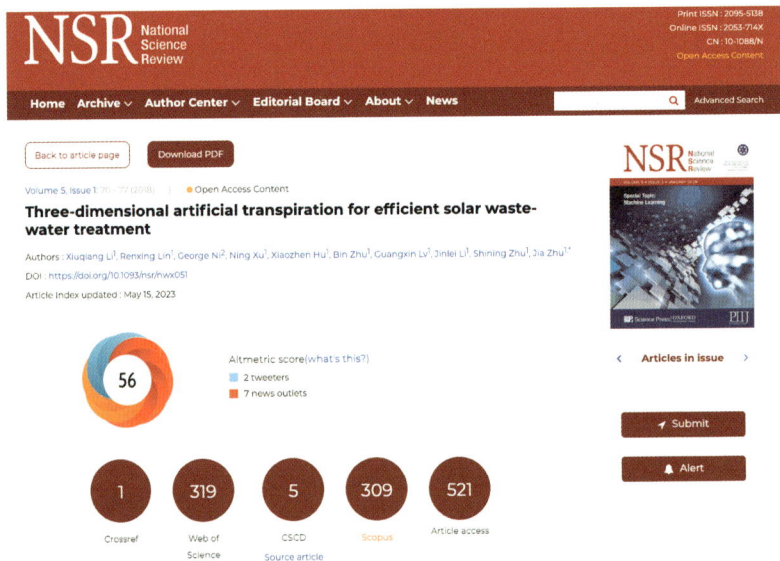

图4-4　示例文章：更加详细的实时影响力数据（查看时间：2023 年 5 月）

图 4-5 列出了科技期刊通过 AMR 接口可获取的数据内容。WoS 的 AMR 功能可以使科技期刊出版传播平台实时、直观地展示期刊文献的文献计量学指标数据，

特别是可以向平台用户展示该条文献在 WoS 数据库的引用与被引情况以及期刊的影响力评价数据，便于用户全面获取文献的背景信息。该功能能使 WoS 数据库"越查越广、越查越新、越查越深"的特点与传播平台进行紧密、实时联系，极大提升了科技期刊用户体验。

AMR
入藏号
被引次数
DOI号码
PMID
到Web of Science数据库全纪录超链接
到Web of Science的施引文献超链接
到Web of Science的相关记录超链接
文章标题
ISBN
ISSN
期
卷
出版年
总页数

图 4-5　AMR 接口可获取数据内容

（二）PlumX：对科技期刊传播效果的综合评价

PlumX Analytics 成立于 2012 年，其愿景是为使用和分析研究成果的学者及研究机构提供衡量研究成果影响力的最新方法。PlumX Analytics 分析了在当下网络环境中研究人员与各类研究成果的交互方式与结果，收集并汇总了 5 类指标，以帮助人们理解大量相关的数据。

1）使用（Usage）：主要收集文章的网页点击数量、下载数量以及检索数据库中的文摘阅读量、点击量等信息。

2）捕捉（Captures）：主要收集用户收藏、增加书签、文献管理工具集等信息。

3）提及（Mentions）：主要收集博客、新闻、留言、维基百科等信息。

4）社交媒体（Social Media）：主要收集各种社交媒体上的提及、转推信息。

5）引用（Citations）：这一引用信息包含的非常广，包括各种文摘数据库的引用、专利引用等。

一篇论文的 PlumX 评分越高，说明其受到的网络关注度越大，网络传播效果越好，论文的影响力也就越大。

Scopus 平台与 PlumX 相结合，为平台所出版的科技期刊提供每篇文章的 PlumX 指标数据，较为全面地展示该平台期刊文献的传播效果和被引情况。以《药学学报（英文）》（*Acta Pharmaceutica Sinica B*，*APSB*）为例，该刊在 ScienceDirect 平台上的文章主页显示如图 4-6，右下角展示 PlumX 数据，点击链接 View details，可以查看更详细的 PlumX 数据（图 4-7）。

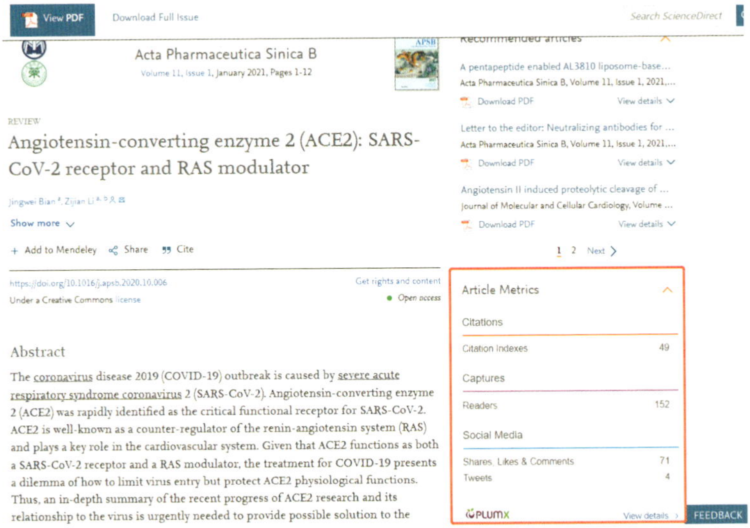

图 4-6　APSB 期刊文章展示 PlumX 数据①（查看时间：2023 年 5 月）

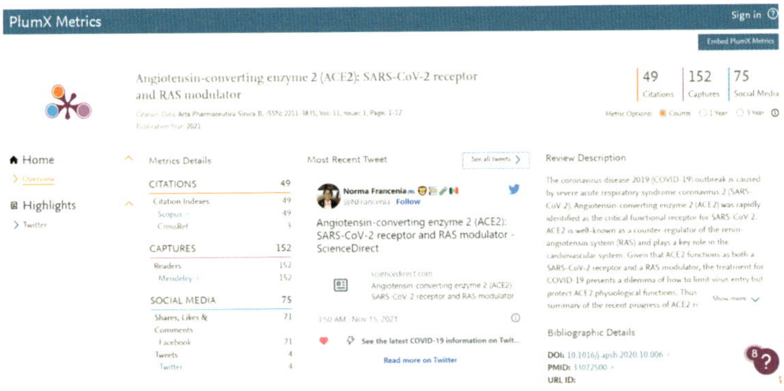

图 4-7　PlumX 及 Scopus 数据展示（查看时间：2023 年 5 月）

PlumX 结合 Scopus 平台的动态展示，其功能覆盖了多种来源的计量分析，

---

① 图片来源：https://www.sciencedirect.com/science/article/pii/S2211383520307577.

为科研资助方、科研人员、科研支持方及科研成果发表提供了科学计量的便利。PlumX 不仅拥有替代计量学指标及时性、便捷性的特点，更有效地填补了传统引文分析的弊端，能够作为补充性指标对一项研究成果的传播效果与学术水平进行综合评价。

（三）PubMed：为生物医学期刊传播创造巨大流量

PubMed 是免费的生物医学文摘型数据库，收录范围广，检索功能强大（智能化的自动词语匹配功能、主题词加工规范、检索方式多样），与多种全文数据库链接，追溯至 1865 年，共收录了 3300 多万条记录，涵盖 MEDLINE、life science journals、online books、full text（PMC PubMed Central+ Publisher web sites）等。

如图 4-8 所示，检索《中国肺癌杂志》（*Chinese Journal of Lung Cancer*）可以展示文章中英文题录，Publisher 全文链接按钮及 PubMed Central 全文链接按钮。同时可以展示利益冲突、相似文章、参考文献等重要信息。

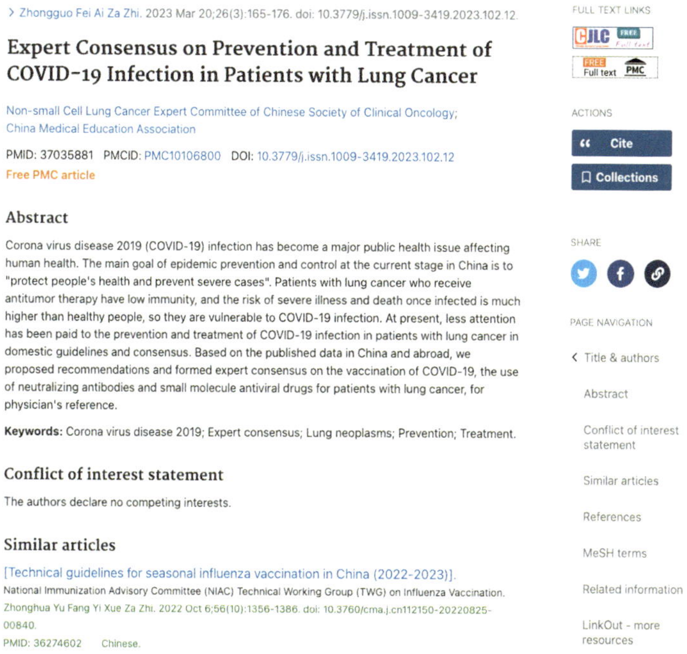

图 4-8　PubMed 检索文章展示（查看时间：2023 年 5 月）

PubMed 在生物医学领域是被使用最多的检索数据库之一，现在每年被检索次数超过 25 亿次（图 4-9），期刊内容如果被 PubMed 索引，将带来巨大流量。

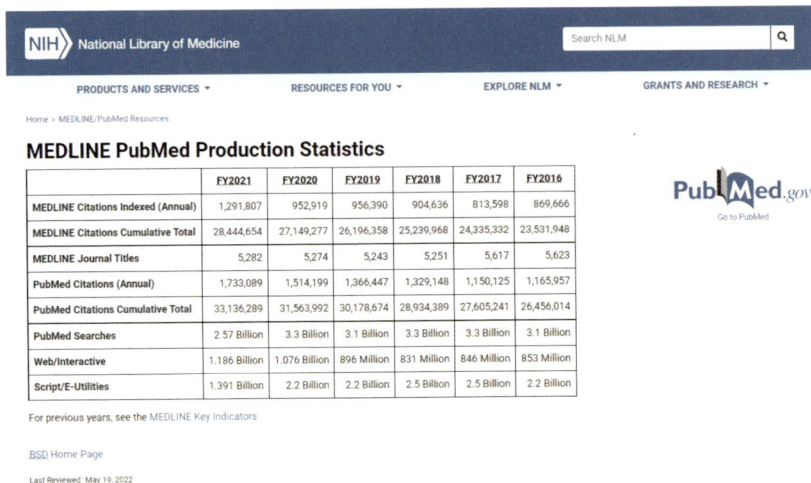

图 4-9　Medline/PubMed 数据一览

PubMed 数据库是生物医学领域的重要数据库，其选刊标准严格，期刊内容权威，数据库更新迅速，是广大生物医学从业人员文献检索的首选检索数据库之一。生物医学期刊经过努力被 PubMed/Medline 收录之后，期刊内容将迅速被国际同行所检索访问，对提高期刊的国际影响力具有重要意义。

三、新媒体平台促进科技期刊传播

新媒体平台是现如今信息传播最主要的方式和平台，尤其是视频平台或直播平台，受到全世界人民的喜爱。2020 年 11 月，人民日报中国品牌发展研究院发布《中国视频社会化趋势报告（2020）》，将 2020 年定义为中国视频社会化元年。该报告认为，在"视频社会化时代"，视频制造者、传播者与受众之间传统的单链条关系被重构，视频技术、视频内容、视频平台都处于深远而广泛的社会化进程。科技期刊也紧跟时代的步伐，传播方式也随着技术和时代的发展，不断地尝试着新兴的新媒体方式。本部分将着重介绍科技期刊尝试的新媒体平台渠道，以及分析各个渠道的传播方式和效果。

（一）科技期刊可选用的新媒体平台介绍

新媒体平台从内容来区分，主要分为 3 个类别，分别是图文平台、视频平台和直播平台。这 3 种内容形式有时候在一个平台集中，各个新媒体平台会以专注的某种内容为主来吸引大众眼球。具体来讲，①图文类：图文类的自媒体，主要以微信公众号、百家号、企鹅号、知乎等为主，这些内容平台对图文形式相对比较友好；②视频类：视频类自媒体主要分为中视频、长视频和短视频平台，其中短视频平台最火，常见的有抖音、快手和微信视频号，长视频则是 B 站和 YouTube（海外平台，本部分不予详细讨论）；③直播类：现如今比较新型的内容形式，具体分为电商直播、游戏直播及娱乐直播等。常见的平台有百度直播、微信视频号直播及淘宝直播、京东直播及快手抖音直播等。

第一类图文类的自媒体新平台将会集中在本节社交平台部分予以介绍，本部分集中介绍视频类和直播类平台。短视频平台以抖音、快手和微信视频号为主要传播平台，短视频是人们日常休闲娱乐、社交和信息交互的主要工具，深受用户喜爱，近年来短视频用户规模持续增长。据中国互联网络信息中心（CNNIC）发布的第49 次《中国互联网络发展状况统计报告》（图 4-10），截至 2021 年 12 月，短视频用户规模 9.34 亿人，使用率 90.50%。

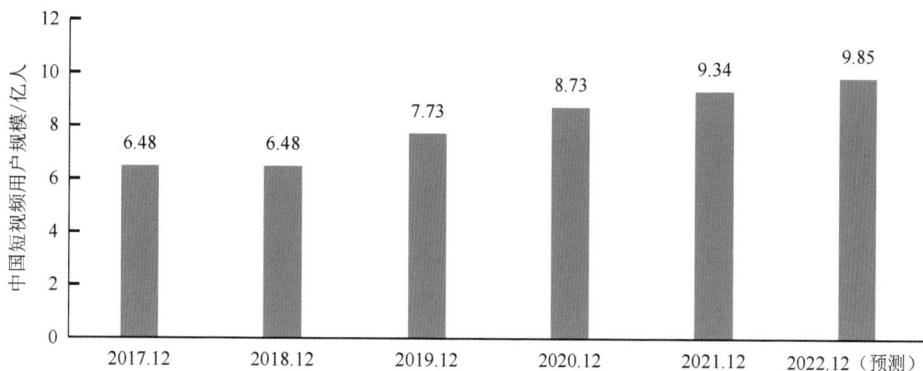

图 4-10　2017～2022 年中国短视频用户规模预测趋势图
数据来源：CNNIC、中商产业研究院整理

从用户量看，抖音、快手为短视频平台第一梯队。抖音是由字节跳动孵化的

一款音乐创意短视频社交软件。该软件于 2016 年 9 月 20 日上线，是一个面向全年龄的短视频社区平台，用户可以通过这款软件选择歌曲，拍摄音乐作品形成自己的作品。2021 年 12 月抖音、快手两大短视频平台月活量分别为 67 180 万人、41 099 万人（图 4-11）。抖音于 2022 年 1 月发布了《2021 年数据总结报告》，其中涉及与高校、教育相关内容，包括"2021 抖音获赞最多的十大职业 Top 教师"获赞 72.9 亿，"双一流"高校入驻抖音率达到 92%，高校抖音开播场次达到 14 463 场[①]。

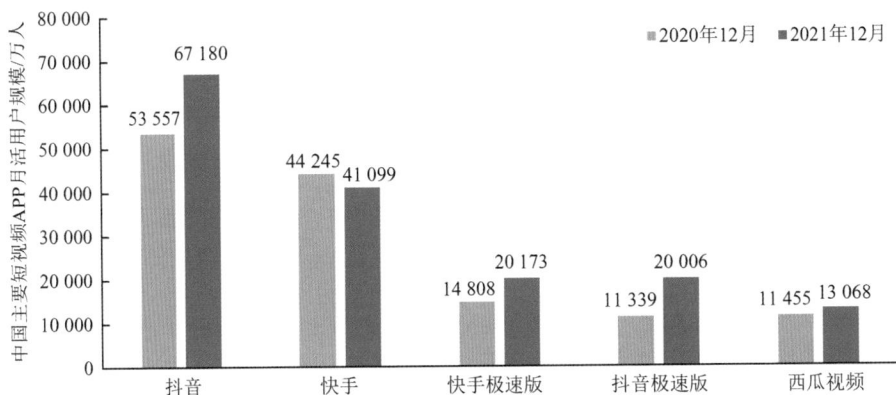

图 4-11　中国主要短视频 APP 月活用户规模

数据来源：CNNIC、中商产业研究院整理

2020 年，腾讯推出微信视频号。截至 2021 年 9 月，视频号日活跃用户数量已超过 4 亿人。相对于抖音、快手等，微信视频号有着独特的推荐机制和平台生态，其中最突出的是其私域社交推荐机制——在微信视频号的播放页面，微信好友关注的视频会被优先推荐。近期发表的一篇文章充分研究了我国现有科普期刊短视频传播现状[29]，从内容适应性来看，科普期刊在短视频平台更有优势，更加容易以"内容优势"吸引到精准的读者群或观众。科普期刊相比于学术期刊，内容在"短平快"的消费模式下更加适合，学术期刊专业晦涩的专业内容难以加工和推广。另外，相较于抖音、快手的推荐机制，科技期刊更加适用于私域推荐机制体系的传播方式，通过与微信公众号绑定，微信视频号影响

---

① 数据来源：http://caijing.chinadaily.com.cn/a/202201/06/WS61d6a519a3107be497a01075.html.

力在私域空间不断扩大，能产生更好的传播效果，这也是现在越来越多的科技
期刊开通了视频号的原因。

（二）科技期刊采用新媒体平台的传播效果展示

1. 短视频平台传播

作为"高冷"的科技期刊，在抖音等短视频平台的运营现状如何，郭小敏等[30]
进行了充分的分析和研究，得到表4-2。数据的计算规律如下，由于视频号平台不
直接显示账号的总点赞数，仅显示单条视频的，因此活跃期刊平均点赞数的计算采
用方法为：先统计每个活跃期刊视频的最高点赞数，以所有账号最高点赞数的中位
数作为单条视频点赞数的平均值，再与平均发布视频数相乘。在郭小敏的研究中也
发现，开通视频号的学术期刊也全部开通运营了微信公众号，尤其是微信视频号于
2021年3月起与微信公众号进行了绑定，绑定操作简单，互粉一步到位，微信公
众号界面中可以显示对应的微信视频号，因此视频号可以天然依靠已开通的微信公
众号的流量，并在发布内容上进行有效补充。

表 4-2　学术期刊在微信视频号、抖音及 B 站平台运营情况

平台	有效期刊数/个	活跃期刊数/个	活跃期刊平均发布视频数/个	活跃期刊平均粉丝量/个	活跃期刊平均点赞数/个
微信视频号	46	35	29.2	—	3095.2
抖音	18	16	72.7	5012.1	3651.0
B 站	23	15	25.5	2703.0	937.7

从表4-2可以看到，从总数量上来讲，学术期刊在各个视频终端平台还是个小
众群体，有效数量和活跃数量并不多，其活跃分析量和点赞数量最高在四位数。从
效果来看，还是抖音的受众量最大，平均粉丝量也是最多的，对于学术期刊有较高
的影响力。从内容上看，学术期刊账号发布的短视频主要以好文推荐、论坛介绍、
精品课程为主，少数行业期刊还发布行业最新研究进展等动态。整体来看，内容趣
味性和时效性不足，二次加工形式较为简单，尚未形成具有期刊品牌特色的统一风
格。传播效果方面，不同视频内容在传播上会有较大差异，从郭小敏等[30]文章数据

分析得出的传播效果来看，拓展传播类（即独家制作的科普视频或者一些论文写作指导、软件使用教程等辅导类的内容）的转发数均值最高，加强出版类（即传统出版模式的视频形式补充；研究成果重现）的传播数据较低，营销资讯类的点赞数均值及收藏数均值最高。以笔者了解到的《中国科学》杂志社为例，《中国科学》杂志社视频号于 2021 年 3 月开通，截至 2022 年 11 月，《中国科学》杂志社视频号的关注人数超 4000，共发布视频 136 条，主体以加强出版类为主，最高收藏次数为 541 次，视频为 2022 年 8 月 5 日发布的"新生代青藏高原的气候如何演变而来？"是由《中国科学》杂志社发起的"Insight into Science-短视频征集大赛"中的一个入选视频。这是一个非常好的方式，通过活动一方面加强了与学者互动，尤其是对于年轻学者的吸引力；另一方面也对视频量有了充分的补充。

海外学术领域对于视频也有相关讨论，2022 年 11 月线上举行的 HighWire Best Practice 研讨会也讨论了视频在学术出版中日益重要的现象，讨论了在海外互联网上的视频和音频内容无处不在，YouTube 和抖音在行业中占主导地位，科学家也在制作抖音视频，像 Zoom 这样的平台对于沟通和协作是必不可少的，而提供全面服务和在线会议功能的新型专业平台也成倍增加。这为直播内容的商业化和传播创造了新的机会。由于很少会遇到技术上的限制，视频在学术内容中得到了更大程度和更广泛的应用[1]。

2. 直播平台传播

除视频平台外，直播平台逐步渗透到所有新媒体平台，图文平台、搜索引擎平台等所有互联网媒介平台均开通了直播。学术直播平台工具也在不断涌现，如 Zoom 会议、腾讯会议直播、微吼直播、小鹅通、科研云、蔻享学术等均面向科技期刊界不断拓展业务。其中，2016 年 9 月成立的蔻享学术（https://www.koushare.com/），是一站式科学资源共享平台，依托国内外一流科研院所、高等院校和企业的科研力量，面向全球传播科学知识、聚焦前沿科学，以优化科研创新环境、传播和服务科

---

[1] 数据来源：https://www.highwirepress.com/news/the-growing-importance-of-video-and-audio-in-scholarly-and-academic-publishing/.

学、促进学科交叉融合为宗旨，为科研机构提供定制化的服务，如学术活动直播、视频拍摄、文章传播等。截至 2022 年 10 月，在该平台上线的学术视频接近十万部（包含诺贝尔奖、菲尔茨奖等各类奖项得主、院士等的高质量报告），已经与近 2000 所科研单位和 300 多家期刊及近千家企业合作了上万场的活动，每日有上百场学术直播。另外有较多提及的直播品牌是科研云，据科研云提供的材料，科研云成立于 2020 年，它主要服务于高校、科研院所、学会、期刊等单位，提供海内外多渠道宣传、线上线下直播技术支持等服务，现有全球学术相关订阅用户 70 万以上。累计直播 3000 余场次，服务于美国化学会、英国皇家化学会、中国化学会、《科学》、《中国科学》、《国家科学评论》、《纳微快报（英文）》（Nano-Micro Letters）等学会与期刊，中国材料大会、中国颗粒大会、ISAFM、北京石墨烯论坛等会议，平均观看 10 万+人次。科研云的直播平台以 B 站为主，并同步到其他直播终端上，如百度直播、微博、科研云官网、科研云微信视频号等多平台，使得不同受众群体都可以选择最习惯的终端平台进行观看，也有效地扩大了直播流量。以科爱公司在蔻享学术和科研云两个平台上的直播数据为例，科爱公司自 2021 年 10 月起，启动的"KeAi Talks"系列线上直播活动，除了利用科爱公司自有视频号进行直播外，同步会在蔻享学术和科研云共同进行直播。以蔻享学术的平台数据为例，截至 2022 年 9 月 30 日，共进行了 37 场次线上直播活动，涉及学术期刊 9 种，直播的浏览量总计超过 17 万次，单次活动平均浏览量约为 4 800 次；在科研云的直播流量每场提供数据 1.2 万至 1.7 万次不等，因 B 站终端人数计算方式，包含和加权了热力值（如点赞等其他信息），不能直接代表实际参与人次。

（三）新媒体平台传播科技期刊的特点

通过新媒体平台（主要是视频平台和直播平台）对于科技期刊的传播分析和了解，可以得出新媒体传播平台在科技期刊传播过程中的优势，以及现有的科技期刊在借助新媒体平台进行传播过程中应该更加充分考虑和完善的因素。

新媒体平台传播科技期刊的优势很明显，即及时、高效、传播面广。上述数据分析显示，短视频平台和直播平台的月活用户量都很大，尤其是抖音等短视频平台达到了亿级，分享的内容可以快速高效地传达出去；新媒体平台可以极大地改善人们对于传统科技期刊的认知：高冷、晦涩和难懂，通过可视化的视频甚至可以及时互动的直播方式，拉近科技期刊与读者群的距离，建立起更密切的关系，从而促进更多更广泛的学术研究。

新媒体平台传播科技期刊的劣势也是非常明显的，在很多文章中有所阐述。首先，技术门槛与人员团队匹配度不高：视频平台的传播渠道以视频素材为传播方式，生产高质量的视频作品并保持可持续性是开展视频传播的门槛，也是第一要素，这个方面对于科技期刊现有团队来讲技术要求高、专业程度大，人手有限，这也是在调研中发现仅有几十种科技期刊创建了视频账号的最根本原因，市面上可用于快速生产视频的技术人员无法准确传达科技文章的内容和要点。其次，内容定位不清晰：平台传播是期刊品牌优先，还是成果优先，即侧重点是宣传期刊整体，还是侧重某个重要成果，成果传播过程中所采用的传播渠道与想要传播定位的群体是否匹配，在科技期刊准备素材的过程中，需要先明确自身的需求是否与新媒体传播所能达到的效果相匹配，在制作视频过程中是否有完善考量不同渠道用户的需求。再次，新媒体平台的传播严重依赖于技术平台的传播，不能自由决定受众群体，受技术后台的操纵，尤其是抖音、快手等平台，是推荐机制来决定内容被推送到哪些客户中，是否合适，从可以获取的有限数据中，是无法得知的，也无法从后天获得充足的数据对每次视频传播的有效性进行验证。第四，尚未健全视频、直播会议原创版权管理体系：现有的视频渠道和直播会议，任何用户都可以直接复制、录制并进行传播，信息保护困难。最后，国内外新媒体平台壁垒严重，对于有效传播到更广泛的学术圈产生了很大的障碍。

四、社交平台促进科技期刊全面传播

社交平台是互联网高度兴盛衍生的一种新型服务，它的出现，使得用户可在某个封闭系统内建立公共或半公共性质的个人主页；它有极强大的链接能力，传播触角可以延伸至全球各个角落，可与其他用户方便地产生链接，并在个人主页呈现出联系人列表；用户可随时浏览并穿梭于自己和他人在系统内建立的联系。现今，国内外通用的社交平台用户量常以亿级为单位,其中包含了大量科技期刊的直接和潜在用户;这些用户乐于在社交平台上彼此分享意见、观点、经验等;并且,社交平台具备成本低、传播速度快、用户定位精准、数据分析方便等特性,它已逐渐成为提高学术期刊影响力和传播力的新型工具。

(一)科技期刊可选用的社交平台分类简介

社交平台分类方式众多[31],从用户专业属性区分,有面对专业用户和大众用户的,前者以 ReseachGate、Academia.edu、小木虫等面向专业用户、具有社交化功能的学术交流和文献分享平台为代表,用户可以应用平台上传下载文章、了解最新研究进展、寻找感兴趣科研人员、获取同行评价、咨询问题乃至找工作等;后者以微信公众号、Twitter、Facebook、Instagram、LinkedIn 等大众化社交平台为代表,科技期刊主要利用其用户广大、连接方便的属性拓展内容传播,并从扩大的粉丝群中遴选优质审稿人、作者等进行衍生应用。从传播载体区分,有多采用图文格式的微信平台,有多样化视频分享网站 B 站、YouTube 等,有短视频平台抖音等,有图片化平台 Instagram、Pinterest、Snapchat 等,在这些平台上,科技期刊可通过更加简明扼要的信息图、图形摘要乃至视频摘要等形式,不断增进读者的互动参与,提升文献关注度,乃至下载量和引用率等。此外,即时通讯平台 Zoom、Line、WhatsApp、Teams,乃至面向 90 后、00 后的元宇宙社交平台 Soul 等也都是科技期刊可以考虑选用的社交平台,它们将全面降低科技期刊与用户之间的互动交流成本,提升工作效率。

(二)科技期刊采用社交平台的传播效果展示

图文、视频传播是国内外科技期刊一致认可的传播交流方式,鉴于上文对视频传播已有详尽介绍,本部分选择科技期刊图文内容在微信公众号平台、Twitter、Facebook 等国内外主流社交平台上传播效果较好的几个典型案例为代表进行相关展示。

国内有学者曾对开通微信公众号的学术期刊的微信传播指数 WCI 进行相关排名[32],作为其中的佼佼者,《心理学报》微信公众号的推文作风值得推荐。该期刊每月均推送若干篇适合普罗大众阅读的科普文献，并邀请作者将其专业化的论文术语"翻译"为通俗易懂的语言，此外，为吸引受众注意力，还特别将标题拟定为更易于引发情绪共鸣、易于传播的互联网标题，如近日将"主观社会阶层正向预测利他性惩罚"这种拗口标题改为"仗义每多屠狗辈？这或许取决于你是怒目金刚还是低眉菩萨"等。这种流量化思维引导的知识重组行为，促使该公众号可获得篇均推文 1 万次以上的阅读量，读者互动也十分理想，留言很是踊跃。在注重传播过程的同时，公众号还利用"阅读原文"跳转链接，向用户展示原文的英文版、PDF版、RichHTML、评审附件、图表、参考文献、相关文章、Metrics、本文评价等学术性内容，为用户树立了一个既蕴藏社交媒体阅读偏好，又具备学术深度性的特色期刊形象，全面增强了科研成果的传播力与影响力。在用户关系强化上，"中国科学院物理所"公众号采用底部菜单设置了问答互动栏目，积极鼓励与用户的相互交互，该公众号对后台提问进行了分类统计，并在每周五选择栏目中最有趣、最受关注同时最具有科学意义的提问进行解答。

在科技期刊的国际化宣传推广中，上海交通大学的《纳微快报（英文）》于 2016 年创建 Facebook 主页，在推广方式上，该刊采用的策略与国际顶刊类似，均采取期刊介绍加图片，论文创新性内容介绍辅以图片、文章链接，将论文重点数据改编为短视频加创新性介绍、文章链接等形式。截至 2020 年 10 月底，该主页关注人数已达 12.8 万人，评论区多有研究是否可用于其他方向，可否商品化等讨论，对期刊内容起到了广泛的传播作用。与此同时，运营人员发现在欠发达地区的推广能获得更多互动[33]。为拓展期刊信息的精准推送，提升期刊传播能力和效率。测绘出版社的《测绘学报（英文版）》（*Journal of Geodesy and Geoinformation Science*，*JGGS*）在 LinkedIn 上建立了企业主页，并且相关编辑也都创建了个人账号，不定期展示期刊重点论文和资讯类信息，并利用学术、职场社交拓展人脉资源。现今，《测绘学报（英文版）》的 LinkedIn 主页已吸引了上千位国际学者的关注，破除了以往该刊只能依赖国外出版商数据平台进行国际传播交流的桎梏[31]。新创刊的 *iMeta* 选择入驻 ResearchGate 学术社交平台，进一步加强国产期刊海外宣传。据悉，ResearchGate 引用统计速度极快，最快可在文章上线几小时即通知最新引文情况，并可标注引文在文章中所在位置，该刊的一篇文章在半年的时间里，就在 ResearchGate 中被阅读了 165 次，被引用 44 次[34]。在 ResearchGate 的期刊页面，每篇文章都可以链接作者社交，通过争取高被引作者、关联同行等，ResearchGate 可促使科技期刊的同行关注度迅速提升。此外，相较于其他国际社交平台，Twitter 是更具代表性的大众化传播平台，它的信息分享和传播速度更快，影响范围更广；并且有大量的科研人员活跃于 Twitter 平台，进行学术交流与研讨，基于此，包括《卫星导航（英文）》（*Satellite Navigation*）在内的一些国内科技期刊也建立了该平台账号，这些刊物主要还是以论文简介（作者、研究内容、意义等）辅以论文配图和文章链接等形式进行宣传。

（三）社交平台传播科技期刊的特点

学科的交叉融合发展、深受互联网阅读习惯影响的读者作者群体及全民获取信息、知识的方式途径的变化，导致社交平台对于科技期刊的影响日渐深刻。此外，为更多拓展社会价值，科技期刊也需要将触角广泛地延伸至公众群体，促进科学的公众传播。

在社交平台的传播过程中，科技期刊承担着推广科技创新、进行科学普及的多重任务，需要将学术内容刻画得更生动，学术推广的范围和力度更大。当前中国科技期刊在社交平台传播力度上有了全面进步，具体特点如下。

1. 传播内容无限丰富

现今的科技期刊宣传推广，不仅只是存在于科学共同体内的交流，更多要重视面向普罗大众的全方位推广，促进整体的科学普及。国际顶级学术期刊的科普路径已经证实，将学术内容进行科普化传播是提高科技期刊影响力、吸纳优质稿源的重要举措。在具体行动上，首先，社交平台上宣传的科技期刊内容，应采用更形象的图像、更生动的语言，促使科学的流行。全彩信息图、信息表等图形化内容、音视频摘要、动态封面、动画文章、专题推送等都是可考虑的重点。在内容写作和技巧表达的把握上，国内同行已经总结出"万能公式"论文写作法、"先大后小"深度报道法、"对比、类比"列举法、"图片、表格"归纳法等详尽内容[35]。在标题的精心打磨上，名人式、干货式、反问式、悬念式、热点式、数字式、反常理式等写作技巧也需内容运营人员长期学习掌握。其次，国内科技期刊还需提升对二维码的全面运用，除阅读全文外，二维码还可全面用于链接网站和专题，进行会议报名，观看会议直播，填写问卷调查等，建议运营人员多尝试这些新形式，增强与读者的全面互动[36]。最后，利用话题、合集、菜单等内容增强社交平台的专业性、与用户的互动性、与科技期刊网站内容的联动性等，可全面提升科技期刊的整体传播效力。

2. 传播人员可无限延展

社交平台的强属性就是调动人际交流，强调用户参与创造。首先，激发作者的创造积极性和思想传播欲望，调动科技工作者对科技期刊内容二次转化、传播的积极性极其重要。新修订的《中华人民共和国科学技术进步法》明确"国家建立健全科学技术普及激励机制，鼓励科学技术研究开发机构、高等学校、企业事业单位、社会组织、科学技术人员等积极参与和支持科学技术普及活动"，如科技期刊能对该政策进行积极引导，有促进措施落地的具体方案将促进科技期刊内容生产者的全新创作[37]。其次，科技期刊编辑是联系专家与公众的重要桥梁与纽带，是掌握科技期刊社交平台内容传播效果的重要责任人，制订合理的绩效激励机制有助于编辑人员全力参与科技期刊的传播计划。最后，在科技期刊的社交平台传播中，除内容传播外，尚需强化与主编、编委、编辑等社交账号的联通，通过这些专家的社交影响力，帮助期刊宣传并维护良好的学术社群关系，以达到提升期刊国际知名度与影响力，提升我国期刊的国际学术地位的目的。

（四）科技期刊社交平台传播注意事项

媒介技术的进步与科技期刊的盛行，使得用户注意力已成为稀缺资源，科技期刊已经从内容为王转变为内容与传播并重，如何将有专业、有深度的学术内容转变为可传播、可转化的知识是科技期刊产业界面临的重大课题。在社交平台传播方向，国内科技期刊除注重传播内容的丰富性、传播人员的多样性建设之外，更要考虑如何在现有体制模式下，在不触及政治敏感问题的前提下，有效通过国际社交媒体，合理合法地宣传英文科技期刊，建设符合当前国情的宣传体系，让更多国外学者了解认知国内英文科技期刊的蓬勃发展，也是科技期刊人需要着重研究的目标之一[38]。

第四节　面向不同受众的科技期刊传播模式

学术期刊基于人们对学术信息交流与共享的需要而产生，既承担传播知识理论的功能，又担负推动科技发展的使命[39]。受众是科技传播过程的终端，是科技信息的接受者和消费者，也是科技信息与科技传播的最终检验者[40]。学术期刊受众由过去的受众面较小的专业研究人员逐步扩大到广大社会公众。

本部分案例重点呈现一流科技期刊面向不同受众（包括专业研究人员、从业人员、大众）所采用的不同传播策略、手段与方式，以达到最好的传播效果。

一、学术期刊受众分析

（一）受众特点

学术期刊的受众大致可分为专业研究人员、科技从业人员和社会公众。专业研究人员主要通过科技期刊获取前沿动态和进展，策划选题、落实方案，实现科学关键问题突破，进而推动科学发展。专业研究人员既是科技期刊的受传者，又是传播者。科技从业人员主要是从事科研支撑的技术人员、科研管理的行政人员及科技成果转化和引进等相关从业人员。社会公众主要指不从事专业学术研究的广大社会群体，涵盖了各个年龄段，也包括学生群体。社会公众是数量最大的科技期刊受众，随着科学发展得越来越专业化、精细化，专业研究人员也逐渐成为其他领域科学普及的受众。

（二）传播策略与效果

1. 科技成果新闻化、科普化

学术期刊是科学新闻的重要来源之一，重大科技成果借助新闻媒体传播，有助于引起社会关注，实现成果更广泛传播。Springer Nature、Elsevier 等国际出版机构都设置专门的媒体部门定期推送科学新闻稿件，向公众传达重大科技成果的进展。《自然》设有专职新闻官的职位，在出版前一周通过网络向全球数千名记者发布新闻。美国科学促进会旗下的全球互联网新闻服务平台 EurekAlert！每天向世界各地的记者提供科技新闻，国内外很多期刊和出版机构都是该平台的会员用户。例如，《细胞》出版社、《中国科学》杂志社等知名期刊出版社的科技期刊均在其网站平台发布科学新闻稿件。北京中科期刊出版有限公司也注册了 EurekAlert！平台会员，为其服务的期刊提供国际化的新闻推广服务。

科技期刊是重要的科学资源提供者，将高深但有实际意义的科学成果科普化，有助于科学普及，提升全民科学素养及科技期刊在社会公众中的影响力。国际大刊《自然》《科学》及我国的《药学学报》《中国药学杂志》等均设置了科普栏目；《航空知识》《航空学报》更是通过其共同的新媒体运营团队，分别从科普和学术角度进行科技成果推送[41]。例如，《航空学报》基于公众长期对载人航天和深空探测领域的关注，精心策划了新一代多用途载人飞船专题，该专题在期刊网站的下载量超过 7 万次，并被包括新浪、网易在内的 240 多家主流媒体广泛转载，实现了科技信息价值的最大化[42]。

2. 展现形式美观化、多元化

新媒体时代，出版内容的呈现形态更加丰富灵动，给受众带来艺术设计与美学呈现。当前科技期刊不仅关注如何吸引优质稿源，对于内容的展现形式也格外关注。例如，《创新（英文）》（The Innovation）在每篇论文的图表美化打磨方面下了很大功夫，最终实现图表既能更清晰地表达作者意图，又给人带来欣赏艺术创作的视觉效果。《创新（英文）》为了更好地对科学成果进行传播，每篇文章浓缩成一幅图（Graphical Abstract）和 3~5 句话（Public Summary），让"小同行"、"大同行"和受过高等教育的大众都能理解文章亮点[43]。

随着融媒语境的推动和 5G 等技术的成熟，出版业向视频化、体验化方向发展。在视频成为全球性信息消费方式的大背景下，很多期刊网站开设视频栏目，刊载论文视频摘要、研究录像、科学新闻短视频或辅助解析的音频和视频内容等，如《自然》《柳叶刀》，使科技成果更直观、易懂，极大提高了期刊内容的传播和共享效果。新技术也催生了新型出版业态，为克服当前科学研究中重现性差和学习新实验技术耗时长两大难题，视频期刊应运而生。2006 年，摩西·普里茨克博士创办了世界上第一份科技视频期刊《实验视频期刊》，我国中华医学会也创办了《中华心血管病杂志（网络版）》等视频期刊。科技期刊开展视频传播是在原有文字传播、图片传播基础上引入视频，有助于培育更多受众，是媒体融合时代科技期刊创新传播的必然趋势。

3. 传播途径全方位、精准化

随着科技成果井喷式涌现和数字技术不断发展，针对不同受众群体，基础研究类期刊一般会采取全方位、立体化、精细化的传播手段，既重视期刊内容传播的覆盖率（广度），又注意分析用户真实需求进行精准传播（精度）。单一的出版传播模式已经无法满足大众多样化的阅读需求，综合运用文字、图片、音频、影像等多种元素，立体化、全方位地展示期刊内容的多媒介共存模式逐渐成为热门的全新出版模式[44]。《计算机研究与发展》融合各种有效的技术手段，针对不同的用户群体的特点和偏好，将稿件内容的宣传贯穿到稿件整个生命周期，建立多种传播渠道，在充分分析读者群体和稿件内容的基础上，实现精准推送，构建了一个全方位、多渠道、覆盖稿件全生命周期的期刊内容精准传播体系[45]。《交通运输工程学报（英文）》（*Journal of Traffic and Transportation Engineering*）采用与国际出版平台合作，搭建国内外知名社交媒体进行期刊成果传播，借助科睿唯安等进行邮件精准推送和跨平台精准推介等手段，实现期刊内容全方位和精准化传播[46]。《光：科学与应用（英文）》在卓越计划建设之路上，非常重视科学传播，建立了以 EurekAlert！、科学网、两江科技评论为代表的科技媒体传播网络，以 Facebook、Twitter、Instagram、微信、微博为代表的社交媒体网络，以科睿唯安、Trend MD、AMiner 为代表的定向推送资源网络，对所发表的科技成果进行全方位、多层次报道；此外，还通过与专业学术会议合作、开展线上论坛、打造科技媒体、举办学术活动等措施实现期刊品牌和科技成果的精准传播，塑造期刊品牌和影响力[14]。

（三）传播模式总结

随着数字出版时代的到来及民众科学素养的大幅提升，基础研究类期刊的受众由原来群体较小的专业研究人员和科技从业人员延伸至广大社会公众。基础研究类期刊为了更好地服务科学研究和科学普及，使出版的成果能够在海量的信息中脱颖而出，纷纷在科技成果新闻化、科普化，展现形式美观化、多元化，传播途径全方位、精准化等方面不断探索，以期更好地塑造期刊品牌，实现科技成果更快、更广泛的传播，普惠民众。总体来讲，国外出版机构和期刊对于科技成果的传播方面做出了较好的典范，国内基础研究类期刊通过不断学习探索和实践，在科技传播方面已经取得了较好的成果，也有些期刊更胜一筹，探索出了符合自身发展的更有效的传播路径。

二、工程技术期刊受众分析

（一）受众特点

工程技术期刊是展示创新性研究成果的交流平台，反映了国家技术科学与工程应用的研究水平[47]。工程技术期刊是专门针对特定行业的，在这些行业的应用研究和关键技术方面发挥着关键作用。工程技术期刊的受众主要面向行业专业技术人员，其受众跟期刊所在行业密切相关，有较强的行业属性和专业性。

从受众需求的角度看，用户对与自己专业领域相关的内容更感兴趣，而不是对内容的传播媒介感兴趣。对于工程技术期刊来说，其目标是促进行业发展、科技创新和人才培养，而纸质服务只是实现这一目标的一种方式。期刊在传统的使命和定位之外，通过组织行业活动和提供增值服务，可以发挥其各种资源的作用。与时俱进，才能更好地满足行业发展和用户的需求。近年来，工程技术期刊积极顺应时代潮流，在平台传播、产品形式、内容呈现、运营模式等方面都有重要的探索。

（二）传播策略与效果

1. 构建强大的数字媒体产品体系

《金属加工》开发了数字平台和数字产品系统，以接触更多的粉丝，讨论金属加工领域的先进技术、新产品、加工方案和实践经验，以满足读者和企业对多样化、个性化、碎片化、互动性、视频化的需求变化。近年来吸引了 190 万专业粉丝，并形成了大规模的全媒体传播网络。通过"产品化、体系化、品牌化"思路，针对不同的用户需求，形成了包括行业门户、微信矩阵、金粉大讲堂、在线论坛、展会直播、企业云直播、设立短视频栏目等服务的数字媒体产品体系。

截至 2022 年 3 月，其中作为旗舰的"金属加工"微信号粉丝量超过 52 万人，总发文量超过 1.4 万篇，2014 年至今总阅读量超过 1.8 亿次；创办的金粉讲堂自 2017 年 3 月开播以来，已累计播出 139 期，观看人次突破 180 万；聚焦主题的专业在线论坛已累计举办了 22 场，形成了专题化、系列化的布局；开展展会直播超过 40 场。"企业云直播"对典型企业进行全方位的深度视频报道，每场约 2 小时，在疫情暴发后很多展会暂停的情况下，该节目应运而生，帮助企业快速到达终端；该机构开辟了一个短视频栏目，报道重大进展、重要事件和重要热点。例如，"对话金属加工"是一个关注行业热点事件、热门人物或热点话题的栏目，以人物访谈形式呈现，由于热点突出、主题鲜明、视频制作精良，在行业引起了广泛关注。"金属加工每周要闻"作为行业综述，内容贴近行业，每周 1 期，已播出 100 期。"金粉小讲堂"是面向职业院校学生和企业一线技术人员的知识性、短视频讲解，现已播出 36 期[48]。

2. 公众号推送学术论文推广文案

《中国中药杂志》通过期刊微信公众号推广封面论文、首次在中国知网发表的论文、其他被选为微信推广的三类论文。封面论文由主编选定，并在封面上进行介绍。封面设计的灵感来自于论文的主题。期刊微信公众号也制作和传播与封面论文相关的原创内容。这些内容包括论文背景、论文主要内容、封面及封面设计、论文目录等信息。中国知网首次发表的论文，均来自新型冠状病毒感染疫情暴发以来日夜奋战在研究第一线的中医药研究人员。他们总结了经验，提出了发表论文的建议，为新型冠状病毒感染疫情的防控提供支持。中医药爱好者和从业人员，对种植和炮制中草药、检验中药、使用中成药比较感兴趣，是杂志的主要读者。由于推广相关论文的目的是促进传播和推广，所以从科技新闻的角度选择了其他文章进行推广。

《中国中药杂志》2020 年在微信公众号发布了 108 篇文章，这相当于他们当年发表的所有文章的 1/7，108 篇推文的篇均阅读量达到 3 333 次，数据效益明显高于仅定位于推送期刊原文的其他期刊微信公众号。《中国中药杂志》编辑部认为作为科技期刊，有责任促进科学创新，与读者分享新的发现。虽然科技期刊应该专注于以专业的方式展示研究结果，但也应该努力促使研究结果更有趣，便于大众读者阅读，以促进科学发现的广泛传播。当科技期刊在微信上分享文章时，应该牢记微信平台的特点——如在"热门故事"栏目中分享文章，关注当前趋势，优化标题，使文章更加有趣和有料[49]。

3. 期刊集群服务对行业科技支撑

电力行业科技期刊在服务电力科技创新方面发挥着更加多元化的作用，肩负着更加重要的使命，通过搭建电力领域的学术研究和交流平台，传播电力前沿的最新研究成果，为科学研究和生产实践提供专业内容。中国电力科学研究院期刊集群期刊（含《中国电机工程学报》《电网技术》《高电压技术》《电力信息与通信技术》等）采取的策略是通过报道前沿课题、培训作者、审阅行业论文、举办学术论坛，以支持和服务行业科技发展。

围绕本学科的难点和热点，通过选题策划和文章报道，向广大读者展示国内外的前沿成果、工程进展、发展趋势和热点问题，为技术发展和工程应用提供了有力的支持。中国电力科学研究院期刊集群为科研人员提供按需写作和投稿培训课程，为高校和科研团队提供优质培训，仅 2020 年就有 6 万多人参加了 7 项活动。编辑们与作者和读者当面交流，现场提供写作指导，并为作者答疑解惑，通过提供各种优质服务，努力在期刊和一线科研人员之间架起桥梁。目标是让一线研究人员逐渐成为优秀的写作者。中国电力科学研究院期刊群已为超过 15 万名作者和超过 1.5 万名外审专家服务，在传播优秀学术成果的同时，也帮助培养了众多优秀的电力行业科研人才[50]。

4. 构建多种论文传播形态与渠道

《煤炭科学技术》在丰富论文传播途径方面开展了多项工作：该期刊制作和发布论文成果的视频，以影响专家学者在自己的媒体平台或第三方媒体平台上传播他们的论文。这在 2020 年疫情期间特别有帮助，因为作者有更多的时间来宣传他们的论文成果。现已尝试制作了三十多个论文解读报告的视频。这将有助于提高论文被发现和引用的概率，提升作者的学术影响力，丰富论文传播形式。论文数字版在移动阅读技术方面进行探索，在业内率先实现二维码扫描阅读功能。每个唯一的二维码都印在论文首页的左上角，扫描后可以免费打开阅读，下载 PDF 文件，预览 HTML 全文结构，增强材料的延伸阅读。同时与中国煤炭工业知识服务平台连接，依托在线问答功能，实现作者与读者的互动交流。为了帮助读者查找相关文献，专门为近年来访问量和引用率最高的论文建立了电子虚拟专辑，可在官方网站和知识服务平台免费下载。除了在自有平台传播，如邮件推送、期刊官网、期刊官微、知识服务平台等推广外，还寻找其他有影响力的传播平台，推广优秀论文或科普文章，如与网易新闻、今日头条、国家能源信息平台、绿矿网、AMiner 等知名新闻网站和其他微信平台合作。通过与其他媒体的合作，促进了期刊宣传。经过大量努力，传播效果逐步显现。这不仅扩大了期刊的宣传范围，也提高了期刊的关注度[51]。

5. 借助新媒体平台进行直播传播

自 2020 年 8 月起，《协和医学杂志》尝试选择读者最感兴趣的内容，利用新媒体平台进行直播。首先考虑受众和他们的兴趣，决定直播的主题。《协和医学杂志》官方微信公众号拥有约 5.3 万名粉丝，读者多为医学生和医生。直播的主题是"临床研究与论文写作"和"女性健康"，选择这些主题是为了满足不同读者群体的需求。接着是选择一个直播平台，必要时支付付费软件，以解决免费软件的各种问题。对于《协和医学杂志》来说，选择了付费软件。同时与其他平台合作，扩大直播效果。形成由编辑部、主持人和主讲团队组成的直播团队。编辑团队负责联系专家、落实讲座内容、人员调配和质量控制。主持团队通过宣传期刊、介绍主题、反馈意见、宣传推广等方式帮助演讲者。主讲人团队主要由曾为"临床研究与论文写作"栏目供稿的专家组成，课题主要集中在临床研究设计与实施、数据采集与分析、论文写作与投稿等方面。然后确定直播时间，临床研究与论文写作系列的主要听众是临床医生，所以在周三晚上播出，时间为 2 小时；关注妇女健康系列节目的听众是普通大众，所以在周二中午播出，时间在 1 小时之内。活动结束后，在微信公众号上可以看到直播的回放，这为错过直播的读者提供了第二次机会。

"临床研究与论文写作"系列平均每场有超过 8000 名在线观众，而"女性健康"系列每场有超过 25 万名在线观众，说明这两个系列的直播是成功的。并通过调查结果显示，大多数受访者对内容的评价是满意或非常满意。大多数人只看了直播的部分场次，这说明读者对内容或发言人有选择性，决定直播成功与否的关键核心还是对演讲嘉宾的选择。

（三）传播模式总结

从应用技术类期刊传播案例可以看出，众多国内一流科技期刊都在深入践行媒体融合发展，在原有纸质传播基础上，跨平台地为受众提供知识传播服务。作为致力于国民经济、科技发展、科技成果应用和应用型人才培养服务的应用技术类科技期刊，以用户喜爱的方式提供高质量的内容，把所有新的传播技术、平台、载体和工具为我所用，为好的内容提供动力，是完成高效传播的必然需求，也是行业、企业和读者这些受众的需求。紧跟受众的需求是至关重要的，如果期刊不能跟上受众的需求，就无法为他们提供他们想要的产品和服务。因为有了这样的认识，新的传播技术和平台是否会对纸质媒体的发展产生负面影响，已经不再是一个问题。在追逐微信公众号、短视频、直播等风口时，系统布局、全力推进、先发优势都是决定性的。

第五节　科普期刊新媒体传播内容及效果分析

一、科普期刊新媒体传播内容分析

科技期刊的传播属性、传播行为是"特定受众+衍生群体"模式，随着科学交叉融合化、学术内容生动化、学术推广主动化，科技创新与科学普及的融合发展在科普期刊表现得更加明显。本节以科普期刊微信公众号爆款文章为例，开展科普期刊传播力分析。

（一）科普期刊微信公众号爆款文章数据抓取

利用清博指数网站，分别抓取 2022 年 5~7 月科普期刊微信公众号总阅读数总排名前 5 的科普期刊数据（表 4-3~表 4-5）。

表 4-3　2022 年 5 月科普期刊微信公众号总阅读数总排名前 5 的科普期刊

期刊公众号	文章总数/篇	阅读量超过10万次的文章数/篇	阅读总数/万篇	平均阅读数/篇	在看总数/篇	平均在看数/篇	发布次数	WCI	总排名
《博物》	82	3	250+	30 555	7 906	96	27	1 362.28	1
《环球科学》	93	2	244+	26 330	6 453	69	55	1 342.10	2
《中国国家地理》	90	0	214+	23 870	10 204	113	31	1 318.99	3
《家庭医生》	88	0	150+	17 135	3 345	38	31	1 214.49	4
《航空知识》	135	0	125+	9 299	4 689	35	31	1 170.58	5

表 4-4　2022 年 6 月科普期刊微信公众号总阅读数总排名前 5 的科普期刊

期刊公众号	文章总数/篇	阅读量超过10万次的文章数/篇	阅读总数/万篇	平均阅读数	在看总数	平均在看数	发布次数	WCI	总排名
《环球科学》	92	3	272+	29 601	7 023	76	56	1 371.74	1
《博物》	93	3	253+	27 311	7 248	78	27	1 359.44	2
《中国国家地理》	92	3	234+	25 442	10 321	112	30	1 350.50	3
《家庭医生》	90	0	159+	17 691	3 246	36	30	1 232.90	4
《航空知识》	126	1	108+	8 631	4 149	33	30	1 155.36	5

表 4-5　2022 年 7 月科普期刊微信公众号总阅读数总排名前 5 的科普期刊

期刊公众号	文章总数/篇	阅读量超过10 万次的文章数/篇	阅读总数/万篇	平均阅读数	在看总数	平均在看数	发布次数	WCI	总排名
《博物》	103	3	288+	28 045	8 266	80	31	1 378.72	1
《环球科学》	93	3	257+	27 733	7 837	84	57	1 360.47	2
《中国国家地理》	92	3	250+	27 226	10 330	112	31	1 358.54	3
《家庭医生》	93	0	158+	17 060	2 803	30	31	1 213.14	4
《航空知识》	129	0	104+	8 078	4 026	31	30	1 126.18	5

由抓取数据可以看出，单篇阅读量超过 10 万的科普文章，主要出自《中国国家地理》《环球科学》《博物》3 种科普期刊。通过分析微信公众号的发文量可以看出，这 3 种刊物的发文量并不位居前三，所以爆款文章的产生与发文量并无直接关系。而原创文章阅读数排名靠前的文章中，绝大多数仍出自以上 3 种科普期刊，说明这 3 种科普期刊在打造微信公众号爆款文章方面拥有绝对的优势，这与期刊庞大的粉丝数以及过硬的科普文章创作和宣传推广的方式方法存在正相关性。

（二）微信公众号爆款文章成因分析

在科普领域，除了庞大用户基数的科普媒体大号外，科普期刊依托其纸媒优势，同时在选题策划、传播手段和展示方式方面有独特的优势。

1. 重视新媒体运营内容建设

传播能力强的科普期刊都具有很强的品牌创建意识，这就有利于推进科普期刊新媒体运营的内涵建设。以《中国国家地理》为例，2013 年"中国国家地理"微信公众号开通，最初仅将微信公众号作为移动媒体渠道，简单推送纸质期刊文章，如今"中国国家地理"已经成为以原创内容为主导、结构功能相对完善的新媒体传播平台。

2. 确定与期刊定位相符的选题方向

科普期刊在内容中传递出重要、新鲜、新近、有趣的信息，才能从本质上巩固自己的受众群体。首先要精准平台定位，体现特色与个性清晰的办刊目标和受众人群，让平台在选题策划和文章推送时，更加聚焦。地理人文类是《中国国家地理》的核心优势，最能体现其地理知识背景和专业定位，为受众提供深度阅读材料，进行科普知识传播，该类文章的阅读量也是最高的。《博物》微信平台整体风格轻松活泼，文章配图以手绘和动漫图片为主，所选音乐也充满二次元元素，吸引了一批以学生为主的青少年群体，能够在新媒体平台成为现象级杂志，正是其基于年轻的视角和网络化的语言。再者时效性选题往往会获得更高的关注，推文也会出现高阅读量。因此对关注度较高的热点话题及时科普，可以起到快速且广泛传播的目的。另外从公众日常关心的话题入手，将"理所当然"的科学知识"重新包装"，再次引起公众的关注。

3. 形式多样的写作手法

爆款文章在写作手法上有很多相似之处，如夺人眼球的标题、标新立异的角度或观点、故事化叙事、富有悬念和冲突、刺激点密集等。信息爆炸使注意力资源变得高度稀缺，标题的重要性日益凸显，创作者都在想方设法将"信息前置"。"互动式写作"也是写出爆款文章的重要方法。"互动式写作"强调选题有较强的受众立场，写作过程中就把内容抛给其他人看，根据用户反馈完成写作和修改，甚至在粉丝群投票选择标题。

未来，科普期刊的新媒体平台发展，要有效拓展其运营渠道，增强科普期刊与用户之间的互动联系，这在一定程度上有助于增强用户黏性，进一步扩大科普期刊的传播效果和商业价值。

二、科普期刊新媒体传播渠道分析

（一）科普期刊微信公众号传播现状

截至 2022 年 8 月，在我国 363 种科普期刊中，共有 219 种期刊开通了微信公众号，占科普期刊总数的 60.33%。微信公众号命名简洁，易于辨识，以期刊名称直接命名的占 46.56%。其他则以"期刊名称+杂志""期刊名称+编辑部""期刊名称+英文"等形式命名。微信公众号日益受到科普期刊经营者的重视。

科普期刊微信公众号学科分布三强分别为工业技术类，自然科学总论，医药、卫生类，占近半壁江山。363 种科普期刊的学科分类共有 18 类，排名前 5 的学科分别是：工业技术（37 种），自然科学总论（33 种），医药、卫生（32 种），文化、科学、教育、体育（26 种），农科科学（17 种）。

微信公众号更新率达 60%以上，但"僵尸号"仍不容忽视。以 2022 年 5 月 1 日至 2022 年 7 月 31 日为统计期，219 种期刊的微信公众号中，逐月更新的微信公众号数量呈现增长趋势。连续 3 个月均有更新的公众号有 134 个，占 61.19%。

"僵尸号"是指陷入停更或者低频更新（低于每月更新一次的账号很难持续扩大自身影响力）的微信公众号。通过统计发现 3 个月间均未更新的公众号有 55 个，占 25.11%。

僵尸号的形成受诸多因素的影响，包括但不限于：人力成本、技术难度、时间有限及短期内无法看到微信公众号所带来的积极作用等。

发文量与发文次数之间呈现一定的相关性，次推文量为 2 篇，还有待提高。以 2022 年 5 月 1 日至 2022 年 7 月 31 日为统计期，对发文数量和发文次数排名前 10 的微信公众号进行统计，可以看到：5 个期刊微信公众号发文次数和发文量均排名前 10，即发文次数多，发文量大。它们是《环球科学》《中国国家天文》《博物》《航空知识》《中国国家地理》。对连续 3 个月均有更新的 134 个期刊微信公众号进行统计，得出次均文章篇数的平均值为 2.0，即平均每次推文发表 2 篇文章，共有 64 种期刊微信公众号次均文章篇数超过 2.0，占 47.76%，未超过半数。

（二）科普期刊微信视频号传播现状

截至 2022 年 8 月，在我国 363 种科普期刊中，仅有 75 种期刊开通了微信视频号，约占 20.66%，科普期刊微信视频号开通率不足四分之一。从账号属性上看，在 75 种开通微信视频号的科普期刊中，有 57 种期刊已认证（占 76.00%），《保健与生活》《模型世界》《世界汽车》等 12 种期刊没有进行认证，《健康必读》

《大众汽车》《植物医生》等 6 种科普期刊为企业号，非期刊注册。从注册的"用户名"来看，总体上大多数为期刊名称或期刊名称后加"杂志""编辑部""期刊""杂志社"。通过在清博平台对相关的科普期刊微信视频号选取 2022 年 3～8 月期间的数据进行梳理和汇总，呈现如下特点。

从地域上看，科普期刊的微信视频号属地分布较为分散且不平衡。在 75 种开通微信视频号的科普期刊中，26 种为中央期刊，占总数的 34.67%，剩余的 65.33%分布在 16 个省（自治区、直辖市）。其中北京、上海、重庆 3 个直辖市，以及广东、湖南等省相对较多；山东、吉林、安徽、甘肃、天津等省（直辖市）分布较少；青海、贵州、内蒙古、宁夏、西藏等省（自治区）没有分布（图 4-12）。

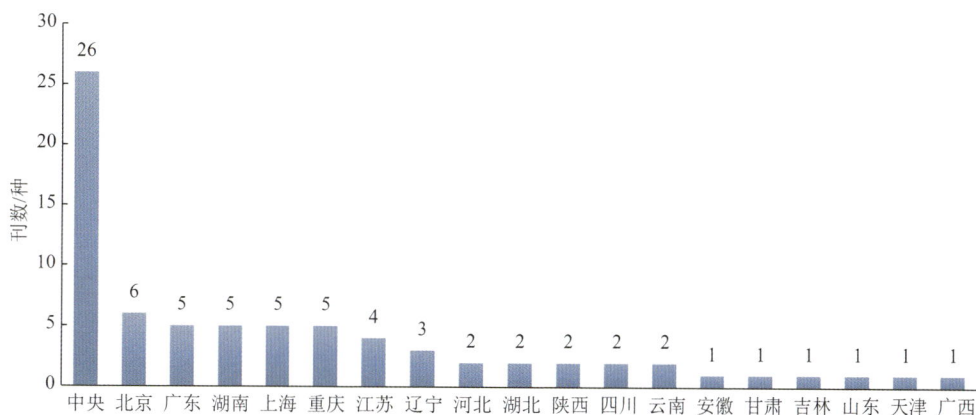

图 4-12　科普期刊微信视频号属地分布

从学科分布看，覆盖范围广但不均匀。按照《中国图书馆分类法》，科普期刊微信视频号涵盖了医药卫生（R）、工业技术（T）、农业科学（S）、交通运输（U）、自然科学总论（N）、综合（Z）、航空航天（V）、天文学和地球科学（P）、艺术（J）、经济（F）、社会科学总论（C）、数理科学和化学（O）、历史和地理（K）等 13 个领域（图 4-13）。科普期刊微信视频号中，医药卫生、工业科技、农业 3 个领域共为 37 种，几乎占据半壁江山。其中医药卫生领域的最多，为 14 种，占 18.67%。

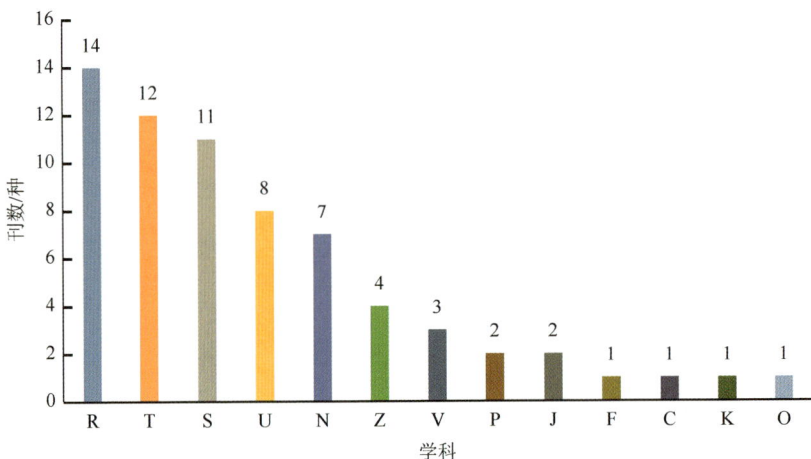

图 4-13　科普期刊学科分布

从发布作品数量看，总体上科普期刊微信视频号的活跃度并不高，有 52 种期刊在此期间发布过作品（作品数>1），有 23 种期刊未发布作品（作品数为 0），占 30.67%。《城市环境设计》《世界汽车》《世界知识画报》等期刊虽开通视频号且进行认证，但仅为账号存在，并未在考察期内发布过任何内容，且未进行连续、可持续宣传。活跃度较高（发布作品数>100）的有《世界金属导报》《家庭医生》《中国国家地理》《祝您健康》《人像摄影》《肝博士》《博物》《健康必读》《航空知识》9 种期刊。

（三）科普期刊抖音号传播现状

通过对我国 363 种科普期刊名录在抖音平台进行检索，比对认证情况、账号名称、账号介绍等发现，共有 80 种科普期刊开通了抖音号，开通率 22.04%，科普期刊抖音号整体运营情况一般。

通过清博平台对相关的科普期刊抖音选取 2022 年 7～9 月期间的数据进行梳理和汇总，考虑到大部分期刊开通抖音号后发布和运行的频率并不高，在此参考抖音号传播力指数（DCI），选取 DCI 前 30 名进行相关的统计分析发现。

第一，抖音号的名称命名各有特点。大部分以期刊名称直接命名，如"博物""世界金属导报"等，有的以"期刊名称+杂志"命名，如"摩托车杂志""海陆空天惯性世界杂志"，还有的以"期刊名称+杂志社"命名，如"《小康》杂志社"，还有的以"英文+期刊名称"命名，如"ELLEDECO 家居廊"。整体而言，规范的名称或者以主办单位杂志社等命名的名称更容易被读者检索和识别。

第二，抖音号发布作品数量差别巨大。以 2022 年 7 月为例，除"《小康》杂志社"和"海陆空天惯性世界杂志"在一个月内发布作品数超过 100 条外，其余 28 个抖音号发布作品数总计 326 条，平均每个抖音号发布不足 12 条。7～9 月累计发布作品数量排名前五的是：《小康》杂志社、海陆空天惯性世界杂志、中国家庭医生、中国三峡、十万个为什么。

第三，DCI 值和榜单随着时间的变化动态调整。2022 年 8 月与 7 月相比，有 5 个新的科普期刊抖音号进入到 DCI 前 30 的名单，如《果农之友》杂志、绿色中国、越玩越野、《汽车维护与修理》、中国汽车画报，原 7 月的"美食杂志、户外杂志、科幻世界 SFW、中国水产、轻兵器"不在位列名单之中。

对比 2022 年 7～9 月的数据，30 个抖音号中只有 6 个抖音号的 DCI 保持了连续上升，分别是《小康》杂志社、《中国国家地理》杂志社、海陆空天惯性世界杂志、摩托车杂志、十万个为什么、未来科学家。

（四）科普期刊 B 站传播现状

哔哩哔哩是中国年轻人高度聚集的综合性视频社区，被用户亲切地称为"B 站"。我国 363 种科普期刊中开通 B 站账号的为 41 种，入驻率为 11.29%，比重偏低。这 41 种科普期刊来自于不同的领域，B 站已在科普传播中得到应用，成为各类科普期刊向公众传播科学知识的新场景。对 41 种开通 B 站账号的科普期刊进行统计分析。

1. 视频作品发布数量差异明显

平均每月有 16 种期刊更新和发布视频作品，7～9 月视频发布总量最多的期刊为《绿色中国》，更新了 151 个视频，数量是第二位次科普期刊的 4.08 倍；其次是《中国三峡》《少年科学画报》《名车志》，分别更新了 37 个、31 个、30 个视频，视频发布数量较《绿色中国》差距明显；3 个月内有发布过视频作品但发布总量未达到 30 个的期刊有 17 种，大部分期刊的视频发布总量在 20 个以下。

2. 账号更新频率整体偏低

仅有 11 种期刊在 7～9 月连续更新作品，其中月均视频发布量不低于 10 的期刊仅有 4 种；3 个月内发布过视频作品但月均发布数量低于 10 的期刊有 17 种，占 41.46%，大部分期刊的月均视频发布量维持在 5 左右。

3. 视频作品发布缺乏持续性

有 10 种科普刊在 7～9 月没有连续更新，接近一半（20 种）的科普期刊账号 3 个月内未发布过视频作品，处于缺乏运营的"睡眠状态"。

三、科普期刊新媒体受众分析

（一）受众特点

科普期刊是专门宣传普及科学知识的刊物。科普期刊大都把科学性、通俗性、趣味性作为办刊方向。传统意义上的科普期刊受众指的是科普期刊的读者，每本期刊都有自己明确的市场定位和读者群体，准确的受众用户定位使期刊出版形成了有效的传播。近 20 年来，随着新技术的革新、市场的演变以及新媒体的快速发展，广义的"用户"概念兴起，STM2025 中提到"以用户为核心"，这些都促使科普期刊不断思考和应对所面对的受众群体开展期刊出版活动。

1. 精准定位受众需求

以《中国国家地理》为例，期刊有着明确的读者定位，秉承"推开自然之门，昭示人文精华"的办刊理念，在选题策划和内容组织上，突出人文地理的核心优势，为受众提供深度阅读材料，进行科普知识传播。《科学新闻》（*Science News*）以传播最新科学进展为主要内容，致力于公众参与科学研究和教育，赋予人们评价新闻和周围世界的能力[52]。

2. 信息分众化、个性化

主要表现为科普期刊在内容生产的基础上有针对性地向目标群体输出，同时利用大数据等进行用户画像和分类，满足用户个性化的需求。

《中国国家地理》设置了社区、景观、推广、聚焦等不同的专栏，满足受众对信息的特色化和个性化需求，正如其新媒体副总编辑雷永青谈到的"在互联网这个信息渠道里面，用户接触到的内容首先是特定需要的，内容和个人匹配是最重要的，所以在互联网时代，是内容匹配为王，而不是内容为王。"[53]例如，"景观"栏目将历年来的期刊内容信息进行整理，分为 32 类，方便读者对自己感兴趣的内容进行相应的检索浏览；"推广"栏目则推出了若干地区"100 个最美景观拍摄点"，以系列的形式打造影响力和传播力，同时在内容的呈现上区分了"图片版"和"文字版"，"图片版"形象直观，分为自然景观和人文景观，"文字版"则对景观进行了地区分类和介绍，充分地考虑了读者不同的阅读习惯和偏好。此外，《中国国家地理》还在网站上开设了专门的作者栏目，显示其投稿作者的名单，这样一方面是对既有作者群体的宣传和推广，另一方面也有利于吸引更多的优秀稿源，在增加受众黏性的同时，扩大新的受众。

《科学新闻》则根据内容进行了不同的主题分类，包括生命、人类、地球、空间、物理等，对信息的整合便于读者集中获取相关的内容，了解其进展；此外，《科学新闻》官网还专门设置了"For Educators"和"For Students"，针对教育者和学生不同的需求，在"For Educators"中呈现更多的是教学资源的检索及课程计划的制定等，在"For Students"中则提供了更多与学生学校生活相关及适合学生阅读的科学新闻，推出"Scientists Say：Your weekly Word"的内容，为学生提供科学名词的解释，该页面还支持学生通过 A～Z 进行字母检索并分享到 Google Classroom。

综上所述，科普期刊面向受众需求积极进行内容策划和组织，进一步认识期刊与受众的关系，在内容的生产中更多考虑受众个性化的需求，在不断细分受众和扩大受众的过程中保持期刊长久的生命力和活力。

（二）传播策略

在全程、全息、全员、全效的全媒体时代到来之际，科普期刊在不断探索改革和创新之中，拓展并利用好新的传播途径，让优质内容得到更为有效地传播。

1. 建立全媒体传播的平台

《中国国家地理》开辟了中国国家地理网、中国国家地理新浪微博、官方微信公众号、抖音号、B 站认证号及手机应用客户端等新媒体平台，将其内容与新媒体覆盖面广、用户群体大、易于扩散和社交化传播等优势结合起来，构建立体化传播平台，全方位推动《中国国家地理》的品牌建设和知名度的扩张。《科学新闻》积极利用社交媒体平台，如 Twitter、Facebook 等开通账号进行期刊内容的宣传和推广，同时支持所发布的内容一键分享到 Twitter、Facebook、Pinterest、Pocket、Reddit 等平台。

2. 利用热点话题打造传播影响力

紧扣热点，具有很强的时效性。例如，2022 年夏季热浪天气频发，《中国国家地理》及时推送的一篇"中国避暑胜地，谁赢了"的文章，轻松获得 10 万+的阅读量。《科学新闻》在 2022 年诺贝尔奖揭晓之后发布了"A way to snap molecules together like Lego wins 2022 chemistry Nobel"的文章，利用热点事件受到了广泛的关注。

3. 丰富图文音视频等传播形式

在生动化传播的发展背景下，科普期刊在利用文字进行传播的同时，也着力打造图像和海报类的内容呈现方式，帮助读者更加直观快速地理解复杂的科学问题。例如，《中国国家地理》的多款爆款文章，在行文风格中，多采用图片为主，文字为辅的呈现形式，通过鲜明的色彩和趣味的图片简化和浓缩复杂的科学信息，清晰地呈现研究发现，使公众直观地了解文章的内容。同时在后文本时代中，《中国国家地理》还在抖音和 B 站等进行视频化传播，更动态化地呈现表达的内容，使传播效果更加立体和全面。《科学新闻》有专门的多媒体栏目，集中展示精心策划的视频、音频和可视化的数据等，并在官网推送为 Featured Media，便于读者以更直观的视角理解信息。

4. 利用有效互动增加用户黏性

通过在微信朋友圈、粉丝群等社群推送一些"活动""游戏""话题""投票"等来增强用户黏性，同时加强期刊与用户之间的互动。例如，《中国国家地理》推出"地理君"的新媒体形象，会在留言区与读者进行互动，同时，期刊还会在微博发起"#封面选择#，你会更喜欢哪一封呢"的活动，这些热度话题增加了读者的参与感和话语权，扩大了文章的关注度，期刊与作者、读者共同打造了一种交互式科普传播平台。

5. 举办科普活动扩大期刊影响力

《中国国家地理》曾在伦敦书展、美国书展等国际书展活动中，举办多场主题图片展，让世界更好地了解中国，还组织了中国国家地理大讲堂、博物进校园、科学考察等丰富的线下活动，对期刊品牌传播和内容影响力的提升起到了巨大的推动作用。《科学新闻》每年还会发布"The SN 10"活动，该活动每年都会从诺贝尔奖获得者、国家科学院成员和过去的 SN 10 科学家中选出 10 位来报道，该科学家观察名单是一个启发性的简短研究，讲述科学家的故事以此来激励有志于科学研究的人们。2022 年还首次向其他科学家和更广泛的公众开放提名，扩大了名单的广度，提高了专栏的影响力。

综上所述，科普期刊要积极拥抱新媒体传播平台，促进期刊与新媒体的融合发展，呈现形式更加多元、内容更加丰富，互动更加有效，增强信息的传播力和影响力，同时组织开展各种类型的线上线下品牌活动，品牌活动是科普期刊知识传播、提升影响的重要途径，它既是期刊品牌延伸和增值服务的载体，也是增加受众黏性、树立期刊品牌形象的重要手段。此外，优秀的科普活动也为科学课提供教学资源，使期刊成为新课程辅导工具。多样化的传播使平面化的科普知识形象化、立体化。

（三）传播效果

随着互联网的发展，科普期刊内容的传播形式不再拘泥于纸刊，APP、官网、社交媒体账号等极大拓宽了传播渠道，进一步提升了科普期刊的传播效果。《中国国家地理》、《博物》、《课堂内外》、《科学美国人》、《连线》（*Wired*）、《发现》（*Discover Magazine*）、《新科学家》（*New Scientist*）等国内外科普期刊在科普内容的有效传播方面均进行了有效探索，综合来看，这些期刊的服务形式丰富、个性化程度较高。本节选取《科学美国人》和《博物》两本科普期刊开展典型案例分析。

《科学美国人》是全球著名的综合性科普期刊，该刊在传播内容、传播形式等方面表现出鲜明的特色，自创刊初期即秉持"指导和消遣"的办刊宗旨，坚持"让科学家向大众介绍其工作内容"的办刊方针。其主要受众为科学家群体，政府和企业的高管群体，知识分子群体（以教育界为主）等高科学素养群体。《科学美国人》注重通过对社会热点问题的科学解读来吸引受众，并兼容并包地刊载针对同一社会问题的不同观点。同时，期刊的内容具有较高的权威性，文章严谨、科学，创作主体和编辑团队均具有较高的科学素养。

随着互联网的发展，《科学美国人》创新了传播战略，传播形式朝着多元化发展。一是融合化发展，数字化传播渠道拓宽杂志的传播路径，包括海量信息的个性化传播，线上互动深化传播，多媒体传播形式贴近受众。同时让期刊网站成为杂志的延伸平台，多数撰稿作者很乐意借助这一平台发布和传播最新研究成果。二是期刊内容兼具自然科学与社会科学，立足于让读者了解更广阔的世界。《科学美国人》的首篇文章大多以社会科学为题，涉及与国计民生息息相关的各社会科学分支。三是有独有的文章写作特色。文章开头形式多样生动，并综合运用多重辅文提升文章的可读性。图片数量多、制作精美，善于使用图解式图片展示复杂的科学原理，并且，图片的排版根据栏目需求具有色彩上的统一性和编排上的节奏性。

《博物》是《中国国家地理》杂志社旗下的青少年自然科普读物，"以年轻人的视角诠释自然、诠释科学与时事，放眼世界"是其宣言。《博物》内容风格独树一帜，延伸出了多元、精彩、富有特色的博物主题活动，深受读者喜爱。《博物》杂志的传播内容包括刊物内容和线下活动内容，二者相辅相成。在打造自我传播优势方面，《博物》通过文本兼具科学性与易读性；背靠优质资源，呈现高质量原创图片；利用新媒体形式宣传刊物 3 种方式让期刊成为现象级杂志。同时，新媒体平台的文风更加贴近生活，在微博官方账号进行科普时，经常用"好能怎"即"好吃吗，能吃吗，怎么吃"来介绍一个物种，让用户感到十分贴近生活，并且科普了物种特性与现有的保护程度。

不同科普期刊在内容呈现模式中展现出的差异，往往也会在其传播效果中得到映射。在分析传播效果差异时，新媒体与用户视角理应兼而有之。本节分析科普期刊在结构和内容层面的传播特征及在受众层面的传播效果，主要聚焦在以下两个方面。一是受众的反应。本章遴选的两本科普期刊的传播策略主打有效用户，且具有认知效果较理想、受众满意度高、受众反馈积极的效果。二是社会舆论的反映。这一方面主要聚焦科普杂志对社会热点事件进行科学传播，通过提前为可预见的科普热点做好选题策划、结合社会热点事件开展线上和线下科普活动对热点事件进行普及。

（四）传播模式总结

随着互联网产业的迅猛发展以及国内数字化技术日渐成熟，一些新的传播载体，如移动端 APP、电子期刊、网站等广受大众的追捧与关注，满足了新媒体时代下受众的需求。通过调研可以发现，传播能力强的科普期刊都具有很强的品牌创建意识，这有利于推进科普期刊新媒体运营的内涵建设，除此之外，形式多样的传播手段和策略，也是优质科普期刊制胜的法宝。国内外科普期刊传播模式主要有以下几种。

1. 丰富传播形式，形成立体传播

在生动化传播的发展背景下，科普期刊在利用文字进行传播的同时，也着力打造图像和海报类的内容呈现方式。传播效果好的科普期刊常用的有效传播形式主要有文本、图片及新媒体的形式。科普期刊利用叙事性强的文字吸引读者阅读，科普期刊将晦涩的科学知识转化为利用叙事性更强的文字吸引读者阅读，并大量运用写实性和艺术性兼具的图片冲击读者眼球，同时也能辅助读者理解文字，提高科学传播效率；立足新媒体平台和网络社群，开设多平台账号和官方社群，不断增强受众黏性与传播形式的多元化。

2. 内容与服务与时俱进

"内容为王"是出版业不变的核心，时代在变化，读者需求在变化，刊物的内

容也要不断更新以追上时代发展的脚步。新时期，"内容为王"+"服务至上"已经演变成新的发展模式。清晰的传播理念可以避免刊物同质化；顺应读者阅读习惯，将晦涩难懂的知识转化为读者喜爱的文字，以便增强传播效果；吸引优秀的作者资源，是优质内容的基础；树立典藏意识，将内容做精等都是新时期科普期刊创新传播模式的有力尝试。

3. 延伸科学活动拓展科普内容

结合受众定位和需求，开展形式丰富的读书交流会、科普讲座等。同时要具备长期性，无论是哪一种科普活动，都胜在长期、规律的发展，形成稳定的模式后潜移默化地影响受众的科学观和认知，因此长期举办科普活动是非常必要的。

4. 创建品牌 IP，拓宽传播渠道

科普期刊 IP 品牌具有鲜明的辨识度，有助于杂志方进行品牌变现与品牌传播。因此《博物》《中国国家地理》等杂志纷纷成立杂志 IP 品牌运营团队，运营期刊名称、官方 LOGO、衍生的拟人化形象、流行语与网络段子、杂志内容等多个科普期刊 IP 品牌，拓宽期刊传播渠道。当杂志的 IP 品牌形成一定规模的品牌产业链，且新媒体平台拥有可观数量的固定受众时，杂志社可以考虑成立品牌运营团队，独立负责品牌运营团队工作。

5. 明确受众定位，提供个性化服务

差异化的竞争是报刊业竞争的焦点，受众定位决定刊物内容定位。明确期刊受众群体后，立足受众需求，不断进行传播内容和传播形式的创新，探索期刊特有的风格习惯，让读者形成固定记忆，便于培养读者的忠诚度。

四、科普期刊新媒体传播效果分析

传统媒体的普遍传播模式，是传播者通过媒介将信息传递给受众，或受众通过选择媒介自主获得信息的单线性传播。而在新媒体平台上，传播过程呈现为"发布—获取—评论转发—连同评论获取—再次转发……"的多次传播模式。打开率和分享率

都是新媒体传播效果的关键因素。

本部分选取科普期刊微信公众号、微视频和 B 站的转载、点赞情况来梳理科普期刊传播效果。

（一）微信公众号爆款文章传播效果

在 363 种科普期刊中，共有 219 种期刊开通了微信公众号，占科普期刊总数的 60.33%。相较于其他新媒体平台，科普期刊在微信公众号活跃度最强。

1. 清博指数

"清博指数"平台综合期刊的整体传播力、篇均传播力、头条传播力、峰值传播力进行评价得出微信传播指数 WCI，代表期刊的微信传播效果和传播影响力。分析发现，连续 3 个月均有更新的 134 个期刊微信公众号篇均阅读数的平均值为 5738.13 次，平均值之上的微信公众号 24 个（占 17.91%），平均值之下的微信公众号 110 个（占 82.09%）。篇均阅读数主要集中在 1～2000 次，共有 114 个微信公众号，占 85.07%。其中 4 个区间分别是：1～500 次有 48 个微信公众号，501～1000 次有 36 个微信公众号，1001～1500 次有 18 个微信公众号，1501～2000 次有 12 个微信公众号。

134 个期刊微信公众号 WCI 平均值为 451，平均值之上的微信公众号 57 个（占 42.54%），平均值之下的微信公众号 77 个（占 57.46%）。而 WCI 平均值超过 1000 的共有 5 个微信公众号，分别是"博物"（1371）、"环球科学"（1354）、"中国国家地理"（1343）、"家庭医生"（1214）、"航空知识"（1128）。这 5 个公众号在微信发文次数、发文数量及篇均阅读数上都排名前列，可见公众号要保持一定的推文次数和数量，持续吸引用户的关注，以期形成传播效果的良性循环。

2. 评论区二次创作功能

从前面章节中的分析可以发现，《博物》《中国国家地理》等拥有庞大的粉丝群的科普期刊，它们的每一条微信公众号的推送内容均有大量用户的评论、转发和点赞，这有助于实现科普内容的二次传播，因此爆款文章频出。相比而言，其他科普期刊微博号粉丝关注度较低，因此单篇文章很难"突出重围"，成为爆款。

爆款文章大多注重与受众（用户）的互动交流，重视留言区管理。用户的留言评论及互动回复作为"二次创作"，大大提高了原文的生命力和关注度，是爆款文章的重要组成部分。有的甚至不是因为文章而是因为留言区而受到关注，成为网友们口中的"评论比文章好看"系列。例如，"中国国家地理"微信编辑以"地理君"自称，在每一篇原创文章的用户留言下与用户展开积极互动。例如，2018 年11 月20 日的原创推文《毒液来投靠我们，我们却在寻找新家》下有用户留言"来一期关于外星人的吧"，地理君回复"点赞超过 500"就写，并于 2018 年 11 月 29日兑现承诺，推送《嘘!不要让他们找到我们》，来讲述与外星人相关的问题，并留下互动话题"如果真的存在外星人，你见到他想说的第一句话是什么"继续引发用户留言，为后续原创内容征集主题。

（二）微视频传播效果

通过清博大数据选取 2022 年 3～8 月的数据进行梳理和汇总，从发布作品数、转发数、点赞数、评论数、最大转发数、最大点赞数、最大评论数等指标情况，反映读者对内容认可度、互动度，衡量账号的传播能力和传播效果。微信视频号传播力指数（WVCI）V1.0 通过对微信视频账号发布的短视频在数量、互动状况、覆盖用户程度来综合体现微信视频号在微信视频平台的传播影响力。

1. 视频号开通情况

截至 2022 年 8 月，在我国 363 种科普期刊中，仅有 75 种期刊开通了微信视频号，仅约占 20.66%。这 75 种开通视频号的科普期刊，在 2022 年 3～8 月期间，科普微信视频号的活跃度并不高，有 52 种期刊在此期间发布过作品（作品数>1），有 23 种期刊未发布作品（作品数为 0），占 30.67%。

2. 转发数量

在开通视频号且有内容发布的 52 种科普期刊中，总转发量最高的为《家庭医生》《中国国家地理》《航空知识》，总数为 1 375 213 次、744 619 次、155 264次。为了比较视频号总转发量、最高转发量、篇均转发量相互关系与变化趋势，选取传播力指数排名前 5 的期刊进行对比统计，结果发现趋势上，3 个指标基本一致，且与总转发量呈明显正相关（表 4-6）。

表 4-6　清博传播力指数排名前 5 的期刊转发量

排名	期刊名称	总转发量	最高转发量	篇均转发量	WVCI
1	《家庭医生》	1 375 213	100 002	56 593 128	934.98
2	《中国国家地理》	744 619	50 402	41 139 171	853.90
3	《人像摄影》	147 421	100 002	9 389 873	840.97
4	《航空知识》	155 264	100 002	1 552.64	831.70
5	《博物》	32 059	1 035	252.43	644.65

3. 点赞数量

在开通视频号且有内容发布的 52 种科普期刊中，总点赞量最高的为《家庭医生》（735 021 次），其次为《中国国家地理》《人像摄影》《航空知识》，总点赞量分别为 492 950 次、140 572 次、76 378 次。为了比较视频号总点赞量、最高点赞量、篇均点赞量相互关系与变化趋势，选取传播力指数排名前 5 的期刊进行对比统计（表 4-7）。

表 4-7　清博传播力指数排名前 5 的期刊点赞量

排名	期刊名称	总点赞量	最高点赞量	篇均点赞量	WVCI
1	《家庭医生》	735 021	100 002	30 247 778	934.98
2	《中国国家地理》	492 950	14 002	27 234 807	853.90
3	《人像摄影》	140 572	100 002	8 953 631	840.97
4	《航空知识》	76 378	51 802	76 378	831.70
5	《博物》	50 857	864	3 348 583	500.42

4. 评论量

在开通视频号且有内容发布的 52 种科普期刊中，总评论量最高的为《家庭医生》（39 116 次），其次为《中国国家地理》《人像摄影》《航空知识》，总量分别为 19 193 次、8495 次、8207 次。为了比较视频号总评论量、最高评论量、篇均评论量相互关系与变化趋势，选取传播力指数排名前 5 的期刊进行对比统计（表 4-8）。

表 4-8　传播力指数排名前 5 的期刊评论量

排名	期刊名称	总评论量	最高评论量	篇均评论量	WVCI
1	《家庭医生》	39 116	5 640	1 609 712	934.98
2	《中国国家地理》	19 193	417	1 060 387	853.90
3	《人像摄影》	8 495	5 649	541 083	840.97
4	《航空知识》	8 207	4 457	8 207	831.70
5	《博物》	4 477	142	35 252	500.42

（三）B 站短视频传播效果

知识类短视频是 B 站的主打内容之一。本节通过"清博指数"平台对 2022 年 7～9 月期间，我国开通 B 站账号的科普期刊传播数据进行抓取和统计，从作品数量、粉丝数量、播放数量、评论数量等方面分析科普期刊在 B 站的传播效果。

1. 账号开通情况

我国 363 种科普期刊中开通 B 站账号的为 41 种，入驻率为 11.29%，比重偏低。这 41 种科普期刊来自于不同的领域，涵盖了自然科学、医疗健康、汽车、计算机、家装、摄影等门类，其中也包含面向少儿和青少年的科普读物。这表明，B 站已在科普传播中得到应用，成为各类科普期刊向公众传播科学知识的新场景。

2. 粉丝数量

粉丝数量表征了视频作品的影响力及其在 B 站的受欢迎程度，反映了公众对科普期刊的传播认同度。已开通 B 站平台的 41 种科普期刊中，51.22% 的期刊平台粉丝数量低于 1000，26.83% 的期刊粉丝数量为 1000～10 000，21.95% 的期刊粉丝数量多于 10 000。其中，粉丝数量突破百万级的期刊仅有 1 种，为《中国国家地理》（超过 267 万）；其次是《博物》，粉丝数量超 83 万；排名第三的《摩托车杂志》

粉丝数量与《博物》相差 80 余万,这些科普期刊账号的受欢迎程度分化明显。《中国国家地理》和《博物》在 B 站的超高人气表明公众对其在科普短视频创作与传播上的高度认同。

3. 播放数量

播放量是考察视频作品传播广度的重要指标。已开通 B 站平台的 41 种科普期刊中,7～9 月内发布过视频作品的期刊有 21 种。月均播放量低于 1000 次的期刊有 5 种,月均播放量为 1000～10 000 次的期刊有 7 种,月均播放量在 10 000 次以上的期刊有 9 种。其中《中国国家地理》月均播放量最高,超过 277 万次;《博物》月均播放量超过 221 万次,仅次于《中国国家地理》,其 8 月的单月播放量甚至高达 524 万次,在 21 种科普期刊中单月播放量最高;《家庭医生》月均播放量 61 万余次,《少年科学画报》月均播放量达 9.23 万次。此外,这 4 种月均播放量较高的期刊,7～9 月发布的视频作品数量均相对稳定,粉丝数量呈连续增长趋势,可见持续稳定的优质作品输出,是不断吸引用户,扩大传播广度的关键因素。

4. 评论数量

评论数能反映视频作品的传播参与度,已开通 B 站平台的 41 种科普期刊中,7～9 月收获用户评论的有 19 种。单月最高评论数为 5872 条,单月最低评论数为 1 条。月均评论数高于 5000 条的期刊仅有 1 种,为《中国国家地理》;月均评论数为 1000～5000 条的期刊有 2 种,分别是《博物》和《家庭医生》;其余 16 种期刊的月均评论数全部在 300 条以下,表明大部分科普期刊视频作品的传播参与度有待提高。

整体来看,科普期刊 B 站账号的传播效果分化明显。《中国国家地理》《博物》《家庭医生》等头部 B 站科普账号的各方面指标表现突出,在传播广度、传播认同度、传播参与度上均取得了不错的效果。但大多数科普期刊 B 站账号的传播效果不佳,主要表现在开通 B 站账号后发布和运营的频率不高;视频内容缺乏吸引力,播放量与粉丝数量增长缓慢;受众的互动参与度不足等。

五、科普期刊传播力指数分析

上述科普期刊传播案例仅从新媒体角度反映了我国科普期刊的传播情况。本书第二章所设计的"5W"传播框架同样适用于科普期刊的传播力分析，可从多个维度更完整呈现科普期刊的传播力。当然，在具体指标选取及指标权重设置方面，科普期刊与学术期刊有不同之处。例如，对少儿科普期刊而言，纸本发行量带来的传播应超过新媒体传播。在征询专家意见，充分考虑科普期刊的传播特征以及数据可获取性的情况下，课题组基于"5W"框架设计了一套适用于科普期刊的传播力指标体系，所使用的指标名称、定义及权重分配情况如表4-9所示。

表4-9　科普期刊传播力指标体系及指标权重

一级指标名称及权重	二级指标		三级指标			
	指标名称	权重	指标名称	说明	单位	权重
传播者 20	品牌建设	20	期刊近期获奖情况	期刊获得2021年出版政府奖、第三届全国百强报刊、2021邮政百强期刊、中国优秀科普期刊目录收录等奖项的情况，每获得一种奖项得1份，累加计算	个	20
传播内容 5	内容规模	5	文章总量	期刊2021年全年的总发文量	篇	5
传播渠道 14	新媒体传播渠道活跃度	7	新媒体渠道数量	期刊2021年在下列新媒体平台开设官方账号情况：新浪微博、微信、抖音、快手、哔哩哔哩、今日头条、知乎，每在一种平台开设得1分，累加计算	种	7
	新媒体传播渠道覆盖度	7	新媒体渠道文章总量	期刊主要运营的新浪微博账号和微信公众号在2021年所发表的文章总量	篇	7
受众 20	新媒体用户覆盖度	20	新媒体渠道关注总人数	期刊主要运营的新浪微博账号粉丝数、微信公众号关注人数、抖音账号粉丝数、哔哩哔哩账号粉丝数、今日头条账号粉丝数、快手账号粉丝数和知乎账号粉丝数截至数据统计时的数字之和	人	20
传播效果 41	纸本发行规模	30	2021年纸本发行量	2022年期刊核验数据当中的年发行期数×平均期发行量	册	30
	用户使用转化度	1	被科技新闻提及次数	期刊2021年被国内主要报纸和科学网等媒体提及的总次数	次	1
	新媒体用户反馈度	10	新媒体渠道总阅读量	期刊微信公众号在2021年所发文章截至数据统计时的总阅读量	次	3
			新媒体渠道总点赞量	期刊微信公众号以及新浪微博在2021年所发文章、微博截至数据统计时的总点赞量	次	3
			新媒体渠道总转发量	期刊微信公众号以及新浪微博在2021年所发文章、微博截至数据统计时的总转发量	次	4

课题组将曾获得过 2021 年出版政府奖、第三届全国百强报刊、2021 邮政百强期刊以及曾被收录于中国优秀科普期刊目录中的优秀科普期刊作为本次传播力统计评价的样例，基于第二章所设计的方法对科普期刊的传播力指数进行计算。

表 4-10 展示了传播力指数最高的 20 种科普期刊，其中除了常见的大众科普读物，如《中国国家地理》《知识就是力量》《博物》以外，还囊括了许多细分领域的优秀科普期刊，如《家庭医生》《少年科学画报》《农村新技术》《航空知识》等。这些优秀的科普期刊促进了农业、医药、军事等领域的科学技术在大众读者中的广泛传播。

表 4-10 20 种高传播力科普期刊名单

序号	期刊名称	传播者指数	传播内容指数	传播渠道指数	受众指数	传播效果指数	传播力指数↓
1	中国国家地理	20.00	1.16	10.11	20.00	18.86	70.13
2	家庭医生	11.06	2.64	6.79	2.28	33.99	56.77
3	知识就是力量	20.00	1.94	7.87	3.98	4.57	38.35
4	博物	11.06	1.27	8.60	4.39	12.38	37.70
5	航空知识	11.06	1.76	14.00	3.28	7.00	37.09
6	少年科学画报	20.00	1.28	6.78	2.63	4.74	35.43
7	科幻世界	11.06	1.12	7.86	3.98	6.03	30.05
8	小哥白尼	11.06	1.19	4.57	2.12	10.22	29.16
9	百科知识	11.06	2.97	5.73	2.13	5.15	27.04
10	保健与生活	11.06	3.67	3.42	2.18	5.39	25.72
11	科学画报	11.06	1.51	6.08	2.16	4.17	24.98
12	农村新技术	11.06	2.49	3.96	2.12	4.81	24.44
13	农村百事通	11.06	1.93	2.94	2.12	4.17	22.22
14	家庭医药	2.12	5.00	6.65	2.18	5.07	21.02
15	祝您健康	2.12	1.57	7.48	2.17	6.45	19.78
16	家庭用药	2.12	2.41	6.94	2.33	4.64	18.45
17	科学大众	2.12	1.50	6.20	2.20	6.09	18.11
18	中国国家天文	2.12	1.14	3.90	5.87	4.48	17.51
19	兵器知识	2.12	1.51	6.67	2.36	4.81	17.48
20	气象知识	2.12	1.18	5.19	3.42	4.06	15.96

从指标数据角度分析，《中国国家地理》凭借其杰出的期刊品牌形象和庞大的新媒体受众群体，获得了较高的传播者指数和受众指数，传播力指数在科普期刊中位列第一。而《家庭医生》尽管受众规模相对较小，但传播效果卓越。得益于新媒体渠道的广泛覆盖和活跃度，《航空知识》获得了最高的传播渠道指数。

综合来看，根据上述方法计算出的科普期刊传播力指数能有效反映这些期刊在各自领域的传播要素建设状况。课题组所构建的科普期刊传播力指标体系和指数充分展现了《中国国家地理》《家庭医生》《博物》《航空知识》《少年科学画报》等优秀科普期刊的传播成效。由于科普期刊指标数据获取难度较大，我们期待未来有更多科普期刊参与相关研究，共同探讨如何构建更加完善且科学的科普期刊传播力评价指标体系。

致谢

王晓峰、张莹、杨蕾、史红、孔丽华、刘谦、陈瑞芳、刘红霞、闫群、张昕、常琛、刘晶晶、卫夏雯、韩晓宁、梁明修、邓迎、方紫璇、张靖雪。

参考文献

[1] 朱琳, 刘静, 张晓宇, 等. 中国科学院科技期刊建设现状分析[J]. 中国科技期刊研究, 2020, 31(5): 491-497.

[2] 丁洁, 王晓峰, 胡艳芳, 等. 主编在学术期刊创刊中的职责与工作探讨[J]. 中国科技期刊研究, 2017, 28(1): 8-12.

[3] Association for Computing Machinery. Evaluation Criteria for ACM Editors-in-Chief[EB/OL]. (2018-04) [2022-11-06]. https://www.acm.org/publications/policies/eic-evaluation.

[4] 张爱兰. 中国学术期刊国际化办刊初探[J]. 中国科技期刊研究, 2003, 14(Z1): 758-760.

[5] 黄英娟, 孟令艳, 郑佳之, 等. 加强中文科技期刊建设的策略与成效——以《高分子学报》为例[J]. 中国科技期刊研究, 2020, 31(4): 432-438.

[6] 史强, 安瑞, 任胜利, 等. 国际著名医学期刊 COVID-19 报道策略分析——以四大医学期刊为例[J]. 中国科技期刊研究, 2021, 32(6): 792-798.

[7] 陈培颖, 朱岩, 欧彦, 等. 学术期刊编委会的有效分工与管理[J]. 中国科技期刊研究, 2015, 26(11): 1217-1222.

[8] 张莹, 李白乐, 郭宸孜, 等. 国际一流期刊的办刊探索——以 Light: Science & Applications 为例[J]. 中国科技期刊研究, 2019, 30(1): 53-59.

[9] 高媛, 徐秀玲, 张冰姿, 等. 提质增量, 卓越发展:《国家科学评论》办刊实践与进展[J]. 中国科技期刊研究, 2022, 33(2): 215-221.

[10] 陈更亮. 我国体育学术期刊的国际传播力与举措——以《运动与健康科学(英文)》为例[J]. 中国科技期刊研究, 2017, 28(11): 1083-1089.

[11] 张慧, 冉强辉, 鲍芳, 等. 国际化编委会在英文科技期刊被 SCI/SSCI 收录中的作用与实践——以《运动与健康科学》为例[J]. 中国科技期刊研究, 2015, 26(5): 470-474.

[12] 刘岗, 魏海明, 王婉, 等. 编委在科技期刊发展中的作用探讨[J]. 中国科技期刊研究, 2015, 26(3): 239-243.

[13] 邹文娟, 安瑞, 肖鸣, 等. 学科编辑助力期刊影响力提升的策略与实践—— 以 Science Bulletin 为例[J]. 中国科技期刊研究, 2021, 32(12): 1571-1577.

[14] 郭巳秋, 郭宸孜, 赵阳, 等. *Light: Science & Applications* 对标世界顶级光学期刊的卓越计划建设之路[J]. 中国科技期刊研究, 2021, 32(7): 895-903.

[15] 李明敏, 李世秋, 蔡斐. 航空类学术期刊专刊专栏组稿策略与出版成效[J]. 编辑学报, 2018, 30(5): 525-528.

[16] 俞敏, 于凤仙. 定量评价的学术期刊审稿意见表的设计[J]. 中国科技期刊研究, 1999, 10(4): 271-274.

[17] van Rooyen S, Black N, Godlee F. Development of the review quality instrument (RQI) for assessing peer reviews of manuscripts[J]. Journal of Clinical Epidemiology, 1999, 52(7): 625-629.

[18] 朱琳峰, 李楠, 张婷婷. 学术期刊同行评议的问题及效率与质量提升策略[J]. 中国科技期刊研究, 2021, 32(8): 990-997.

[19] 王俊丽, 郭焕芳, 郑爱莲. 英文科技期刊遴选审稿专家的途径与原则——以《中国化学快报》为例[J]. 中国科技期刊研究, 2015, 26(4): 351-354.

[20] IOP China[EB/OL]. [2022-10-25]. https://china.ioppublishing.org/yan-jiu-ren-yuan/ru-he-huo-de-iop-trusted-reviewer-status/.

[21] ScienceDirect 了解有关全球一流同行评议文献平台的更多信息[EB/OL]. [2022-10-25]. https://www.elsevier.com/zh-cn/solutions/sciencedirect.

[22] 刘冰, 魏均民, 沈锡宾, 等. 新型冠状病毒肺炎疫情期间专题信息服务工作及引发的思考[J]. 编辑学报, 2020, 32(2): 132-137, 144.

[23] 张莹, 白雨虹. Light 学术出版中心集约协同管理模式的探索与实践[J]. 中国科技期刊研究, 2022, 33(10): 1404-1411.

[24] 梁永霞, 李翠霞. 造船出海,打造中国学术品牌期刊集群平台——黄延红博士访谈录[J]. 中国科技期刊研究, 2022, 33(7): 995-998.

[25] 张聪, 慈妍妮, 肖倩. BMC 期刊数字出版运营特点分析[J]. 科技与出版, 2013, (4): 109-114.

[26] 魏佩芳, 郝秀原, 姜永茂, 等. 国际化视野下医学论文亮点挖掘和展示策略探析[J]. 编辑学报, 2019, 31(5): 586-590.

[27] Gies T. The ScienceDirect accessibility journey: A case study[J]. Learned Publishing, 2018, 31(1): 69-76.

[28] 于成, 张大伟. 施普林格数字出版之路——SpringerLink, 技术与内容结合的一种范式[J]. 编辑学刊, 2014, (4): 12-17.

[29] 张波, 陈伟. 我国科普期刊的短视频传播力与提升策略[J]. 中国科技期刊研究, 2022, 33(7): 892-900.

[30] 郭小敏, 徐学友. 科技学术期刊的短视频平台运营现状分析及策略探讨[J]. 编辑学报, 2022, 34(4): 443-448.

[31] 宋启凡, 段鹏丽. 英文学术期刊提升国际影响力和传播力的路径探索[J]. 科技与出版, 2022, (4): 71-78.

[32] 王涵, 方卿, 翟红蕾. 学术社交媒体传播内容比较及其对期刊新媒体运营的启示[J]. 中国科技期刊研究, 2021, 32(10): 1310-1317.

[33] 张丽英, 董仕安, 张亚非. 国际社交媒体平台对提升科技期刊国际影响力的研究[J]. 学报编辑论丛, 2021, (0): 400-403.

[34] iMeta 入驻 ResearGate 学术社交平台助力期刊国际化发展[EB/OL]. (2022-10-06) [2022-11-06]. https://mp.weixin.qq.com/s/rOgSLZXBKBZS8WIPBK1daA.

[35] 吴晓兰, 栗延文, 邵玉洁. 科技期刊新媒体内容质量提升的方法与途径探讨——以"金属加工"微信公众号内容建设为例[J]. 编辑学报, 2022, 34(4): 433-437.

[36] 周舟. 中外顶尖科学技术综合类期刊的新媒体应用差异研究[J]. 黄冈师范学院学报, 2021, 41(6): 101-105.

[37] 翁彦琴, 胡俊平, 肖玥, 等. 科技期刊视域下的创新成果公众传播[J]. 中国科技期刊研究, 2022, 33(3): 328-337.

[38] 程鹏. 高校英文科技期刊利用国际社交媒体提高国际影响力的思考[J]. 编辑学报, 2019, 31(S2): 163-165.

[39] 李艳, 敖慧斌. 科技期刊传播模式演变与传播能力提升对策研究[J]. 出版与印刷, 2021, (3):

26-31.

[40] 张惠民, 王平军. 科技期刊信息传播的受众分析[J]. 情报杂志, 2007, (12): 154-156.

[41] 孔薇. 全媒体背景下科技期刊大众传播体系的构建[J]. 编辑学报, 2020, 32(6): 611-614.

[42] 李明敏, 武瑾媛, 俞敏. 学术期刊与科普期刊双翼齐飞——以《航空学报》《航空知识》为例[J]. 编辑学报, 2020, 32(1): 85-88.

[43] The Innovation | Promote Your Article Worldwide 好文章•多宣传[EB/OL]. (2021-08-18) [2022-11-10]. https://mp.weixin.qq.com/s/W3KVjA4mZ2h8pMM863Bryw.

[44] 谭京晶, 范真真. 科技期刊出版传播形态的变革与展望[J]. 扬州大学学报(人文社会科学版), 2022, 26(2): 92-100.

[45] 侯丽珊. 科技期刊多渠道精准传播体系的构建和应用[J]. 中国科技期刊研究, 2017, 28(5): 422-426.

[46] 沈怡欣, 韩跃杰, 魏雅雯, 等. 建设世界一流科技期刊背景下关于中国英文科技期刊的思考——以《交通运输工程学报（英文）》发展为例[J]. 新闻传播, 2022, (10): 62-64.

[47] 蔡斐, 孙晓峰. 中国工程技术期刊发展困惑与建议[J]. 科技与出版, 2018, 37(9): 16-21.

[48] 栗延文, 蒋亚宝, 韩景春. 科技期刊媒体融合发展的探索与实践——以《金属加工》杂志社为例[J]. 编辑学报, 2022, 34(2): 131-137.

[49] 吕冬梅, 陈玲, 李禾, 等. 基于微信平台的科技期刊学术论文推广分析——以《中国中药杂志》为例[J]. 编辑学报, 2022, 34(2): 198-201.

[50] 刘津, 朱腾翌, 刘雪莹, 等. 电力科技期刊在推动电力科技发展中的作用[J]. 中国科技期刊研究, 2021, 32(7): 839-843.

[51] 代艳玲. 中文精品科技期刊建设路径及成效——以《煤炭科学技术》为例[J]. 编辑学报, 2020, 32(6): 686-689.

[52] About Science News [EB/OL]. [2022-10-25]. https://www.sciencenews.org/about-science-news.

[53] 杨青山. 中国国家地理平台融合创新实践[J]. 中国传媒科技, 2017, 94(9): 19-22.

第五章 我国科技期刊传播发展路径与展望^①

第一节 我国科技期刊传播路径与规律

2019 年，中国科学技术协会、中共中央宣传部、教育部、科学技术部联合印发了《关于深化改革 培育世界一流科技期刊的意见》，明确指出要创新传播机制，提升科技期刊规模化、集约化办刊水平，推进科技期刊集团化建设，搭建新型传播平台，有效提升我国科技期刊的国际传播力影响力[1]。2022 年，习近平总书记在党的二十大报告中对"增强中华文明传播力影响力"作出了重要部署，强调要加强国际传播能力建设。科技期刊是传播学术成果和科学知识的重要载体，其传播路径建设直接影响到期刊能否有效发挥载体作用，因而，探索科技期刊传播路径及其发展规律，对科技期刊提升传播力意义重大。

一、我国科技期刊传播路径变迁

当前，科技期刊处于纸质和数字出版共存时期，传播路径从纸本发行为主转变为以数字化媒介传播和网络传播为主。随着信息科技的发展和出版模式的创新，越来越多的科技期刊通过出版深度融合手段，增强传播力，提升传播效果，扩大影响力，从而吸引更多高质量作者和读者关注，推动科技期刊发展形成良性循环。

（一）纸媒时代的单一路径

纸媒时代的科技期刊主要以当期杂志印刷版本出现，以纸刊发行为主，传播路径相对单一。科技期刊重点关注的传播效果是读者对纸本的订阅量和图书馆馆藏量

---

① 第五章执笔：刘志强、唐慧、蒋霞、王婧、肖宏。

等数据。期刊编辑部主要通过作者投稿获取稿件，通过审稿、编辑、加工、组刊，最终印刷形成纸本发行到国内外，读者通过直接订购或图书馆订购后借阅来得到期刊论文[2]。

1. 依靠传统发行渠道进行传播[3]

我国科技期刊传统的国内发行模式多为依靠邮局开展全国征订，多数创刊较早的科技期刊一直保留着每年与邮局合作开展征订发行的业务，有赖于邮局庞大而又完善的发行网络，尤其对于单刊编辑部发行人手短缺、读者群相对偏远的情况，邮局发行具有难以取代的优势。虽然近年来由于数字出版和网络化阅读的冲击，科技期刊的纸质发行量受到较大影响，但邮局发行这一传统传播路径一直被部分期刊青睐并得以保留。并且，邮局也逐步拓展了新型的网络征订渠道，鼓励更多的期刊将数字版交给邮局来实现"纸+电"的复合发行渠道。

此外，由于第三方发行产业（包括民营发行企业）的蓬勃发展，科技期刊在邮局合作之外也经常会选择民营报刊发行代理商开展国内有关机构征订业务。

通过国家授权的图书进出口贸易公司等发行渠道，纸本海外发行也有很大进步。近年来，在中国图书进出口公司等努力下，这一路径有效提升了期刊的海外馆藏量，也扩大了期刊的国际传播范围。

2. 在固定读者群中传播

科技期刊的作者群和读者群都相对固定，因此向高等院校、科研院所的学术专家及其科研团队寄送赠阅期刊也是纸媒时代期刊扩大影响力的优选路径。科技期刊通过向作者或固定读者（包括编委会、审稿人、学科带头人等）赠阅当期杂志，利用学术会议专家学者参会人数多、传播集中的时机印发抽印本、宣传单页等资料，借此宣传杂志，都是纸媒时代常用的传播方式。

（二）刊网融合时代的多路径

随着新媒体技术的发展，科技期刊进入刊网融合的新时代，传统纸本和光盘等初期电子刊的发行已经不能满足科技期刊的传播需求和科研人员的获取需求。网络传播平台具有传播速度快、传播范围广、传播形式多等特点，大大拓展了科技期刊的传播路径。

1. 有效利用期刊数字出版平台

科技期刊主动与国内外各大数据库合作[4, 5]，与国内的中国知网、万方数据、维普资讯、超星等数据服务商合作进入其平台收录范围；申请加入 SCI、EI、Scopus、DOAJ 等国际检索数据库，或加盟 Elsevier、Springer Nature 等国际出版商，也是提升期刊国际传播力的有效手段。具有期刊群优势的科技期刊出版单位依托主管主办单位，整合资源，自建数字出版服务平台，利用互联网优势来宣传期刊集群，也是刊网融合时代的一条传播路径。在数字传播平台建立后，科技期刊还通过在网上抢先出版单篇优质论文，如中国知网的网络首发、Springer Nature 的 Online First、美国化学会的 ASAP 等服务，来加快传播速度。

2. 充分利用新媒体传播形式

新媒体具有传播快捷、内容表现形式丰富等特点。越来越多的科技期刊逐渐建立了以网站、社交媒体（微信、微博、ResearchGate、Facebook、Twitter 等）、视频号、邮件推送、网络直播等为载体的全方位数字传播路径，充分利用网络和移动客户端来实现多路径传播。科技期刊利用新媒体[6]，从以往仅能提供纸本单一形式的信息内容逐步转变为传播多元化信息，拓宽了与作者群、读者群及审稿专家之间的沟通交流渠道，通过读者的社交媒体转发，加快了科技期刊的信息传播速度和传播范围。

3. 线上线下活动相结合

当前，绝大多数的科技期刊在保留纸媒时代线下学术交流渠道的同时，还根据信息时代特点，开展各种线上线下相结合的学术活动，有针对性地提升期刊新媒体传播途径的关注度和影响力。例如，期刊在开展学术活动时，不仅重视线下展位布设和赠发杂志资料，而且还通过视频直播、社交媒体推送等形式在线上吸引观众，提升期刊的传播广度。许多品牌期刊定期在线举办专题品牌讲座活动，不断扩大期刊品牌传播力和影响力，获得良好结果。

（三）传播路径的演变构建良好传播生态

数字化、网络化等技术的发展促进科技期刊进入了传统纸媒和数字出版共存的新时代，新型传播媒介给科技期刊带来了多种传播形式和途径[7]。学术期刊的内容质量仍然占据关键地位，围绕学术内容的评审和编辑出版等质量控制流程也依然保留，但由于读者用户对科技知识信息获取的便捷性、多样性和主动性产生了新需求，科技期刊在期刊数字化转型和新媒体融合传播方面需要不断探索，尤其要提高自主品牌的传播渠道，以全面提升期刊对经济社会发展的创新服务能力。

科技期刊的传播方式一直处于深刻变革中。如今，图像、文字、声音、视频等动态信息越来越多地融合在科技期刊的出版传播内容中，弥补了纸刊内容单一图文形式的局限性[8]，多媒体形式可以全景呈现科研过程，从深度和广度上更好地挖掘了论文背景内容。预印本和网络首发在第一时间认定了科研成果的拥有权、首发权，增强了科技话语权；增强出版补充了传统纸刊无法承载的图片、代码、数据、音频、视频等附加文件，丰富了与论文出版相关的支撑材料，既有利于读者更深度地了解科研内容，也有利于有效防止学术不端行为，提升期刊传播的权威性、可信度。我国科技期刊数量庞大，学科领域不同，作者读者群体不同，可选择的传播路径也不尽相同。从纸质传统出版到如今的数字融合出版，科技期刊的用户也习惯于主动搜索所需信息，逐渐在媒体环境中占据主导地位。因此，科技期刊需要进一步挖掘用户需求，为用户提供优质内容和差异化的传播策略，在学术用户社群中不断提升期刊影响力，以数字化构建科技传播共同体，促进良好传播生态的形成。

二、我国科技期刊传播规律总结

随着刊网融合的发展，科技期刊的传播形态和路径发生了明显而又深刻的变革，传统科技期刊向数字出版融合发展业态的演化已经成为趋势。科技期刊传播呈现出以下特点和规律：①传播路径由单一化向多元化发展；②传播形态由纸本向刊网融合发展，网络检索、网络获取、网络阅读成为主流模式；③传播受众由被动接受信息向主动获取发展，科技期刊的受众不再是被动的内容接受者，而是在期刊数据库或互联网搜索引擎主动检索和寻找自己需要的论文信息，随着开放获取等出版模式的兴起，他们在科技期刊传播链中的话语权和主动权进一步增强，并且，在学术社交媒体上，他们也成为科技期刊优质内容的主动传播者；④传播手段不断创新，随着5G、大数据、云计算、VR、AR、AI等新兴技术的不断涌现，科技期刊的内容呈现形式更加丰富多样化，传播能力更加精准化、智能化、个性化。

不同类型的期刊有着不同的内容特色和传播需求，在探索融合传播过程中呈现出既有共性又有个性的传播特征。无论是哪种类型的科技期刊，都要做到以下几点。首先，在传播内容策划中要坚持"内容为王"；其次，要善于运用新媒体平台的技术手段来创新开发多样化传播的产品，弥补纸刊的传播短板；最后，要借助多种方式与用户建立互动，满足目标受众的多种需求，在打造传播生态系统的同时，助力学科和行业的发展，提升公众的科学素养。另外，不同类型的期刊面向不同的传播渠道和不同受众，在传播特征上体现了各自的个性化差异化表现。

1）科技学术期刊一般将数字出版平台包括官方网站作为主流核心传播渠道，通过数字化的内容生产和过程管理，不仅突破出版者角色，更侧重于将自身定位为科技论文信息服务提供者，而且发展出丰富多样的科技期刊内容载体和传播载体，搜索引擎优化加速了出版内容架构的演变，信息化、多媒体、智能化传播使出版内容快速、易得、易懂；数字出版平台引起的这些特征变化同时促进了检索平台的精准化传播、个性化服务，也加大了读者对平台的依赖性。

2）相比数字出版平台和检索平台等，逐步得到广泛应用的新媒体、社交媒体平台传播面更广，在工程技术期刊和科普期刊的传播中发挥了重要作用。及时互动的直播形式也促进了期刊或期刊群与用户的紧密联系。但与社交平台传播类似，如何将有专业深度的学术内容有效转化为可传播的流量内容，需要更好的内容再包装、再设计、再提升的创新服务，这对于期刊来讲是很大的挑战，值得进一步探索。

3）面向不同受众，不同类型的科技期刊也采用了不同传播策略和方式来达到更好的传播效果。例如：①学术期刊由主要面向专业科研人员和科技从业人员逐步延伸至社会公众，为了更好地服务科研创新和大众科普，越来越多的科技期刊在内容新闻化、科普化，形式美观化、艺术化，途径精准化、差异化等方面进行了不断探索；②工程技术期刊则更多地面向行业专业技术人员，围绕相关行业和专业来组织活动和提供增值服务，以满足读者和企业的科研和生产实践需求；③科普期刊在学科交叉性、内容生动化和传播主动化方面表现更为积极明显，受众范围和用户黏性也明显更广更强。

第二节　我国科技期刊传播现存问题

近年来，数字化、网络化和信息化的变革，使得科技期刊的传播力建设在获得机遇的同时也面临着全新的挑战。现状研究显示，在科技期刊传播活动中，传播者、传播内容、传播渠道、受众等各类要素已形成多圈层多维度的特色，但由于各类制约因素综合影响，传播效果不尽如人意。因此，了解和认识科技期刊传播现状及存在的问题，结合时代特点进行总结分析，有利于提升科技期刊的传播力，促进科技期刊的健康发展。

一、传播者作用有待充分发挥

在传播者要素方面，主要存在对传播者的范围拓展认识不足，传播者的作用没有充分发挥等问题，由此对编辑工作内容提出了许多新挑战。媒体融合发展环境下，科技期刊传播者不仅包括传统传播过程中的论文作者、期刊编辑、同行评议者和期刊订阅者，而且拓展到各类媒体平台，包括新媒体的编辑和读者，各类传播者之间的相互联系较纸刊时代也更为紧密，相互影响更加明显。论文作者既是科技期刊的核心生产者，也是核心内容的有效传播者，在新媒体传播渠道全面发展的环境下，作者可以通过自媒体、学术社区更方便快捷地交流和推广学术成果。科技期刊内容的读者由于新媒体的发展不仅范围得以扩大，而且参与度也不断提高，特别在学术成果的评论和论文内容的二次创作方面展示了不可低估的能量。但不少科技期刊尚未意识到传播者范围的拓展将对科技期刊的传播产生巨大帮助，也未能采取有效措施去顺应传播者范围的拓展并有效利用这种拓展趋势。

科技期刊传播者范围的拓展使得现代编辑工作远远超过文字编辑等传统工作范围和要求。例如，在传播工作中如何调动作者的传播积极性，帮助期刊宣传推广自己及相关论文的科研成果；如何吸引更多读者来参与期刊网站、微信公众号或其他新媒体平台的点赞、留言、转发等活动；如何通过传统纸刊时代之外的平台来联系其他传播者群体，搭建新媒体平台，形成新的社交群，实现科技期刊内容的广泛传播和实时交流等。

二、传播内容形式亟须丰富

（一）传播内容类型单一化

我国科学技术期刊一般分为学术期刊、工程技术期刊、医学期刊和科普期刊等类型。就传播内容而言，科技期刊有着非常广阔丰富的范畴，除了科技学术论文以外，应当包括和外扩到大量涉及科技内容的科普文章、新闻报道或评论等非学术文章。直接面向更广泛受众的非学术类文章对促进科技工作者和大众读者之间的交流功不可没，影响力和重要性日益增长。国内绝大多数科技期刊的传播内容体系普遍忽视非学术文章及相关栏目设置，缺少通俗易懂的科普文章或科技新闻评论，更缺乏对最新科技前沿成果的解读，不利于有效、广泛地传达中国科学家的声音和中国科技前沿成果。

（二）传播内容形式简单化

科技期刊的内容在传播时不仅需要有科学性和学术性，还要具备艺术性和多样性。内容的表达形式对内容传播的深度和广度具有非常重要的作用和意义。目前，我国科技期刊的传播内容形式总体上还较为简单。部分注重传播效果的科技期刊已经在尝试不同的做法。例如，通过分解和整合对论文内容进行二次加工，对多篇论文进行点评或进行文字改写、图像说明等再创作，针对不同的受众进行不同的碎片化制作；充分利用增强出版中的音频、视频、动态图像、关联数据集或超链接等技术手段来实现富媒体出版，开发共享数据；在搭建新的内容形式平台的基础上，不仅促进了作者与读者之间的学术交流，满足了不同受众的知识需求，更有效促进了科技期刊内容利用和广泛传播。

三、传播渠道需要有效利用

新媒体与出版业的融合发展，使得科技期刊基于不同媒介、不同平台及终端获得了各种各样的传播渠道，但因为不能有效利用这些渠道，科技论文及其成果的传播在广泛性、精准性和时效性方面也遇到了很多挑战。

首先，传播渠道的建设需要新媒体技术手段的支持。建立相关人才队伍，充分掌握相关技术，或者通过与相关技术公司开展有效合作，才能实现科技期刊传播渠道的拓展，才能对已有的传播渠道进行深度开发，最终构建多元化、立体化的传播渠道，达到广泛传播的目的。

其次，传播学要求传播内容的定位和表达相适配，简单移植纸刊内容并不能真正拓展传播范围，需要正确认识内容资源与用户需求的映射关系，在此基础上根据渠道特征和相应受众开展个性化传播服务，从而使得科技期刊及其受众之间产生用户"黏性"，为科技期刊的精准传播奠定基础。

最后，科技期刊内容强调学术成果的创新性和出版首发权，因此传播方面也必须极其注重时效性。面对纸刊在传统渠道的"失灵"，科技期刊对数据库、网站、社交媒体新媒体与传统媒体渠道进行资源整合和系统重构，才能有效提升学术成果网络化传播的及时性、有效性。

四、传播受众意识需要强化

科技期刊进入受众选择时代，其竞争本质上就是目标受众对期刊认可度的竞争。多数科技期刊尚未认识到不同目标受众和个性化传播方案对有效传播的重要性，因此在传播效率和传播质量的提升方面付出的努力都收效甚微。

科技期刊受众具有小众化、主动性和传受互换等特征，由于数字化出版和网络化传播的发展，科技期刊的受众群体在阅读习惯和获取信息方式上也在不断分化，不同类型的科技期刊受众群体的信息需求和获取习惯也有所不同。科技期刊需要强化受众意识，充分调查研究和了解其受众的特征和需求，充分考虑和适应不同细分群体（如高级学者、中级学者、普通学者，博士生、硕士生、本科生，行业带头人、科研骨干、基层研发人员等）的兴趣需求和阅读习惯特征，甚至要主动吸引和引导目标受众，稳步提高受众数量，提升期刊传播力。

五、传播效果整体需要增强

科技期刊传播效果取决于其传播过程中的传播者、传播内容、传播渠道和受众等要素的综合影响。我国科技期刊传播效果受到的制约因素较多，在全球科技期刊竞争中存在传播力不够大、影响力不够强和社会认知度不够高的问题，需要从多层面、多角度充分重视传播要素的完善和发展。习近平总书记 2016 年在哲学社会科学工作座谈会上的讲话指出："要善于提炼标识性概念，打造易于为国际社会所理解和接受的新概念、新范畴、新表述，引导国际学术界展开研究和讨论。这项工作要从学科建设做起，每个学科都要构建成体系的学科理论和概念。"因此，加强学科建设和学术建设，做好内容，建立好传播人才队伍，创新开拓传播内容和表现形式，丰富和优化传播渠道融合发展，重视受众管理和维护，以及综合全面评价科技期刊以正确引导传播品牌创造等，都要综合考虑。

第三节　我国科技期刊传播展望与建议

习近平总书记在党的二十大报告中强调："坚守中华文化立场，提炼展示中华文明的精神标识和文化精髓，加快构建中国话语和中国叙事体系，讲好中国故事、传播好中国声音，展现可信、可爱、可敬的中国形象。加强国际传播能力建设，全面提升国际传播效能，形成同我国综合国力和国际地位相匹配的国际话语权。深化文明交流互鉴，推动中华文化更好走向世界。"[9]加强科技期刊传播能力建设，利用各方面资源力量开展传播，全面提升传播效能，不断增强中华文明传播力影响力、提升国家软实力，是推进文化自信自强、加快建设社会主义强国的必然要求。积极主动地促进科技期刊传播力和影响力提升，符合我国培育世界一流科技期刊、推动学术期刊繁荣发展的决心与方向。

以全球视野谋划开放合作，创新传播机制，搭建新型传播平台，有效提升我国科技期刊的传播力影响力，是一项涉及管理、技术、市场等多元化多阶次的复杂系统工程，需要做好发展规划，协同整合各方面资源，以实现传播布局的整体优化。

一、加强整体发展规划，做好科技期刊传播战略布局

以建设一流科技期刊为目标，政府、高校、科研院所、媒体、大众需共同努力，形成科技传播共同体，全面推进科技期刊传播能力的提升。

首先，从战略上要高度重视科技期刊的传播力建设。在体制机制管理方面，出版管理部门应深刻认识到新的国际传播场域中传播战略重心逐渐转移到网络和新媒体平台等媒介，因此就要从政策上、理念上、管理措施上加强对期刊新型传播力建设的要求。在政策规划上，出台有利于我国科技期刊多元化提升传播力的规范和指导意见；在期刊综合管理上，如期刊年度核验、主编持证上岗培训等，对拓展传播渠道和充分运用数字网络技术来增加期刊显示度，提出具体管理要求和提供相应的培训学习；在人才队伍管理上，制订符合新时代要求的科技传播人才培养体系，整合调动各方力量尽快提升科技期刊传播力；鼓励探索"互联网+""新媒体+""人工智能+"等多种协同办刊形式，创新中国特色科技期刊发展模式。

其次，鼓励出版集团和学会、高校等期刊集群搭建数字化知识服务平台，统筹期刊资源发展联盟，推动科技期刊的平台化和集群化发展，促进传播联动与传播规模效应。

第三，强化政府、产业有效互动，地方政府也要做好战略谋划，出台专项资金、人才引进等配套政策，提升地方科技期刊高质量发展，为区域经济、社会、科研综合发展服务。

第四，全国各级学会在发展规划中，要有学术交流与传播体系建设规划，引导学会会员服务期刊发展，接入全球期刊传播网络，积极举办一流国际学术会议，深化与相关领域的国际学会合作，提高学会期刊的国际传播能力。

此外，通过构建"国家科研论文和科技信息高端交流平台"等方式，积极回应

习近平总书记提出的"把论文写在祖国的大地上，把科技成果应用在实现现代化的伟大事业中"的讲话精神，吸引更多高水平论文在中国科技期刊上首发，形成高水平科研成果的汇聚地，全面打造国际化传播平台。

二、引导期刊发展方向，完善科技期刊传播评价体系

我国科技期刊是促进科技创新的重要组成部分，肩负传播最新科技研究成果的使命与责任，为我国学术成果交流、科技人才培养以及引领科技高质量发展搭建重要平台。科技期刊不仅直接体现科技竞争力，也事关国家在世界科技领域话语权。因此，在科技期刊发展导向上，既要抓内容质量建设，也要抓传播能力建设。科技期刊获得高水平科研成果论文后，需要利用多元化媒体形式快速、便捷、有效地传播和展示给国内外受众群体，期刊传播力是其核心竞争力的重要基础之一。因此，要在科技期刊各种资助项目（如中国科技期刊卓越行动计划）的综合评价指标体系中，加入科技期刊传播力评价指标，加强对受资助期刊国内外传播工作的考核；同时，也要加大对有影响力的科技期刊集中展示、宣传活动的资助力度，鼓励更多科技期刊走上国际书展、刊展舞台。

其次，从传统纸媒及新媒体技术出发，构建完善的科技期刊传播体系。一方面，新媒体技术的发展增强与推动了科技期刊传播的呈现形式；另一方面，如何兼顾传统纸媒的发展所需，使传统纸媒插上新媒体技术的翅膀飞得更快更远，这需要期刊主管主办单位、科研院所、期刊出版单位和作者读者群体齐心协力，投入应有的支持条件和资金，共同完善科技期刊融媒体传播评价体系，参与国际科技期刊评价标准的制定，提升科技期刊评价话语权。

三、增强传播创新意识，突破期刊传统传播体系局限

科技期刊出版要从不同层面上不断改变与发展，更新办刊理念，增强传播意识，运用新型传播模式与技术。集群化、数字化、国际化是大方向，通过单刊转型、子刊孵化、品牌系列化，融合时代特色、地域特色，形成科技期刊的出版运行、刊学

研联动一体化的出版生态。开放获取平台进一步促进了科技成果的网络自由传播，形成开放、共享的传播链条。按需印刷、按需出版为读者、作者、科技工作者提供了更加高效、个性化、专业化的服务。习近平总书记强调："要采用贴近不同区域、不同国家、不同群体受众的精准传播方式，推进中国故事和中国声音的全球化表达、区域化表达、分众化表达，增强国际传播力的亲和力和实效性。"[10]

首先，要加强科技期刊传播力建设的技术创新研究与应用，鼓励更多期刊采取先进的传播技术、传播手段，探索与人工智能、元宇宙技术相结合的新型传播方式。加强集约化、国际化传播平台建设，鼓励更多的数字出版平台通过有偿服务加大对期刊各类新型传播技术的投入。

其次，要把传播能力建设纳入科技期刊编辑继续教育内容，培养掌握新型传播手段的编辑出版人才，在高质量发展期刊内容选题、栏目建设、服务建设的基础上，加大对期刊创新内容的宣传、推广渠道的建设。培养具有新技术、新视野、新理念的传播人才。在科技期刊对于出刊后的期刊传播推广、多平台精准推送、网刊数据资源维护等后期与期刊传播力关系密切的工作，必须加大对人才、技术、经费的投入。

最后，科技期刊需要在管理工作中不断增强传播力建设的意识，突破传统传播方式和传播体系的局限，积极应对期刊出版的网络化和智能化变革，研究掌握现有媒体传播渠道和交流平台的特点，整合资源，利用网络信息技术促进科技期刊的内容传播，加强与大众媒体合作，打造传播矩阵，推动科技知识的大众化传播，重视国际传播效能提升，推动建立同我国综合国力和国际地位相匹配的国际学术话语体系。

四、拓展开放合作渠道，打造一流科技期刊传播品牌

做好新形势下的国际传播工作，需要形成以内容建设为根本、先进技术为支撑、创新管理为保障的全媒体传播体系，努力建设具有国际影响力的国际传播"国家队"，切实把我国制度优势、组织优势和人力资源优势转化为传播优势。需要加强国际合作与交流，从政府层面、企业层面多渠道帮助期刊搭建国际化发展与传播平

台，展示中国科技期刊形象，在国家级重大书展、刊展活动中，加大优秀品牌期刊的集中展示、推广活动。召开专题国际会议，动员更多的社会力量、国际力量帮助中国科技期刊提升品牌影响力。

首先，要重视发挥社会各界在国际传播中的作用。科技期刊可以依托政府管理部门、主管主办单位、行业学会协会、大众媒体等链接资源，将科技信息传播到世界各地和海量受众，因此应重视和强化与其他部门单位的联动合作。各级政府通过条件配套政策、统筹地区资源、牵头成立或发展期刊联合体、鼓励企业参与传播力建设等有效措施来切实支持科技期刊发展，促进传播联动；期刊依托出版集团和学会、高校等期刊集群，汇聚发展合力，建设数字化知识服务平台，提供高效精准知识服务，推动出版传播的数字化转型升级。

其次，要发挥中国专家学者的力量和作用，让更多一流的科研工作者积极参与到科技期刊的传播力建设中来。拓展选题策划的国际视野，发布学科发展报告，提高学术引领力，提升出版传播的核心竞争力。在办刊队伍建设方面，创造条件吸纳高水平期刊经营人才，建立国际编委会、审稿专家队伍及国际作者群，吸引高水平作者，让更多一流的专家参与到办刊过程和传播过程中去。

最后，拓展科技期刊开放合作渠道。积极打造国家层面的中文期刊国际传播平台，支持中文期刊出版英文长摘要、图表中英文对照；支持科技期刊出版单位积极参与全球学术共同体活动，加大对举办一流国际学术会议的支持力度，利用学术会议专家学者层次高、关注度高、传播集中等优势来扩大期刊学术影响力和号召力，为建设传播品牌奠定基础；深化与国际同行的合作，从"借船出海""买船出海"到"造船出海"，多管齐下，实施更强有力的"走出去"策略，提高我国科技期刊国际传播的市场竞争力，吸引国内外高水平论文刊发，服务国家创新驱动发展战略。

参考文献

[1] 中国科协. 四部门联合印发《关于深化改革 培育世界一流科技期刊的意见》[EB/OL]. [2019-08-16]. https://www.cast.org.cn/xw/TTXW/art/2019/art_b5da1323b57c4d16b779172ad533cd88.html.

[2] 胡芳. 媒介融合时代科技期刊的传播问题及对策[J]. 兰州工业学院学报，2021，28(5)：

116-119.

[3] 代艳玲, 朱拴成, 杨正凯, 等. 科技期刊传播质量和影响力提升途径与实践[J]. 编辑学报, 2017, 29(3): 222-225.

[4] 国荣. 中文科技期刊加强国际传播的可行性路径分析[J]. 传播与版权, 2022 (11): 7-10.

[5] 姬德强. 平台化突围: 我国国际媒体提升传播效能的路径选择[J]. 中国出版, 2021(16): 8-11.

[6] 陈建华. 媒体融合环境下我国科技期刊转型发展的困境及对策[J]. 编辑学报, 202032(2): 150-154.

[7] 陆小华. 数字内容的表达逻辑与传播策略[J]. 青年记者, 2022(15): 77-79.

[8] 李丹阳. 科技期刊在科技传播中的功能作用与提升路径[J]. 现代视听, 2022(7): 56-60.

[9] 习近平: 高举中国特色社会主义伟大旗帜 为全面建设社会主义现代化国家而团结奋斗——在中国共产党第二十次全国代表大会上的报告[EB/OL]. (2022-10-25) [2023-04-17]. http://www.news.cn/politics/cpc20/2022/10/25/c_1129079429.htm.

[10] 习近平主持中共中央政治局第三十次集体学习并讲话[EB/OL]. (2021-06-01) [2023-04-17]. http://www.gov.cn/xinwen/2021-06/01/content_5614684.htm?lsRedirectHit=20481191.